アンチレイシストであるためには

HOW TO BE AN ANTIRACIST

IBRAM X. KENDI

イブラム・X・ケンディ

児島 修＝訳

&books

To survival
生き延びるために

ブックデザイン
鈴木成一デザイン室

アンチレイシストであるためには

HOW TO BE AN ANTIRACIST

目次

凡例

・本書は、Ibram X. Kendi, *How to Be an Antiracist* の全訳である。
・原著の巻末にある引用文献と索引は著者の了承のもと省略した。
・原著は学術書ではなく一般読者に広く読まれることを意図して書かれた書籍であることを考慮し、訳出にあたり日本人読者にわかりやすくするための補足をおこなった。
・〔　〕は訳者による註である。〔　〕で訳注を加えた部分以外に、〔　〕なしに表現を補った部分もある。
・読みやすさを考慮して改行を増やしたり、文の前後を入れ替えたりした箇所もある。また、用語や呼称をわかりやすくするために、原著にはない「　」や〝　〟を補った。
・原著で「ニグロ」や「ニガー」という呼称が、あえて差別的、歴史的な用語として使われている場合はママとした。
・原著で差別的な職業名や性差別的な呼称が、あえて差別的、歴史的な用語として使われている場合はママとした。
・著者本人の経験において人種、民族、ジェンダー、セクシュアリティ、職業、国籍などへの偏見の描写があるが、当時の偏見や差別を描写しているものとしてママとした。

はじめに――ぼくはレイシストだった

スーツにネクタイなんて大きらいだった。一七歳になるまで、ぼくの周りはきちんとスーツを着て、ネクタイをきつく締め、帽子をかぶった教会の人々ばかりだった。一〇代の頃着ていた服はどれも、牧師の息子であることへの反発心を示していた。

二〇〇〇年一月一七日の月曜日の朝、バージニア州北部のヒルトン記念礼拝堂には、三〇〇〇人を超える黒人とわずかの白人が集まっていた。みな教会に行くときのようなきちんとした服装だ。ぼくの両親も緊張した面持ちで会場に姿を現した。これからはじまる「プリンス・ウィリアム郡マーティン・ルーサー・キング・ジュニア・スピーチコンテスト」の決勝大会に、出来の悪いはずの息子が出場するのだ。

ライバルたちはダークスーツに白いシャツ、落ちついた色のネクタイという格好だったが、ぼくは違った。大胆な金色がかったブラウンのブレザー、光沢のある黒いシャツに派手なタイ。だぶだぶの黒いスラックスにクリーム色のブーツ。スピーチをする前から、品格面では失格といったところだ。それでも母のキャロルと父のラリーはほっとしたようだった。けばけばしいものとはいえ、息子がいちおうブレザーとネクタイを身につけている。両親にとっては、ぼくのそんな姿は最後に見たのがいつか思い出せないほど久しぶりなはずだ。

場違いなのは服装だけではなかった。参加者は秀才ぞろいだったが、ぼくは違った。GPA（成績平均値）は三・〇に届かず、SAT（大学進学適性試験）のスコアもかろうじて一〇〇〇点を上回る程度。どうせだめだろうと出願した二校の大学から思いがけず合格通知をもらい、浮かれていたところだった。

数週間前、高校のバスケットボールチームのメンバーとして、ホームゲーム前のウォーミングアップをしていたときのことだ。チームメイトと順々にレイアップシュートを打っていたら、身長一九〇センチ、体重九〇キロという巨漢の父が体育館の入口に姿を現した。長い腕をふりながら、ゆっくりとコートに近づいてくる。ぼくは〝白い裁判官《ホワイト・ジャッジ》〟とでもいうべき白人たちの視線を感じて気恥ずかしくなった。

いかにも父らしい。白人からどう思われているかなどこれっぽっちも気にしない。愛想笑いも、落ちついたふうを装うことも、自分の意見を隠すことも、目立たないようにふるまうこともめったにない。黒人に他人の顔色をうかがって生きることを強《し》いる世の中で、父はいつも自分をつらぬいている。ぼくは父のそんな生き方を尊敬し、同時に嫌悪もしていた。父の白人に対する反抗心は、時代や場所が違えば、暴徒や――現代ならバッジを着けた警官に――リンチされかねない類《たぐ》いのものだった。

レイアップの列に突っこんできそうな父を止めようとあわてて駆けよったぼくに、父はなにか言いたげに、ニヤニヤして茶封筒をさしだした。

「おまえ宛だ。今日届いた」

封筒をあけるように身ぶりでうながされた。コートにいた白人の生徒と教師たちがこちらを見ている。

書類をとりだして目を走らせる。バージニア州南部のハンプトン大学からの合格通知だ。びっくりし、次の瞬間、言葉にできない喜びがこみあげてきた。父と抱きあい、ふーっと息を吐いた。涙があふれ、ウォーミングアップでかいていた汗と混ざって頬を伝う。さっきまで感じていた白人たちの視線は、もう気にならなかった。

自分は大学に入れるほど頭が良くないと思っていた。もちろん、知性とは美しさと同じくらい〝主観的〟なものだ。だがぼくは自分自身を評価するとき、テスト結果や成績表などの〝客観的〟な基準に頼っていた。出願したのも、ハンプトン大学と、最終的に進学することになるフロリダ農工大学の二校だけ。出願数が少なければ、それだけ不合格を突きつけられることも少ないと思ったからだ。この二校は伝統的に黒人学生が多い大学だが、それでもどうせ受からないだろうと半ばあきらめていた。その頃のぼくは、シェイクスピアを理解しようともしなかった。そのせいで高校の最終学年で「国際バカロレア（英語Ⅱ）」の単位を落としたことにも気づいていなかった。投げやりな気持ちになっていたので、あまり本も読まなかった。

ぼくの家族は、一九九七年にニューヨーク市からバージニア州マナサスに引っ越してきた。あの頃、歴史の本を読んでいたら、町の歴史が意味するものもわかっていたはずだ。町のあちこちにある記念碑はどれも、南北戦争時代の伝説的な司令官ロバート・E・リーをはじめとする南軍の人物やその戦いぶりを称えるものだ。おおぜいの観光客がマナサス国立戦場跡公園を訪れるのは、南北戦争の大きな地上戦「ブルランの戦い」で勝利した南軍の栄光に思いをはせるためだ。そこは、南軍のトーマス・J・ジャクソン将軍がしぶとく戦って北軍の進撃を食いとめたため「ストーンウォール（石の壁）」と呼ばれるようになった場所だ。バージニア北部の人々はこの古戦場を大切に残してきた。

自由な黒人としての意見を述べようとマーティン・ルーサー・キング・ジュニア・スピーチコンテストに出場しているぼくが、奴隷制維持のために戦った南軍の英雄ストーンウォール・ジャクソンの名を冠した高校の代表だなんて、考えてみればかなり皮肉な話だ。だれもそのことに気づいていなかった。

黒人女性の友愛会「デルタ・シグマ・シータ女子学生クラブ」の大会運営者や、おえらいさんたち、コンテストの参加者が、ステージ後方の階段式の座席に肩を寄せあうようにして座っていた。ステージは大きなアーチ形で、観客席は扇形に広がっている。スピーチのときは広々としたステージを端から端へと歩くことで、客席全体に向かって話しかけられる。ステージ手前にある五段の階段を下りれば、さらに聴衆に近づける。

まず中学生の参加者たちがやけに大人びたスピーチをし、児童合唱団が澄んだ歌声を披露した。いよいよはじまる高校生の部を前に、聴衆は客席に深く腰を沈めて静まり返った。

高校生の三人のなかで一番手はぼくだった。コンテストの予選を勝ちぬく過程で人生が変わってきていたが、とうとうそのクライマックスだ。数カ月前には校内で優勝した。数週間前には郡全体で「最優秀審査員賞」を獲得した。その段階ですでに、学業についてのほとばしるような自信がみなぎっていた。その日、コンテストの最終ラウンドで有終の美を飾り、大学進学に向けてさらに自信がつけば、高校生の自分が感じていた〝渇《かわ》き〟を癒やせるかもしれない。いまふりかえると、高校時代、自信がなく自分を蔑《さげす》んでいたことが、黒人全体を蔑むようになるきっかけだったのかもしれないと思う。あるいは、黒人を蔑んでいたからこそ、自分のことも蔑んでいたのかもしれない。典型的な「ニワトリが先か、卵が先か」の問題だ。いずれにせよ、どちらが先だったのかはたいした問題ではない。重要なのは、このサイクルが意味していることのほうだ。有色人種《ピープル・オブ・カラー》はレイシズムという思想によって自尊心を傷つけられ、その思想に屈服してしまう。逆に白人はレイシズムによって自尊心を高められ、その思想にひきつけられていく。

ぼくは、自分は劣等生だと思いこんでいた。そして、〝それは黒人だからだ〟というメッセージを何度も何度も浴びせられてきた――黒人からも、白人からも、メディアからも。

学ぶ意欲はどんどん削《そ》がれていった。〝黒人は勉強が好きではない〟というステレオタイプな考えも強まった。落胆することも多く、何事にも無関心になった。自己否定の悪循環にはまりこんでしまい、立ちどまって自分自身の状況や欠点に冷静に目を向けることもなかった。黒人の自分に厳しい評価を下《くだ》す社会、そのありように疑いの目を向けることもなかった。むしろ世の中に蔓延するレイシズムという思想を他人に植えつけようとすらしていた。

このコンテストのことは良き思い出だ。でも自分のスピーチの内容を思いおこすと、恥ずかしくて顔が熱くなる。

「もしいま、彼が生きていたら、ぼくたちミレニアル世代にどんなメッセージを伝えるだろう？　七一歳になった怒れるキング牧師を想像してみてください――」ステージにあがったぼくはそう口火を切り、キング牧師の有名な「わたしには夢がある」の演説にかぶれたスピーチを開始した。

まず、黒人が奴隷制から解放されたのは良いことだというところから話をはじめた。「しかし、それから一三五年が経過したというのに、まだ黒人《ニグロ》は自由ではないのです」。そこから口調は雷のように激しくなった。ぼくの言葉は怒りに震えていた。それはキング牧師というよりも、マルコムXの演説に近かった。

「黒人の若者の心は、いまだに囚《とら》われている！」

いまのぼくなら、「黒人の若者の心は、レイシズムに囚われている」と訴えるだろう。だがそのときはそうは言わなかった。

「彼らは思っている、社会から恐れられる存在になってもかまわないと！」

黒人の若者が人々から恐れられているのは、彼ら自身のせいだとでもいうかのように。

「彼らは思っている、物事をしっかり考えなくてもかまわないと！」

黒人の若者は勉強がきらいだという典型的なレイシズムの考え方をもちだし、彼らを非難した。よく耳にするこの主張は俗説にすぎず、正式な調査で裏づけられたものではないことなど、だれも気にかけていなかった。聴衆の拍手に背中を押され、ぼくは証明されてもいないし、証明することもできない黒人の若者についての中傷をさらにまくしたてた。黒人の若者のすばらしさを訴えるべきこの場で、黒人の若者を糾弾しつづけた。

アーチ形のステージをせわしなく行き来し、いきおいをつけながらしゃべった。

「彼らは思っている、妊娠の危険をおかしてもどうにかなると！」

――聴衆からの拍手。

「彼らは思っている、自分たちの夢をスポーツと音楽に限定してもかまわないと！」

――拍手。

ぼくは自分自身が将来の夢をスポーツに限定していたことなどすっかり忘れ、人ごとのように黒人の若者をとがめていた。黒人の若者たちを「彼ら」と呼んでいた。

何様のつもりだったのだろう？　輝かしいステージに立ったことで、自分はそこらへんの、つまり劣った黒人の若者とは違う、数少ないきわだった存在になったのだと勘違いしていたのだろう。

拍手喝采を浴び、すっかり高揚してスピーチをしながら、ぼくは無自覚だった。ある人種集団を蔑むことは、その人種集団が劣った存在だと言うのと同じだということを。ある人種集団が劣っていると言うことは、レイシズムをあらわにするのと同じだということも。

ぼくは同胞である黒人のためにスピーチをしているつもりだった。だが実際には、黒人についてのレイシズムの考えを黒人に押しつけていただけだった。それでも、この主張を気に入ったらしき〝黒い裁判官《ブラック・ジャッジ》〟たちは、拍手でぼくの背中を押した。もっと聞かせてくれ、もっと聞かせてくれ、と。

ぼくはスピーチを続けた。

「黒人の若者たちの心は囚われている。その隣では、黒人の大人たちの心も同じように囚われている」。観客席に向かって大きな身ぶりで訴えた。「夢を抱いた日、ぼくは心のなかで、黒人社会を変えるための革命をはじめた。でも大人たちは、もうその革命は実現されていると思っている」

「ぼくたち黒人が成功を逃しているのは、社会によって意欲を削がれているからだ。それなのに、なぜ革命が実現されたなどと言えるのか？」

——拍手。

「黒人の子供たちは、世の中で身を立てるすべを知らないまま、どうせなにをやってもうまくいかないという気持ちで親元を離れていく。それなのに、なぜ革命が実現されたなどと言えるのか？」

——拍手。

「そんな現実が、ぼくたちのごく身近で起こっている。それなのに、なぜ革命が実現されたなどと言えるのか？」

ぼくは声のトーンを下げて聴衆に尋ねた。

「この革命は永遠に実現されないのかもしれない。それでもぼくはみんなに言いたい。ぼくにはまだ夢がある《アイ・スティル・ハブ・ア・ドリーム》——」

ぼくはまだ悪夢を見つづけている《アイ・スティル・ハブ・ア・ナイトメア》——このときのスピーチの内容を思い出すときはいつでも。

このスピーチコンテストに出たのは高校を卒業した二〇〇〇年で、それほど昔のことではない。にもかかわらず、当時の自分がこれほど強いレイシズムの思想で頭をいっぱいにしていたと思うと空恐ろしくなる。ぼくはレイシズムがしみこんだ文化から、黒人と自分自身を撃つための〝弾薬〟を手渡され、そしてそれを使った。こんなふうに内面化されたレイシズムは、まさに黒人の黒人に対する犯罪、つまり「ブラック・オン・ブラック」と呼ばれるものだった。

スピーチコンテストがおこなわれたキング牧師記念日、ぼくは、当時の社会でもがき苦しむ黒人たちを見て、その原因は彼ら自身にあると考えていたわけだ。まさにだまされやすい愚か者であり、カモだった。ぼくはレイシズムやあらゆる種類の偏見がしかける罠《わな》にまんまとはまっていた。問題の原因は人々をからめとるポリシー、すなわち政策や法律、規則などではなく、人々そのものにあると見なすようにあやつられていたのだ。

第四五代アメリカ大統領の言葉も、このようなレイシズム的な言葉や考え方がどう機能するかをはっきりと示している。ドナルド・トランプは大統領になるずっと前から、「怠惰は黒人の特徴だ」とうそぶいていた。「メイク・アメリカ・グレート・アゲイン（アメリカ合衆国をふたたび偉大な国に）」というスローガンをかかげて大統領選に出馬したときも、ラティニクス〔ラテンアメリカ系の文化・民族的アイデンティティをもつアメリカ人を表す、ジェンダーニュートラルな新語〕を犯罪者やレイプ犯扱いし、メキシコからの不法移民をふせぐために数十億ドルをかけて国境に壁をつくるべきだと主張し、「イスラム教徒のアメリカへの完全な入国禁止」を約束した。大統領に就任してからも、黒人の批判者を何度も「愚か者」と呼び、ハイチからの移民を「全員エイズの罹患者」と中傷し、二〇一七年の夏には白人至上主義者を「すばらしく優秀な人々」と称賛した。

あきらかにレイシズム的な言動をだれかに指摘されると、トランプはいつもおなじみの言い回しで否定してきた。

「ノー、ノー。違う。わたしはレイシストではない。あなたがこれまでインタビューしてきたなかで、わたしほどレイシストからほど遠い人間もいない」

トランプは、「あなたがこれまでに知りあった人のなかで」、「あなたがこれまで出会った人のなかで」といったお決まりの誇張表現で、自分以上にレイシズムと無縁の人間はいない、とのうのうと言い張ってきた。

トランプのこうした言動は極端な例かもしれないが、否定の方法は典型的だ。人は、内なるレイシズム的な思想やポリシーがあらわになると、反射的にそれを否定しようとする。

この〝否定〟こそが、レイシズムの鼓動だ。それはイデオロギー、人種、国が違っていても関係ない。〝否定〟は、ぼくたちがみな内側にもっている。トランプのレイシズムを強く批判する人も、自分のなかに同じ思想があることを強く否定する。みずからの言動がレイシスト的だと指摘されると、とっさにそれを否定しようとする。

「〝レイシスト〟とは、だれかの発言や行動を表す言葉ではない。それはその人を軽蔑するための言葉であり、〝あなたのことが大きらいだ〟と言うのと同義である」という考えに同意する人も多いはずだ。これはトランプと同じく〝わたしはレイシストではない〟と強引に言い張る白人至上主義者、リチャード・スペンサーの実際の発言だ。トランプやスペンサーのような白人至上主義者を毛ぎらいしていながら、〝自分はレイシストではない〟と主張する人は、彼らと同じになってしまう。

では「自分はレイシストではない」と言うことのなにが問題なのか？

これはレイシズムに対して〝中立的〟であると言っているに等しい。「自分はレイシストではないが、積極的にレイシズムに反対していない」と。だが、レイシズムとの闘いに中立的な立場などない。「レイシスト」の反対は「レイシストではないこと」ではなく、「アンチレイシスト」なのだ。

その違いはなにか？　つまり、ぼくたちには――

レイシストとして人種的階層《ヒエラルキー》を維持しようとするか、アンチレイシストとして人種の公平性をめざそうとするか、このどちらかの立場しかない。

レイシストとして〝問題の原因は人種集団にある〟と考えるか、アンチレイシストとして〝問題の原因は権力とポリシーにある〟と考えるかのどちらかしかない。

レイシストとして人種的不公平を見て見ぬふりをするか、アンチレイシストとしてそれに立ちむかうかのどちらかしかない。

つまり、これは二者択一の問題だ。

「わたしはレイシストではない」と言えば逃げこむことのできる安全地帯など存在しない。中立的だと主張するのは、レイシズムをおおいかくす仮面をかぶっているのと同じことだ。

厳しい見方だと思うかもしれない。だが最初に、アンチレイシズムの核となる原則をしっかりと確認しておくのは重要だ——それは、「レイシズム（人種主義）」という言葉を、本来の適切な用法にもどすことだ。

「レイシスト（人種主義者）」という言葉は、白人至上主義者のリチャード・スペンサーが主張するような侮蔑的な言葉ではない。これは、あまたある英単語のなかで、最悪の言葉でも、相手を罵倒するために用いる言葉でもなく、〝ある状態を説明する言葉〟にすぎない。レイシズムを乗りこえる唯一の方法は、絶えずレイシズムとはなにかを特定し、言葉で表現し、とりのぞいていくことだ。この有用で記述的な言葉を、忌避すべき侮蔑語のように扱ってしまえば、乗りこえるどころか逆のことが生じてしまう。そう、この言葉を侮蔑語として避けていると、人々を思考停止におとしいれ、身動きをとれなくしてしまう。

＊＊＊

肌の色で人を区別しないという「カラーブラインドネス」の考え方も、「わたしはレイシストではない」という態度と似ている。表向きは人種の違いに目を向けないことで、レイシズムの本質を見逃し、結果として消極的な形でレイシズムを受けいれることになる。つまり「カラーブラインドネス」という考えも、レイシズムをおおうための仮面なのだ。

一八九六年、黒人が白人と同じ公共施設を使用することを禁じた、いわゆるジム・クロウ法が連邦最高裁で合憲とされた。この「プレッシー対ファーガソン裁判」で、ジョン・ハーラン最高裁判事は判決に際してこう反対意見を述べている。

「われわれの憲法は人を肌の色で区別しない《カラーブラインド》。（略）にもかかわらず白人は、自分たちをこの国の支配的な人種だと考えている。（略）この国が偉大な遺産に忠実でありつづけるかぎり、白人のそのような考えはずっと続いてしまうだろう」。

ハーランは、合衆国憲法はカラーブラインドだが、白人至上主義に都合よく解釈されていると批判したのだ。

さいわい、レイシストもアンチレイシストも永久に変わらないものではない。人はある瞬間にレイシストになれば、次の瞬間にアンチレイシストにもなる。人種についてなにかを発言し、なんらかの行動をとるたびに、どちらの状態にあるかが決まるだけだ。どちらかの〝主義者〟であるという烙印を押されるわけではない。

ぼく自身、これまでの人生の大半をレイシストとしてふるまってきた。けれども、そんな自分を変えようともしてきた。

ぼくはもう、「わたしはレイシストではない」と主張するレイシストにはならない。人種について中立的だという仮面を着けることもない。ある人種集団全体を問題の原因だと見なすレイシズムの思想にあやつられることもない。黒人はレイシストにはなれない、という考えも信じない。

実在しない〝白い裁判官〟や〝黒い裁判官〟を想像してみずからの行動をしばり、白人に対して「同じ人間であること」を示そうとしないし、黒人に対して「同じ人種の代表であること」を示そうともしない。ほかの黒人の行動が自分にどう影響するかも気にしない。

なぜなら、だれも〝人種を代表する〟ことなどできないし、他人のレイシズム的な考え方に責任を負う必要などないと理解したからだ。

ぼくはこの「レイシスト」から「アンチレイシスト」への移行が、つねに〝進行形〟であることもわかってきた。アンチレイシストでありつづけるためには、レイシズムを生物学、民族性、身体、文化、行動、肌の色、空間、階級に基づいてよく理解し、レイシズム的な考え方を見つけるたびにとりのぞいていく必要がある。なにより、それはレイシズムとほかの偏見が交わる〝交差点〟で闘う準備を整えることだ。

＊＊＊

これは、ぼくたち全員がかかわる根源的な闘いについての本だ。ぼくたちはみな、自分自身が真に人間らしくあるための、そして他人を真に人間として見るための闘いのただなかにいる。

そのためにこの本では、ぼく自身が歩んできた道のりについても語ろうと思う。ぼくはレーガン政権下で人々の人種的意識が対立するなか、中流階級《ミドルクラス》の黒人家庭の子供として育った。物心がつくと、みんなが走っている「反黒人的なレイシズム」という名の道路を走りはじめた。その道は一〇車線もあり、不思議なことにパトカーもおらず、ガソリン代も無料の高速道路だった。次に方向を変え、「反白人的なレイシズム」という名の二車線の道路に進んだ。そこにはいたるところにパトカーがいて、ガソリンスタンドすらなかった。最後に、「アンチレイシズム」という名の、外灯もないでこぼこ道を見つけて、そこを進みはじめた。

ぼくは、やっと見つけたこの困難な道を走りきることで、人類全体が初めて未来を切りひらくことができると信じている。ここで言う未来とは、不完全であることの美しさに満ちた、アンチレイシズムの世界だ。もしぼくたちが問題の根源が「人々」ではなく「権力」に、「人々の集団」ではなく「ポリシー」にあることに目を向ければ、その未来は実現可能になる。レイシズムは永遠になくならないという冷めた態度を乗りこえれば、その未来はきっと実現可能になる。

ぼくたちはレイシストであるための方法を知っている。

レイシストでないふりをする方法も知っている。

だからいま、アンチレイシストであるための方法を学びはじめよう。

第1章 定義することからはじめよう DEFINITIONS

レイシスト 行動する(しない)こと、またはレイシズム的な考えを表明することによって、レイシズムのポリシーを支持している人

アンチレイシスト 行動する(しない)こと、またはアンチレイシズム的な考えを表明することによって、アンチレイシズムのポリシーを支持している人

◎ポリシー この本では、人々を管理・統治するための、明文化された、または明文化されていない、政策、法律、規則、手順、プロセス、規制、ガイドラインなどのこと

一九七〇年のその日、イリノイ大学のバスケットボール・アリーナのステージでは、ゴスペルバンド、ソウル・リベレーションのパフォーマンスが最高に盛りあがっていた。客席のあちこちで色とりどりの、ダシキと呼ばれるアフリカの民族衣装や、突きあげられた拳のようなアフロヘアが揺れうごいている。会場を埋めつくす一万一〇〇〇人もの大学生にとって、それは驚くべき光景だった。ステージでは、キリストの生誕日から二日間にわたって、スーツに身を包んだ白人の合唱団が賛美歌を披露してきた。黒人のメンバーだけから成るソウル・リベレーショ

ンは、これまでとはがらりと違う存在感を放っていた。

それは「アーバナ・カンファレンス」というキリスト教の学生のイベントだった。主催者は、アメリカの大学における福音主義運動の組織「インターバーシティ・クリスチャン・フェローシップ」。黒人学生たちは主催者と交渉し、第二夜のテーマを「黒人解放神学」にすることにこぎつけた。ソウル・リベレーションの演奏に酔いしれる会場には、全米から参加した五〇〇人以上の黒人の学生がいた。そのなかに、将来、ぼくの両親となるラリーとキャロルもいた。

ラリーとキャロルは客席で隣りあわせだったわけではない。数日前、二人は偶然、同じバスに乗りあわせ、ニューヨークのマンハッタンからペンシルベニア、オハイオ、インディアナを経由する、二四時間が四二時間に感じられるほどの長旅でイリノイの中心部に到着した。インターバーシティが開催したこのイベント「アーバナ70」〔一九七〇年開催のアーバナ・カンファレンスのこと〕には、ニューヨークから一〇〇人の黒人学生が集結していた。

父と母が出会ったのはその数週間前、一一月の感謝祭の休暇中だった。父のラリーは当時マンハッタンのバルーク・カレッジで会計学を学ぶ大学生で、クイーンズのジャマイカ地区にある教会で仲間とアーバナ70の参加者を募集するイベントを企画した。イベント参加者三〇人のなかにキャロルがいた。

母のキャロルはクイーンズにあるビーチ、ファーロックアウェイ近くの実家から北に七〇キロ離れた小さなキリスト系の大学、ナイアック・カレッジの学生で、ちょうど実家に帰省していたところだった。

そのときの二人は少し言葉を交わしただけで、運命的な出会いというわけではなかった。それでもキャロルは、やけに真面目そうな雰囲気の、そびえ立つようなアフロヘアと顔全体をおおいそうな濃いヒゲを生やしたラリーのことを覚えていた。ラリーもまた、キャラメル色の肌に黒のそばかすが印象的な一九歳の小柄なキャロルのことが心に残った。二人はそれぞれ、アーバナ70への参加を決めた。それは、このイベントでトム・スキナーが説教し、ソウル・リベレーションが演奏するという噂《うわさ》を耳にしたからだった。

トム・スキナーは当時二八歳。黒人解放神学の若き伝道者としてその名を知られるようになっていた。バプテスト派の牧師の息子で、以前はギャングの一員だったという経歴の持ち主。伝道者としてラジオ番組に毎週出演し、地元ハーレムの有名なアポロシアターのほか、全米各地で説教ツアーをおこない、人々の心をつかんでいた。一九七〇年に、自身三冊目の著書『黒人はいかに福音か *How Black Is the Gospel?*』、四冊目の『革命の言葉 *Words of Revolution*』を出したばかりだった。

キャロルもラリーもこの二冊をむさぼるように読んだ。ジェームス・ブラウンの曲やモハメド・アリの試合に夢中になるのと同じように。

キャロルは、自分と同じナイアック・カレッジに通う弟のジョニーを通してスキナーの存在を知った。

ラリーの場合はそれより思想的な出会い方をした。ラリーは一九七〇年の春、バルーク・カレッジの伝説的な文学者、アディソン・ゲイル・ジュニアの「黒人の美学」という講義を受講し、そこでジェイムズ・ボールドウィンの『次は火だ』や、リチャード・ライトの『アメリカの息子』、アミリ・バラカの観客の胸を締めつけるような演劇、多くの出版社から出版を断られたことで話題を呼んだサム・グリーンリーの革命的な黒人小説『黒人、扉のわきに座るもの *The Spook Who Sat by the*

Door』〔のちに『ブラックミッション／反逆のエージェント』として映画化〕などを知った。それはまさに〝目覚め〟だった。ラリーはゲイルの講義を受け、それまでのみずからの信仰と、新たに目覚めた黒人としての意識を調和させる方法を模索しはじめ、その過程でトム・スキナーを発見したのだった。

ソウル・リベレーションが代表曲「パワー・トゥ・ザ・ピープル」の演奏をはじめた。前方アリーナに押しよせた黒人学生たちの身体が、空気を震わせるドラムの鼓動とベースの重低音に合わせていっせいに揺れ、シンコペーションの手拍子が南部の田舎の伝道集会で耳にするようなリズム・アンド・ブルースを響かせた。

アリーナを埋めたおおぜいの〝白い身体〟にも、リズムの波が広がっていく。白人学生たちも立ちあがり、ブラックパワーが奏でるソウルフルなサウンドに合わせて身体を揺らし、歌いはじめた。ソウル・リベレーションのくりだす一音一音が、このあと登場する基調講演者への期待を高めていく。演奏が終わり、いよいよそのときが来た。黒のスーツに赤いネクタイ姿のトム・スキナーが演壇につき、真剣な口調で、まずは〝歴史のレッスン〟を開始した。

「福音派の教会は、現状を支持している。奴隷制度を、分離政策を支持している。黒人が自分の足で立ちあがろうとするいかなる試みにも、反対している」

スキナーはまず、自分が白人のエリートであるイエス・キリストを崇拝するようになった経緯をふりかえった。スキナーは初めに〝規則と規制〟によって人々を浄化したイエスを崇拝した――ニクソン大統領が提唱した「法と秩序」を先取りするような救世主としてのイエスを。

しかしある日、それは誤解だと気づいた。イエスはロータリークラブにはいないし、警官でもない。スキナーが新たに見いだした真のイエスとは、「髪は胸まで伸び、指の爪に泥がこびりついている、急進的な革命家」だった。この新たなイエスの解釈は、福音書を別の角度から読みなおすことで生まれ、確信に変わった。

「奴隷制の問題や、不正や不公平について語らない福音書、空腹や貧困に苦しむ人々のところを訪れ、イエス・キリストの名のもとで解放しようとしない福音書は、福音書とは呼べない！」

スキナーは続けた。イエスの時代にも「現代と同じような社会のシステムがあった」。だが、「イエスは危険だった。なぜなら、そのシステムを変革しようとしていたからだ」。当時のローマの人々はこの「革命児」を監禁し、「十字架に釘で磔《はりつけ》」にして殺し、葬った。だが三日後、イエスは今日の人々の証人となるために「墓から起きあがった」。

スキナーは叫ぶように言った。

「囚われた者たちに解放を告げ、盲人たちに光を説くのだ！　世界に分けいり、心と身体をしばられた者たちに、〝解放者がやってきた！〟と告げよ！」

最後の一言は観衆の魂を揺さぶった。

「解放者がやってきた！」

学生たちは座席から飛びあがるように直立し、大喝采を送ると、この耳新しい福音の言葉を呪文のようにくりかえした。それはまさに、彼らが解放者になった瞬間だった。

ぼくの両親も、〝福音主義の解放者たれ〟というスキナーの呼びかけに強く共鳴した。一週間にわたって開催された「アーバナ70」で、毎晩のように黒人学生の集会に参加し、同志たちとスキナーのメッセージを確認しあった。母と父はこのイベントをきっかけに、それまで信じていた保守的で白人優位のレイシズム的な教会から心が離れていくのを感じた。

こうして黒人解放神学に救われた二人は、従来のキリスト教会を離れて、「ブラックパワー・ムーブメント」に加わった。これは黒人の連帯、文化的誇りの回復、経済的・政治的自決を求めて誕生した運動で、一九五〇年代から六〇年代にかけて、レイシストと——分離主義者とも同化主義者とも——対立したマルコムXやファニー・ルー・ヘイマー、ストークリー・カーマイケルらのアンチレイシストたちが主導した。当時は黒人社会全体がこの運動に熱中していた。ぼくの両親も例にもれず、この一九七〇年をきっかけにブラックパワー・ムーブメントにのめりこんだ。二人はそれまでとは違い、黒人を救うのではなく、解放することを考えはじめた。

一九七一年の春、ナイアック・カレッジにもどった母キャロルは、自身も設立にかかわった「黒人学生連合」を通じて、レイシズム的な神学のあり方や学生寮の部屋扉に南北戦争時代の南軍旗を飾ることに反対し、黒人学生や黒人学生向けプログラムの不足を訴える活動に取り組んだ。いつの日か宣教師として先祖の母国を旅することを夢みながら、アフリカンプリントのドレスを身にまとい、伸ばしはじめたアフロヘアをアフリカンプリントの布でくるんだ。

地元の教会にもどった父ラリーは、有名な青少年合唱団を辞め、「キリスト教は白人のための宗教なのか?」「黒人教会は黒人のコミュニティと向きあっているか?」といった挑発的な問題を提起するプログラムを企画しはじめた。また、黒人解放神学の父と称されるジェイムズ・コーンの著作も読みはじめた。コーンは、一九六九年に刊行され社会に大きな影響をあたえた『イエスと黒人革命』の著者だ。

ラリーは一九七一年の春、勇気を出して、ハーレムにあるユニオン神学校でおこなわれていたコーンの授業にもぐりこんだ。コーンは新著の『解放の神学：黒人神学の展開』について講義をしていた。授業のあと、父はコーンのところへ行って質問した。

「あなたが定義するキリスト教徒とは、どのようなものですか？」父は真摯に尋ねた。

コーンは同じくらい真摯なまなざしで父を見て、答えた。

「キリスト教徒とは、解放のために努力する者のことだ」

コーンの定義は、キリスト教の信仰を、奴隷所有者ではなく奴隷のものとしてとらえていた。その言葉を耳にした瞬間、父は天啓に打たれた。同じ頃、母も黒人学生連合で〝キリスト教とは闘争と解放である〟という真理にいたる啓示的な体験をしている。

こうしてぼくの両親はそれぞれ、その後の人生を大きく運命づける信条にたどりついた。それは、〝革命家としてのイエス・キリスト〟に触発されたキリスト教徒になることだった。キリスト教徒であることは、父と母のアイデンティティの拠り所だった。その定義を改めたことで、当然ながら二人は変わった。


つまり、いま現在も続く、アンチレイシストであるためのぼく自身の旅は、このアーバナ70ではじまったのだ。母と父は変わった。それはのちに母と父のあいだに生まれてくる二人の息子の人生も変えた。両親にとってのキリスト教徒の新しい定義は、彼ら自身と子供たちの人生を支える信条になった。ぼくは、両親のキリスト教徒としての宗教的な葛藤と、アンチレイシストとしての自分自身の非宗教的な葛藤を切りはなして考えることができない。

両親にとってもぼくにとっても重要だったのは、まずカギとなる言葉の意味をしっかりと定義し、世界における自分たちの立場を正確に述べられるようにすることだった。

定義がしっかりしていれば、いつでも原則に立ちかえれる。これは小さな問題ではない。たとえば〝こんな人間になりたい〟という目標があるとき、明確な言葉でそれを定義するという作業をおこなわなければ、目標に向かって正しく努力することができなくなる。ぼくがアンチレイシストであろうとするうえで決定的に重要だったのは、基本的な定義を明確にしたことだった。

アンチレイシストであろうとすることは、「レイシズム」と「アンチレイシズム」、「レイシズムポリシー」と「アンチレイシズムポリシー」、「レイシスト」と「アンチレイシスト」をはっきりと定義することだ。逆に言えば、レイシストは、人種に関するみずからのポリシーや概念、態度が揺れうごいたとき、「レイシズム」という言葉の意味を都合よく〝再定義〟してそれを免罪符にしようとする。

だから、まずは定義からはじめよう。

レイシズムとはなにか?

レイシズムとは、「人種的不公平」を生みだし常態化する、レイシズム的なポリシーと思想の融合だ。

では、レイシズム的ポリシーとはなにか？　レイシズム的な思想とはなにか?

この二つが融合し、深く結びついている理由を理解するためには、それぞれを個別に定義する必要がある。

そのためにまず、「人種的不公平」という別の重要な用語の定義から考えてみよう。人種的不公平とは、複数の人種集団が同等の立場にない状態を指す。

たとえば二〇一四年のアメリカの持ち家率は、白人世帯では七一パーセントだったのに対し、ラティニクス世帯では四五パーセント、黒人世帯では四一パーセントだった。

これに対して、「人種的公平」とは複数の人種集団が同等の立場にある状態を指す。たとえば前述の各人種集団の世帯における持ち家率が同等である状態だ（四〇パーセントであれ七〇パーセントであれ、望ましくは九〇パーセントであれ）。

こうした人種的不公平を生みだし、維持するためのあらゆる手段がレイシズムポリシーだ。いっぽう、アンチレイシズムポリシーとは、人種的公平を生みだし、維持するためのあらゆる手段になる。

この本でぼくが使う「ポリシー」という用語は、人々を管理・統治するための、明文化された、または明文化されていない、政策、法律、規則、手順、プロセス、規制、ガイドラインなどを意味する。

〝非レイシズム〟のポリシーや〝人種中立的〟なポリシーというものは存在しない。あらゆる組織やコミュニティ、国が設定するすべてのポリシーは、人種的不公平または人種的公平のどちらかを生みだし、維持することになる。

レイシズムポリシーは、「制度的レイシズム」「構造的レイシズム」「体系的レイシズム」などと表現されることもあるが、これらは「レイシズムポリシー」よりも曖昧な用語であり、その意味を相手に説明しなければならなくなることが多い。

「レイシズムポリシー」は具体的かつ厳密な用語なので、人種問題の用語に精通していないこともあるレイシズムの犠牲者にも理解されやすい。「レイシズムポリシー」という用語は、問題がなにか、それがどこにあるかを正確に示す。
「制度的レイシズム」「構造的レイシズム」「体系的レイシズム」は、冗長な用語だとも言える。なぜなら、レイシズムとはそもそも制度的であり、構造的であり、体系的であるからだ。「人種差別」というよく使われる用語もあるが、「レイシズムポリシー」のほうが核心を突いている。「人種差別」は、レイシズムポリシーが直接的かつ目に見える形で顕在化したものだ。だれかがある人種に属する人を差別したとき、それはレイシズムポリシーを実行に移した（あるいは、その人を守るポリシーがない状況を利用した）と言える。どんな人でも、だれかを差別できる。だがポリシーをつくれるのは、特権的な権力《パワー》をもつごく一部の人間だけだ。「人種差別」ばかりに目を向けていると、レイシズムの中心にあるものから目をそらすことになってしまう。中心にあるものとは、レイシズムポリシーであり、これらのポリシーをつくっている人たちであり、第3章で詳述する「レイシズムパワー」だ。

一九六〇年代以降、「人種差別（レイシャル・ディスクリミネーション）」という、本来は〝人種に基づいておこなわれる区別〟を意味する語は、レイシズムポリシーによっておこなわれる差別行為の同義語と見なされるようになった。しかし、この言葉が、人種に基づいてだれかを識別し、その人を考慮し、有利または不利になるように扱うという意味で定義されている場合、それはかならずしもレイシズム的であることを意味しない。重要なのは、その区別によって生みだされるのが、公平と不公平のどちらであるかだ。区別が公平性を生みだしているのなら、その区別はアンチレイシズム的である。不公平性を生みだしているなら、その区別はレイシズム的である。

富と権力を過度にもつ人種集団を恒久的に支援して不公平をさらに強めるのと、富と権力をもたない人種集団を一時的に支援して不公平をなくそうとするのとは、正反対の行為だ。

レイシズム的な区別の問題を解決する唯一の方法は、アンチレイシズム的な区別だ。過去の区別の問題を解決できるのは現在の区別だけであり、現在の区別の問題を解決できるのは未来の区別だけだ。

リンドン・ジョンソン大統領は一九六五年にこう言った。

「何年も鎖につながれていた人を解放してスタートラインに立たせ、〝さあ、これでだれとでも自由に競争できるぞ〟と伝えて、公平なことをしたと悦に入るのは間違っている」

アメリカ最高裁判所のハリー・ブラックマン判事も一九七八年にこう書いている。

「レイシズムを乗りこえるには、まず人種を考慮しなければならない。それが唯一の道だ。ゆえに、不公平な条件にある一部の人々を公平に扱うには、その人々を特別に扱わなければならない」

一九六〇年代以前、レイシズムを維持するためにもうけられた人種的不公平を擁護する者たちがいた。その者たちは、現代では、レイシズム的な不公平をなくすためにもうけられたアンチレイシズム的な区別に反対している。

いまもっとも脅威となっているレイシズムの傾向とは、オルタナ右翼などの極右勢力が実現性の薄い白人国家をめざしていることではない。脅威はむしろ、普通のアメリカ人が〝人種的に中立〟な立場をとろうとしていることだ。こうした人種的中立性は、「白人以外のアメリカ人を保護したり優遇したりするポリシーは〝逆差別〟である」という考えを生じさせやすく、結果として白人ナショナリストの被害者意識を煽《あお》ることにつながっている。

だからこそレイシズムの推進者たちは、人種的不公平を減らすことに成功したアファーマティブ・アクション（積極的差別是正措置）を〝人種を過度に意識している〟という批判で矮小化しようとする。また、実際には裕福な白人の子供に有利なため、結果として人種的不公平を拡大させる原因となっている共通学力テストを、〝人種的に中立〟だとして擁護する。人種的不公平が生じているのは、ある人種全体の行動のせいだと非難しておきながら、自分たちの考えは「レイシズム的ではない」と言い張る。

くりかえすが、〝非レイシズム〟というものは存在しない。あるのはレイシズムかアンチレイシズムのどちらかだ。

では、レイシズム的な考えとはなにか？

それは、〝ある人種集団がなんらかの形で別の人種集団よりも劣っている、または優れていることを示唆する考え〟のことだ。レイシストは、〝社会に人種的不公平が存在するのは、人種集団間に優劣があるからだ〟と主張する。

第三代アメリカ大統領トーマス・ジェファーソンも、白人国家としてのアメリカ独立を宣言してから一〇年後に、次のように述べている。

「もともと白人とは異なる人種であったか、年月の経過や環境によって異なる人種になったかどうかにかかわらず、黒人は心身両面において白人よりも劣っている」

アンチレイシズムでは、〝人種間には表面的な違いはあっても優劣はなく、すべて等しい存在である〟と考える。そして、〝人種的不公平の原因はレイシズムポリシーにある〟と主張する。

レイシズムポリシーとアンチレイシズムポリシーの違い、レイシズムとアンチレイシズムの違いを理解することで、人種の問題についての根本的な用語を、次のように定義できるようになる。

「レイシズム」とはレイシズムポリシーの強固な集合体で、人種的不公平をもたらし、レイシズム的な思想によって実体化される。

「アンチレイシズム」とはアンチレイシズムポリシーの強固な集合体で、人種的公平をもたらし、アンチレイシズム的な思想によって実体化される。

＊＊＊

レイシズムとアンチレイシズムを明確に定義できれば、ぼくたちをとりかこみ、いま目の前にある〝人種によって区分けされた世界〟がどういうものかわかってくる。

ぼくの母方の祖母マリアンと祖父のアルヴィンは、一九五〇年代に家族を連れてニューヨーク市に移住した。一九一〇年代にはじまった南部から北部への「黒人の大移動《グレート・マイグレーション》」の末期だ。二人はようやく安堵した。これで子供たちをジョージア州の暴力的なレイシスト——分離主義者から遠ざけられるし、年々厳しくなる夏の炎天下に綿を摘む重労働をさせなくてすむと。

いまにして思えば、祖父母は家族を地球温暖化の影響から守ったとも言えるかもしれない。気候変動についてなにもしないポリシーは、レイシズムポリシーだ。なぜなら、地球温暖化の問題は、そのおもな原因が白人が多いグローバル・ノースにあるにもかかわらず、白人以外が多いグローバル・サウスのほうが大きな被害を受けているからだ。フロリダもそうだが、バングラデシュをふくむ広範な地域で温暖化とその影響による海面上昇が危惧されている。干ばつと食糧不足の被害がもっとも甚大なのは、すでに世界の栄養不良人口の二五パーセントを占めるアフリカ東南部だ。

人為的な環境破壊が白人よりも有色人種に悪影響をおよぼすケースは珍しくない。たとえば、ミシガン州フリント〔二〇一四年に財政難で水源を変更後に水質汚染が大問題となりオバマ大統領が州に緊急事態を宣言〕との比較調査によれば、アメリカの約四〇〇〇の地域で環境汚染を原因とする鉛中毒の発生率が高いことがわかったが、そのほとんどが非白人の貧困層が多く住む地域だった。

ありがたいことに、ぼくの世代はジョージア州サバンナ郊外の町ゲイトンの暑さのなか、わずかな賃金のために綿摘み作業をすることはない。ぼくたち家族は一九九三年、他界した母方の祖母マリアンを、彼女の生まれ故郷のゲイトンで埋葬した。葬儀を終えてニューヨークにもどる車中で、祖母の思い出が次々とよみがえってきた。彼女はいつも落ちついていて、やすらぎをくれた。植物を育てるのが上手だった。クリスマスプレゼントはいつも大きな袋に入っていた。

葬儀の翌日、父は虫の知らせがして、クイーンズフラッシングで一人暮らしをしている自分の母親のアパートを訪れた。こちらもマリアンという名前だった。澄んだ褐色の肌の、相手を包みこむような笑顔と鋭いウィットの持ち主だ。

アパートの扉をあけると、室内にただよう臭気が鼻を突いた。ストーブがつけっぱなしだ。ほかにもなにかが臭った。母親の姿はない。急いで廊下を進み、奥の寝室に入った。彼女は眠っているように見えたが、息絶えていた。アフリカ系アメリカ人にとくに多い、アルツハイマー病との闘いがこれで終わった。

白人が手にしている特権のなかでもっとも重要なものは長寿かもしれない。アメリカの白人は黒人より平均三・五年長生きする。この数字は、黒人の乳幼児の死亡率が白人の二倍であることにはじまる、二つの人種間のさまざまな健康格差のもっとも顕著な表れだ。

ぼくの祖母はどちらも長生きしたから、会えたし、いっしょに過ごせたし、愛を分かちあうこともできた。だが祖父はどちらもぼくが生まれる前に亡くなっている。母方の祖父アルヴィンは、ぼくが生まれる三年前にがんで亡くなった。アフリカ系アメリカ人は白人に比べてがんで死亡する割合が二五パーセントも高い。ぼくの父は前立腺がんを生きのびたが、この病は白人男性の二倍の黒人男性の命を奪っている。同じく、乳がんで命を失う女性の数も白人より黒人のほうがはるかに多い。

オバマ政権下で施行された「医療保険制度改革法(オバマケア)」によって、アフリカ系アメリカ人三〇〇万人とラテン系アメリカ人四〇〇万人が医療保険に加入し、この二つの人種の保険未加入率を約一一パーセントに押しさげた。だが依然として二八五〇万人のアメリカ人が医療保険に加入しておらず、二〇一七年にトランプ政権下で連邦議会が個人の加入義務を廃止したことで未加入者の数は今後もさらに増加すると予測されている。また、有色人種はこのように自分たちの命を削るような政策をつくろうとする政治家を選挙で落とすうえでも不利な立場にいる。古くはジム・クロウ法、近年では有権者ID法といったレイシズム的な法律によって、多くが投票の権利を奪われているからだ。

こうした法律には、あまりにも露骨だとして廃止されたものもある。たとえばノースカロライナ州の有権者ID法だ。二〇一六年七月、第四巡回区控訴裁判所はこの法律の条項が「外科手術並みの精度でアフリカ系アメリカ人を標的にしている」としてこれを無効にする判決を下した。ただしこの類いの法律が施行され、それを立法した政治家の目論見どおりの結果をみちびいている州は多い。二〇一六年の選挙では、ウィスコンシン州の厳格な有権者ＩＤ法によって、約二〇万人が投票を制限された。おもなターゲットはやはり有色人種だった。共和党のドナルド・トランプは接戦州《スイング・ステート》と目されていたウィスコンシン州での闘いを二万二七四八票の僅差で制した。

ぼくたちは、法律のように目に見える形で、あるいは個人の考えのような目に見えない形で、「人種的不公平」にかこまれている。こうしたレイシズムを支えてきた歴史があるいっぽう、それに抗《あらが》おうとしてきた歴史もある。ぼくたち一人ひとりに突きつけられているのは、歴史のどちら側に立つかという問題だ。

この章の冒頭に記したように、レイシストとは、「行動する（しない）こと、またはレイシズム的な考えを表明することによって、レイシズムポリシーを支持している人」のことであり、アンチレイシストとは、「行動する（しない）こと、またはアンチレイシズム的な考えを表明することによって、アンチレイシズムのポリシーを支持している人」のことだ。

「レイシスト」と「アンチレイシスト」は着けたりはずしたりできるいわば名札のようなもので、ある人がその瞬間になにをしているか、なにを支持し、なにを表現しているかに応じて自由に入れ替えられる。それはタトゥーとは違いいつまでも消えないものではない。永久的なレイシストも、永久的なアンチレイシストも存在しない。ぼくたちは目の前の瞬間、どちらかいっぽうであろうとして努力するしかない。無意識のうちにレイシストになっていることもあれば、意識してアンチレイシストであろうとすることもある。

それは依存症を克服しようとするのと似ている。アンチレイシストであるためには、絶えずみずからを客観視し、つねに自分に批判的な目を向け、定期的に自己点検をしなければならない。

レイシズムはぼくたちの社会の始まりから存在している。アンチレイシズムはあまりにもありふれているので、当たり前だと感じることすらある。そのいっぽう、アンチレイシズムは簡単には理解できないものでありつづけている――それはこの思想が、この国の歴史の流れに逆らうものでもあるからだ。

黒人の詩人で活動家のオードリー・ロードは一九八〇年にこう言っている。

「わたしたちはみな、人間同士の差異に恐怖と嫌悪で反応し、次の三つの方法のいずれかで対処するようにプログラムされてきた。無視する。無視できない場合、支配的だと思えば真似する。従属的だと思えば破壊する。わたしたちの社会には、人間同士の差異を認め、それを超えて対等な関係をつくるための行動パターンがない」

アンチレイシストであろうとすることは、このような歴史を目の前にして、それでも根本的な変化を実現するための選択をすることだ。そのために、ぼくたちは根本的なところから意識を変えなければならない。

第2章 引き裂かれる心 DUELING CONSCIOUSNESS

同化主義者 「ある人種は文化的に、あるいは行動面で劣っている」というレイシズム的な考えを表明し、その人種を向上させるための取り組みを支持している人

分離主義者 「ある人種は恒久的に劣っていて、その人種を向上させることはできない」というレイシズム的な考えを表明し、その人種を自分たちから分離するポリシーを支持している人

アンチレイシスト 「あらゆる人種は平等であり、特定の人種を向上させる必要はない」という考えを表明し、人種間の不公平をなくすためのポリシーを支持している人

「アーバナ70」に向かうバスで乗りあわせて以来、ぼくの両親が顔を合わせる機会はしばらくなかった。一九七三年のクリスマスが近づいた頃、ソウル・リベレーションがハーレムにあるブロードウェイ長老派教会でコンサートをすることになった。象徴的な場所で開かれたこのイベントは、アーバナ70にニューヨークから参加した学生たちにとってはいわば〝同窓会〟だった。父と母もそれぞれこのコンサートに行った。なつかしい再会があり、新たな出会いもあった。ソウル・リベレーションの演奏が鳴りやんだとき、二人はようやく言葉を交わした。そして、ついに恋に落ちた。

数日たって、父が電話をかけ、デートに誘った。

「教会の活動で外国に布教に行くことになっていて――」母は答えた。「三月に出発するの」

母はリベリアの首都モンロビア郊外の村で九カ月間も教師をつとめることになったが、二人の関係は続き、八年後に結婚した。次男であるぼくには、「高貴な神父」という意味の名前をつけた。だがぼくが生まれたのは、黒い肉体を高貴なものとして扱ってはくれない世界だった。

ぼくがまだ母のお腹にいた一九八二年六月二四日、ちょうど母の誕生日に、レーガン大統領は、これから生まれる赤ん坊に対して〝宣戦布告〟をした。「われわれは厳格な法の執行を通じて薬物乱用と戦わなければならない」と、ホワイトハウスのローズ・ガーデンで宣言したのだ。

もちろん、レーガンの真の標的は薬物乱用者ではなく、〝厳格な法が執行される〟政権下に生まれた、ぼくのような有色人種の人間だった。

一九八〇年から二〇〇〇年のあいだにアメリカの刑務所の囚人数は四倍にふえた。そのおもな理由は、犯罪がふえたからではなく、麻薬犯罪に対する厳格な量刑政策が施行されたからだ。

普通なら、刑務所の収容人口の半数は暴力犯罪者だが、一九九三年から二〇〇九年にかけては毎年、麻薬がらみで収監された囚人のほうが多かった。麻薬の売人については黒人やラティニクスより白人のほうが多く、薬物の使用率も人種間で違いはない。にもかかわらず、アフリカ系アメリカ人が麻薬がらみで収監される割合は白人よりはるかに多い。収容期間で比べても、暴力的でない黒人の薬物犯罪者（五八・七カ月）は、暴力的な白人の犯罪者（六一・七カ月）並みに長い。

二〇一六年の時点でも、刑務所におけるアフリカ系とラティニクスを合わせた収容比率は、人口比率の二倍となる五六パーセント。いっぽう、白人の収容比率は人口比率の約半分となる三〇パーセントしかない。

歴史学者のエリザベス・ヒントンが述べているように、正確にはこの戦争をはじめたのはレーガンではない。それをはじめたのはリンドン・B・ジョンソン大統領だ。一九六五年にジョンソンは薬物乱用防止法に署名し、その年を「この国が、犯罪に対して徹底的で、知的かつ有効な戦争をはじめた年」だと言った。

ぼくの両親が高校生だったとき、ジョンソンがはじめた壮大な〝犯罪〟撲滅戦争は、同じく彼がしかけたちっぽけな〝貧困〟撲滅戦争を無効化した。それはまるで、おおぜいの人が大量の銃で撃ちあうとき、わずかな器具しかもたない外科医がいても役に立たないのと同じことだった。

さらに一九七一年には、ニクソンが、もっとも痛烈な批判勢力である黒人や反戦活動家に打撃をあたえるため、〝麻薬戦争〟の開始を宣言した。その数年後、ニクソン政権の国内政策の責任者だったジョン・アーリックマンは、ハーパー誌の記者にこう本音を吐露している。

「麻薬問題を解決するという名目をかかげたことで、われわれはこうした集団のリーダーを逮捕し、自宅を家宅捜索し、集会を禁止し、夕方のニュースで非難できるようになった。（略）政権の内部の人間は、麻薬との戦争が建前だということを知っていたかって？　もちろん知っていたさ」

黒人自身もこの弾圧に加担した。人殺しの麻薬の売人、銃の密売者、ヘロイン中毒の泥棒たちが、「公民権運動を通じて苦労してやっと手にした恩恵をドブに捨てる」（一九八一年のザ・ワシントン・アフロアメリカン紙の社説で用いられた言葉）ようなことをしていると考えていたからだ。同胞を救いたい黒人運動の指導者の一部は、レイシストの白人だけではなく、黒人の犯罪者も目の敵《かたき》にしはじめた。

黒人を刑務所に閉じこめようとし、同時に救おうとする――矛盾する要求は、国中の議会で争われただけでなく、アメリカ人の心のなかでも衝突を起こした。黒人指導者たちは、ニクソンやレーガンの共和党政権のときにも、ジョンソンやビル・クリントンの民主党政権のときにも、警官の増員、厳格な量刑の適用、刑務所の増設などを求め、社会からも支持された。それと同時に、警官による暴力行為の根絶、雇用の創出、学校改革、薬物治療プログラムの推進も求めていたのだが、それらの訴えは熱心な支持を得られなかった。

一九六〇年代には、「ブラック・イズ・ビューティフル」というスローガンで表される〝黒人の文化に誇りをもとう〟という運動があった。しかし、ぼくが生まれた一九八二年には、「ブラック・オン・ブラック」がそれを台無しにしようとしていた。つまり同胞の犯罪の多さへの〝羞恥心〟が〝誇り〟を踏みつけにしていたのだ。黒人の薬物中毒者は非黒人系のアメリカ人から軽蔑されていたが、それ以上に同じ黒人から〝恥ずかしい存在〟として軽蔑されていた。

ぼくの両親はそれぞれ貧しい家庭の出身だ。父は北部の都市の団地で育ち、母は南部の田舎で育った。どちらも、一九八〇年代に貧困から抜けだしてミドルクラスの暮らしを手に入れた。二人とも、貧しさから抜けだせたのは教育を受け、必死に働いてきたからだと考えていた。だからこそ、このはしごを登ろうとしない黒人のことを、ことあるごとに批判した。考えもなしにヘロインやクラックに手を出し、好き放題に盗み、犯罪に手を染め、自分たちのような真面目なアメリカ人が苦労して稼いだ富を横どりしようとする、と。

一九八五年、公民権運動にかかわった経験もある弁護士で、周りからも尊敬されていたエレノア・ホームズ・ノートン〔その後、民主党の下院議員〕は、ニューヨークタイムズ紙に寄せた文章のなかで、黒人の犯罪の問題は、アンチレイシストが言うような「黒人たちに必要なものと機会をあたえればいい」といった救済策でどうにかなる単純なものではなく、「複雑で有害なゲットーの文化を根本から変えること」だと主張している。またぼくの両親のようなゲットー出身者に「勤勉、教育、家族への敬意」や「子供たちに良い生活をあたえること」の価値を説き、ゲットーで暮らす男女を救いだすよう呼びかけた。だがノートンはゲットーの黒人社会にこうした価値観が欠けていることを実証する明確な証拠は示していない。

父と母も、新しくミドルクラスの仲間入りをしたほかの黒人たちと同じように、もともと一九五〇年代から七〇年代にかけてはレイシズムポリシーに異を唱えていたが、一九八〇年代から九〇年代にかけてはほかの黒人を批判するようになっていった。実際に身近な同胞の破滅的なふるまいを目の当たりにしてしまうと、アンチレイシズムを訴えるのは身勝手と感じたからだ。

両親はぼくに、教育を受けることと勤勉さこそが大切だと呪文のように説きつづけた。自分たちがミドルクラスの暮らしを手に入れたのもそのおかげであり、それは最終的にはすべての黒人の地位を向上させるものになると信じていた。

父と母は黒人としての人種意識が強かったにもかかわらず、〝黒人の地位が低いのは怠惰だからだ〟というレイシズム的な考え方に影響を受けていた。だから二人は、努力をしない黒人たちを叩くことに躍起になった。レーガンの政策は、自分たちのような努力家の黒人がなんとか登ってきた細いはしごをはずし、つまずいた人をさらに罰するようなものだったのに、それを批判せず、黒人のほうを叩いたのだ。

レーガン革命の本質はまさにそこにあった。

それは〝既得権益をもつ者のための革命〟であり、減税や規制緩和の実施、莫大な軍事予算、労働組合の弱体化などによって、高所得のアメリカ人をさらに豊かにした。中間所得層の黒人の七割は、一九七九年の時点でも「ひどい人種差別を経験してきた」と答えている。そして一九八二年のレーガン革命が打ちだした、公民権法やアファーマティブ・アクションに逆行する政策によって、状況はさらに悪化した。加えて、都市部に住む黒人のミドルクラスの安定雇用をうながしていた州や地方自治体への補助金も減らされた。

レーガンは一九八二年六月、ぼくの母の誕生日に麻薬との戦争を宣言した。そしてその同じ月に、連邦政府によるセーフティネットだった福祉プログラムと「医療費補助制度（メディケイド）」への支出を削減し、低所得の黒人を貧困に追いやった。

また、レーガンの言う「厳格な法の執行」によって、黒人の多くが暴力的な警官の餌食になった。一九八〇年代前半には警官によって白人の二二倍の黒人の命が奪われ、一九八五年の黒人の若者の失業率は一九五四年と比べて四倍に跳ねあがった。それでも、失業率の増加を暴力犯罪の増加と結びつける意見はまったく現れなかった。

アメリカ人は長いあいだ、ポリシーの欠点でなく人間の欠点のほうに目を向けるように慣らされてきた。これはだれもが簡単におちいりやすい過《あやま》ちだ。人間の欠点は目の前に見えているために気づきやすく、ポリシーの欠点は自分から遠いもので気づきにくい。とくに、苦しむ人々の背後にひそむさまざまなポリシーは、なかなか見いだせない。

ぼくの両親も、ポリシーに問題があるという現実から目をそらし、黒人に問題があると考えた。そして、黒人を解放するよりも、救済し、教育しなければならないと信じるようになった。麻薬が黒人社会におよぼした悪影響を目の当たりにしてきた両親にとって、黒人たちを教育し、高みに引きあげようとする神学は魅力的だった。若い頃に公民権運動やブラックパワー運動を経験したほかの黒人たちも同じだった。とはいえ、父と母の思想的な拠り所が解放神学であることには変わりはなく、ぼくもその教えのもとで育てられた。

父も母も、心の奥底では、アーバナで解放神学に火をつけられた人間のままだった。母は〝解放宣教師として世界各地の黒人社会を訪れる〟という、一九七四年のリベリア赴任時代に現地の人々に触発されて描いた夢をずっと心に抱いていた。父も一九七一年にアディソン・ゲイル教授の講義を受けてめばえた〝黒人解放についての詩を書く〟という夢を忘れてはいなかった。

ぼくはよく、父と母が厳しい現実のなかでも夢をあきらめずに追いもとめていたとしたら、いま頃二人はどんな人生を歩んでいただろうと考える。母は黒人を解放するという使命感を抱いて世界中を飛びまわっていたかもしれない。父も母と一緒に旅をして刺激を受けながら、自由についての詩を書いていたかもしれない。

だが実際には、母は医療機器関連の企業でキャリアを積み、父も会計士としての道を歩んだ。二人はアメリカのミドルクラスになった。当時もいまも白人が不均衡に多数派を占めるその空間で、みずからの目だけでなく、〝他人の目〟を通して自分自身とほかの黒人を見るようになった。同胞とともに〝白い空間〟に溶けこもうとしながら、同時に黒人としての自身のアイデンティティを保ちつづけ、黒人たちを救おうともした。父と母は仮面をかぶっていたというよりも、心が二つに引き裂かれていたのだ。

この二つの相反する概念は、公民権運動にもかかわった社会学者W・E・B・デュボイスが、すでに一九〇三年の著書『黒人のたましい』ではっきりと述べている。

「それは独特の感覚だ。二重の意識であり、つねに他人の目を通して自分を見ているという感覚だ」。デュボイスは「アメリカをアフリカ化」しようとしたり、「白いアメリカニズムの洪水で黒人《ニグロ》の魂を漂白」しようとしたりはせず、「黒人であり、同時にアメリカ人でもあること」を望んだ。まったく違う二つの建物に、同時に住むことを望んだのだ。アメリカ人であることは白人であることだった。だが白人であることは、黒人であることとは相容れなかった。

デュボイスが「二重意識」と呼んだものは、正確には「対立意識」と呼ぶべきものかもしれない。デュボイスは次のように説明している。

「アメリカ人と黒人。二つの魂、二つの思考、二つの相反する力。二つのせめぎあう理想をかかえた一つの黒い身体は、なんとか引き裂かれないようにと、その頑強さだけでふんばっている」

デュボイスは、〝黒人でありたい〟という思いと、「アイルランド人やスカンジナビア人と同じように大多数のアメリカ人のなかにまぎれこみたい」という思いが黒い身体の内側で葛藤する様子を説明したのだ。

一九〇三年にデュボイスを悩ませていた葛藤に、ぼくの両親も悩まされることになった。そして同じ葛藤は、現在もなお存在しつづけている。この葛藤は、黒人の意識のなかでアンチレイシズムと同化主義的な考え方のあいだに生じることが多い。

デュボイスは、どの人種であっても変わらない目で自分自身を見るアンチレイシズムの考えと、ある人種（デュボイスの場合は白人）の目を通して自分自身を見る同化主義の考えの両方を信じていた。言いかえれば、黒人をレイシズムから解放しようとしながら、〝野蛮さの名残〟から救いだすために黒人を変えようともしていた。デュボイスは一九〇三年に、黒人の地位の低さの原因は、レイシズムと、この人種に見られる社会性の低さだと主張した。そしてこの問題を解決するためには、白人社会への〝同化〟が役立つと考えていた。

じつのところ、同化主義はレイシズムである。同化主義者は、ある人種を別の人種が目標とすべき優れた基準として位置づける。通常、その基準になるのは白人だ。

デュボイスは一九〇三年にこう問いかけている。

「アメリカ人は、立ちどまり、この地に黒人の血が流れている人間がおおぜいいることに思いをはせることはないのか。（略）これらの黒人は、あらゆる基準から判断しても、現代のヨーロッパ文化のきわめて高い基準に達している人々だ。こうした黒人の願いを軽視することは、（略）公正だろうか、まともなことだろうか、キリスト教徒としてふさわしいと言えるだろうか？」

この対立する二つの意識は、黒人の自立がなによりも重要だと考えるようになったぼくの両親の人生に変化をもたらした。

一九八五年、二人はニューヨーク市サウスサイド・クイーンズ地区にある、アレン・アフリカン・メソジスト・エピスコパル教会に引きよせられるように通いはじめた。この教会を「メガチャーチ」と呼ばれる巨大な教会に成長させたのは経営者のフロイド・H・フレークだった。フレークとその妻のエレインには、人を惹きつける魅力があった。この教会は、自由な発想のもとでビジネスから社会福祉サービスにいたる幅広い事業を手がける、同地区最大規模の民間企業でもあった。学校や高齢者向け施設の経営から家庭内暴力の被害者向け相談センターまで、事業の対象に壁はなかった。まさにアーバナ70で意識を高めたキリスト教徒の若者を魅了するタイプの教会だった。父も一九八九年にフレークを補佐するスタッフとしてこの教会に加わった。

ぼくは、この教会の毎年の恒例行事だった感謝祭の催し物が大好きだった。その日に教会に行くと、人々が建物をとりかこむように列をつくり、あたりにはいい匂いがただよっている。一一月の冷たい空気を暖めるような、グレイビーソースとクランベリーソースの香りだ。オーブンのある地下のホールに入ると、そのおいしそうな匂いに包まれた。

ぼくは毎年のように給仕の手伝いをした。それはまるで、組み立てラインでの終わりなき作業のようだった。幼く背が低かったので、テーブルの向こうすらよく見えない。つま先立ちをし、五〇〇人もの人々一人ひとりに順番に食べ物を手渡しつづけた。お腹を空かせた人たちに、母がつくった桃のコブラーみたいに優しくしようとした。黒人が同胞に食べ物をほどこすこのプログラムは、黒人の自立という教会の信条を具現化するものだった。その信条は、子供だったぼくに大人たちがほどこしていたものでもあった。

黒人の自立の問題は両刃の剣《つるぎ》だった。

いっぽうには白人の覇権主義や白人の父権主義《パターナリズム》、白人の支配者や白人の救世主への憎悪があり、もういっぽうには黒人の支配者や黒人の救世主、黒人の父権主義への愛があった。

いっぽうには〝黒人には白人の真似をしなくても自力で社会をつくり、なんの問題もなく生きていけるはずだ〞というアンチレイシズムの考えがあり、もういっぽうには〝黒人はだぶだぶのジーンズやタイトなホルタートップといった服装をやめ、麻薬もやめ、街角にたむろしたり政府からのいいいほどこしに頼ったりするのもやめるべきだ〞という（あたかもほどこしがあるから黒人が働かず、貧しいままなのだと言わんばかりの）同化主義者の考えもあった。

この対立意識は、〝自分たちには悪いところはない〞と主張することで黒人としての誇りを養うと同時に、〝黒人の行動には問題があるのかもしれない〞という暗示ももたらした。ただしその暗示は、あくまで自分以外の黒人についてのものだった。もし自分の行動に問題があるのなら、自分の地位が向上しないのは、レーガン革命のせいではなく、黒人であることのせいになる。

白人にも、分離主義者と同化主義者のあいだの対立意識がある。

それは奴隷商人と宣教師、奴隷制度を支持する搾取者と奴隷制度に反対する教化主義者、優生主義者と〝人種のるつぼ〞主義者、収監派と教育派、ブラック・ライブズ・マター（黒人の命は大事だ）とオール・ライブズ・マター（どんな人の命も大事だ）、自分では〝レイシストではない〞という国粋主義者と自分では〝レイシストではない〞という一般的なアメリカ人のあいだにある対立だ。「同化主義」と「分離主義」は、レイシズムの二つのタイプだ。つまり、この二つの対立は、レイシズム内での対立になる。

白人の同化主義者は、〝有色人種を教育することはできるし、白人のような完全な人間になれる〞と信じ、有色人種の人々を〝しつけが必要な子供〞のように扱おうとする。これに対して分離主義者は、〝有色人種をどれだけ教育しても高い基準には到達できず、白人と同じようにはなれないので、完全な人間にはなれない〟と主張し、有色人種の人々を〝動物〟のように扱おうとする――トランプがラティニクスの移民を、〝ある時点を過ぎたら教育不能になる〟と表現したように。

レイシズムがはびこる世界の歴史は、二種類のレイシズム、すなわち同化主義と分離主義およびアンチレイシズムの三つ巴《どもえ》の闘争だった。

アンチレイシズムは、〝さまざまな面で異なっていても、あらゆる人種集団は平等である〟という真実に基づこうとする。

同化主義は、〝人種集団には文化的・行動的な優劣がある〟という考えに根ざしている。分離主義は、〝人種間には遺伝的な違いがあり、そのヒエラルキーによって区別すべきだ〟という考えから生じている。

啓蒙主義の哲学者デイヴィッド・ヒュームは一七五三年にこう書いている。

「わたしは黒人やほかの人種（四、五種はある）は、生得的に白人に劣ると考えている。（略）有史以来、白人以外に文明国家をつくりだした人種はいなかった。（略）これほど多くの国や時代で白人とそうでない人種のあいだに一貫した違いが見られるのは、生得的な優劣があるからに違いない」

ヒュームは〝あらゆる人種は生まれながらに不公平だ〟と言いはなった。だがトーマス・ジェファーソンは一七七六年のアメリカ独立宣言で「あらゆる人は生まれながらに平等である」と宣言している。とはいえ〝あらゆる人種集団は平等だ〟というアンチレイシズム的な宣言をしたわけではない。レイシズムのなかでも分離主義は〝人種間には変えることのできない優劣の差がある〟と考える。同化主義は〝人種間には一時的な優劣の差がある〟と考える。ジェファーソンは、「〝黒人を数え、世代にわたって白人と平等に教育しても、白人と同じようにはならない〟と断定するのは危険な考えである」と同化主義の考えを述べている。

白人の内面にある対立意識は、レイシズムの対立を反映する二種類のレイシズムポリシーをつくりだした。

同化主義者は、人種間に文化的・行動的なヒエラルキーがあることを前提としている。そのため同化主義のポリシーは（個人ではなく）人種集団の教育、教化、統合を志向する。

いっぽう分離主義者は、一つの人種集団が教化・教育されることはないとの前提に立つ。そのため分離主義のポリシーは、分離、奴隷化、収監、国外退去、殺害を志向する。

これらに対しアンチレイシストは、それぞれの人種集団が〝もともと教化《シビリゼーション》されている〟ことを前提としている。そのポリシーは「人種的不公平」を減らし、平等な機会を創出することを志向する。

一般的に、白人は同化主義と分離主義のポリシーを支持し、有色人種は同化主義とアンチレイシズムのポリシーを支持してきた。デュボイスは、同化主義とアンチレイシズム、いわば人種集団の〝教化〟と〝平等化〟の葛藤を指して、「アメリカ黒人の歴史はこの葛藤の歴史である」と述べている。

デュボイスの黒い身体、ぼくの両親の黒い身体、ぼく自身の若く黒い身体のなかには、この二重の願望と対立意識があり、それは〝黒の誇り〟と〝白への憧れ〟のあいだに葛藤を生じさせた。ぼくは自分のなかにめばえていた同化主義によって、レイシズムポリシーが社会におよぼしている大きな影響に気づけなくなっていた——とくに、レーガンがしかけた麻薬との戦争の最中には。

白人のほうが優位な社会にあって、白人の内なる対立意識は、黒人の内なる対立意識に大きな影響をおよぼした。

分離主義者のジェファーソン・デイヴィスは一八六〇年、アメリカ上院議会で「アメリカは白人によって白人のためにつくられた」と冷酷な真実を述べた。それでも黒人はアメリカ人になりたいという願望を幾度となく表明してきたし、実際にアメリカが奴隷制やジム・クロウ法から離れ、アンチレイシズムへと向かう進歩の歴史を歩んでいることに励まされてきた。

そのいっぽうで、黒人たちはノーベル賞受賞者の社会学者グンナー・ミュルダールのような人たちから「アメリカの文化に同化すべきだ」と冷たく言いはなたれながら、デュボイスが述べたように、自分たちのままでいることをも望んできた——警察の暴力や有権者への抑圧、健康から資産にいたる人種間の不公平の拡大といった形で、アメリカでは疑いようもなくレイシズムが強化されつつあることを目の当たりにしてきたからだ。

そう、歴史は対立してきた。

アンチレイシズムもレイシズムも、それぞれ前進を続けてきた。白人の内なる人種意識は、南北戦争や公民権運動、初の黒人大統領誕生——こうした歴史的な出来事の以前からもそれ以後も、ずっと対立してきた。

〝白い身体〟はアメリカの身体だ。白い身体は、アメリカの身体から黒い身体を〝分離〟しようとする。それなのに黒い身体にアメリカの身体に〝同化〟しろとも言う。さらに、アメリカの身体に〝同化〟しようとする黒い身体を拒絶する——こうしてまた、歴史と人種意識の新たな対立が生まれる。

〝黒い身体〞も同じ対立を経験する。黒い身体はアメリカの身体になれと言われる。だがアメリカの身体とは白い身体のことだ。黒い身体はアメリカの身体に〝同化〞しようと努めるが、アメリカの身体によって拒否される。黒い身体はアメリカの身体から〝分離〞するが、ふたたびアメリカの身体に〝同化〞するよう指示される。——こうしてまた、歴史と人種意識の新たな対立が生まれる。

だが、自由になる方法はある。それは、アンチレイシストになることだ。

アンチレイシストであろうとする者は、この対立意識から解放される。アンチレイシストであろうとする者は、同化主義者の意識と分離主義者の意識を乗りこえる。

そのとき、白い身体はもはやアメリカの身体ではない。アメリカの身体などというものは存在しない。

そして、黒い身体はもはやアメリカの身体になろうとはしない。アメリカの身体が、レイシズムによって捏造《ねつぞう》されたものにすぎないことを知っているからだ。

第3章

権力がつくりだした幻想――人種

POWER

人種 権力《パワー》が、さまざまな集団に見られる違いを、集約あるいは融合することでつくりあげた概念

車が学校の駐車場に入った。車の窓から外の様子をうかがったが、授業はもう終わっていて、どこにも人の気配はなかった。それは一九九〇年四月の春の暖かさを感じる日で、時計の針は午後四時をまわろうとしていた。ぼくは両親と一緒にニューヨークのロングアイランドに来ていた。

車を停め、シートベルトをはずした父と母は、どこか浮かない顔をしていた。もしかしたら二人はただ、通勤でいつもクイーンズからマンハッタンまで長時間運転をしているのに、さらにこれからはぼくの学校の送迎で、ロングアイランドまでの往復三〇分が追加されることを想像していただ

けなのかもしれない。どんな理由にせよ、ともかく二人は不安そうにしていた。ぼくも落ちつかない気分だった。

転校先の候補となる学校を見学するときは、だれだって緊張する。それまで通っていた公立学校「251」での第二学年は終わっていた。いつもの居場所とは違う、なじみのないところにいると緊張で吐き気がしてくる。七歳のぼくの心はざわついていた。

当時住んでいたクイーンズビレッジの自宅の近くには、歩いて通える距離に公立の小学校はあった。けれども、裕福な白人のニューヨーカーがわが子を黒人の子供たちから引きはなそうとするのと同様に、経済的な余裕のある黒人ニューヨーカーもわが子を貧困層の黒人の子供たちから引きはなそうとする。ぼくの両親もそうだった。

人種についての対立意識をかかえる白人の親は、大金を払ってでも治安のいい地区に住み、子供を白人の多い公立学校に通わせ、評判の悪い学校や子供たちから遠ざけようとする。同じように人種についての対立意識をかかえる黒人の親も、黒人が多く通う評判の悪い公立学校から自分の子供を遠ざけるためになら、学費が高くとも私立の黒人学校に子供たちを通わせようとする。

ロングアイランドのグレイス・ルーテル小学校の正面玄関で、黒人の女性が出迎えてくれた。この学校の三年生のクラスを担任する教師だ。簡単なあいさつのあと、彼女が校内を案内した。廊下の両側に並ぶ教室。壁に張られた写真。写真には、白い顔の大人たちと黒い顔の子供たちが写っている。歩きながら、きれいに飾りつけされた教室をのぞいた。生徒も教師もいない、しんとした廊下に、ぼくたちの足音だけが響いていた。

学校の入口からずいぶんと離れた場所にある、三年生のクラスの教室に到着した。教室の壁には理科の課題の資料が展示されている。担任の教師はそれを詳しく説明してくれたが、ぼくはヒヨコの飼育にはあまり興味がわかなかった。

ぼくたちは丸いテーブルをかこんで椅子に腰かけた。教師が、質問はありますかと尋ねた。母はカリキュラムについて尋ねはじめたが、ぼくはそんなことはどうでもよく、よそ見をして教室のあちこちを眺めていた。

ふと、大人たちの会話が途切れた。父が生徒の人種構成について尋ねたときだ。教師が間を置いて、ほとんどが黒人です、と答えた。ぼくの耳はその言葉に反応した。心はふたたびさまよいはじめた。廊下に張られていた写真を思い出し、教室や校内にいる生徒や教師のことを想像した。また大人たちの会話が途切れた。思わず質問が口を突いて出た。

「黒人の先生はあなただけ？」

「そうよ、でもね——」

ぼくはさえぎった。「どうして？　どうして黒人の先生が一人しかいないの？」

教師はこまったような顔をして両親のほうを見た。父と母は顔を見あわせた。ぼくは、なぜぼくではなくパパとママのことを見るんだ、と思いながら教師をじっと見つめた。気まずい沈黙を破るように母が口を開いた。

「最近、息子は黒人の指導者の伝記を読んでいるんです」

母が言ったのは、黒人の偉人を描く子供向け伝記シリーズ「ジュニア・ブラック・アメリカン・オブ・アチーブメント」のことだ。キング牧師の妻で作家のコレッタ・スコット・キングが中心となって推奨し、高い評価を得ていた。

ぼくの家には父が買ってきたこのシリーズの本が山のようにあった。その数は一〇〇冊を超えていた。マーティン・ルーサー・キング・ジュニア、フレデリック・ダグラス、メアリー・マクロード・ベスーン、リチャード・アレン、アイダ・B・ウェルズ……。父はいつもぼくに、作文の課題をするときはこれらの伝記を読むように言っていた。

このシリーズはとにかくおもしろかった。当時人気だったセガ・ジェネシスの新作ゲームと同じくらい刺激的だった。いったん読みはじめたら、ページをめくる手が止まらなくなる。本を通してアフリカ系アメリカ人が味わわされてきた長くつらい歴史を知り、子供ながらに激しい憤《いきどお》りを覚えた。心のなかに、人種意識のようなものがめばえはじめていた。

「息子は黒人であることを強く意識しているんです」母はそう言って、父のほうに目をやった。同意を求められたわけではなかったが、父はともかくうなずいた。ぼくはじっと教師の目を見つめ、答えを待った。

一九九〇年四月のあの教室で、父と母はぼくが〝人種的な思春期〟に入ったことに気づいた。まだ七歳の小さな黒い身体に、レイシズムの霧が忍びよってきていた。それはとてつもなく巨大だった。ぼくよりも、親よりも、世界のどんなものよりも大きく、そして恐ろしかった。〝人種〟とはなんと強力な、人為的な概念なのだろう。それはぼくたちを飲みこんでしまうほど強力で、しかも人生の早い段階からやってくる。

だが人生を変えるほどの強い力はあるものの、人種は蜃気楼のような幻想にすぎない――幻想だからといって、その力が弱まるわけではないのだけれど。

人は、〝自分自身が見ているもの〟として存在している。それが本当に存在しているかどうかは関係ない。同じく人は、〝他人から見られているもの〟としても存在している。それが本当に存在しているかどうかは関係ない。たとえそれが幻想であったとしても、自分や他人の目を通して見ているものには意味があり、それは思考や行動、ポリシーに表れる。

人種は蜃気楼だが、それははっきりと見えるものだ。そして忘れてはいけない。それが蜃気楼であることを。それをつくりだしているのが、レイシズムに基づく権力《パワー》という強力な光であることも。

ぼくは、黒人であることを強く意識するようになった七歳のときの自分に、同情したりはしない。いまでも、自分を黒人だと認識している。それはぼくが黒人や人種そのものを科学的に正当な分類法だと信じているからではない。ぼくが自分を黒人だと見なしているのは、ぼくたちの社会やポリシー、思想、歴史、文化が、人種というものをつくりだし、重大なものにしてきた過去があるからだ。

これまでぼくも多くの人たちと同じように、レイシズムの思想によって虐《しいた》げられ、レイシズムポリシーによって苦しみながらも、それを耐えしのんできた。そしてこの狂気に抵抗し、乗りこえていくための運動や文化にかかわってきた。

いまのぼくは自分のことを、文化的にも歴史的にも、黒人だと認識している。そしてアフリカ系アメリカ人やアフリカ人、強制的・非強制的にアフリカからアメリカにやってきた離散移民《ディアスポラ》の一員だと自覚している。また、自分は歴史的および政治的な意味で有色人種であり、グローバル・サウスに属する人間でもあると思っている。ラテンアメリカ系《ラティニクス》、アジア系、中東系、アメリカ先住民の人々ともつながっていると思っている。「ロマ」と呼ばれるヨーロッパの流浪の人々やユダヤ人、オーストラリアの先住民ともつながっていると思っているし、さらには、宗教や階級、性別、トランスジェンダーであること、民族性、セクシュアリティ、体格、年齢、障害などによって虐げられてきた、白人の人々ともつながる人間だとも思っている。

ぼくは、人種をないものと見なす〝カラーブラインドネス〟の考えには立たず、自分を黒人であると認識する。それによって、すべての人種について違いを受けいれ、平等に扱い、力をあたえようと努力する、人種的に多様なコミュニティの一員だと自認できるようになる。自分は歴史的、政治的にアンチレイシストであるとはっきり認識するようになるのだ。

白人のなかには、〝自分はレイシストではない〟と言うのと同じ発想で、白人であることを自分のアイデンティティにしようとしない人もいる。白人であること――たとえ人種が人為的な概念あるいは幻想であるとしても――によって、アメリカという国の見え方は大きく違うし、〝特権〟があたえられる。その特権とは、〝白人であるだけで、正常で、標準的で、合法であると見なされる〟というものだ。

アメリカでは、こうした特権のない白人以外の人間が自分らしくあろうとすれば、それは〝人種的な犯罪〟になる。生まれながらの見た目も権利を主張することも犯罪だ。ぼくは七歳にして、犯罪者になったようなものだった。

なんとも皮肉なことだが、アンチレイシズムといいながら、それを支持するにあたって、まず一度はみずからの人種を受けいれなければならない。自分の肌の色がもたらす特権や危険を見きわめるためだ。

ラティニクス、アジア系、アフリカ系、ヨーロッパ系、アメリカ先住民、中東系。これら六つの人種は、少なくともアメリカでは、根本的にそれぞれが権力《パワー》をともなうアイデンティティになる。なぜなら、人種とは根本的に、社会的に存在する集団間の差異を混ぜあわせることでつくりだされた、権力の構成概念の一つだからだ。

人種は新しい形態の権力《パワー》を生みだす。そのパワーは人々を分類し、査定し、もちあげ、価値を下げ、包摂し、排除する。人種というものをつくりだそうとする者たちは、この権力《パワー》を利用して、多様な人々や民族、国籍を一括《ひとくく》りにして人種という概念に押しこめようとする。

＊＊＊

人種という概念を初めてつくりだした世界的な権力者は、一五世紀のポルトガルのエンリケ王子だろう。おそらく彼はレイシズムパワーを体現した初めての人物であり、〝アフリカ人〟というつくられた人種を商品として独占的に扱った初めての奴隷商人でもあった。黒人奴隷の取引を指揮していたエンリケ王子は、「航海王子《ナビゲーター》」の異名をとっていたが、実際には大航海時代のポルトガルの国の外に出ようとはしなかった。

エンリケ航海王子が航海したのは、ヨーロッパの政治経済の海であり、世界初の大西洋を横断する奴隷貿易の海だった。ポルトガル王の弟だった時期も、その次の王の叔父だった時期もあるエンリケ航海王子が、実際には為さなかった航海によって称えられ、実際にした奴隷貿易についてはなかったことにされている。いかにもレイシズムパワーをふるった史上初の人物らしい。

この王子はぼくのなかにも息づいていた。エンリケという名は何世紀にもわたって受け継がれ、大西洋を越え、やがてぼくの父方の家系にも伝わった。兄には母方の一族の名がミドルネームとしてつけられたので、ぼくには父方の一族の名がミドルネームとしてあたえられた。選ばれたのは、奴隷だった曾祖父の名前「ヘンリー」。父は、ヘンリーはポルトガル語ではエンリケであり、航海王子と同じ名であることを知らなかった。ぼくはのちにこの名前の歴史的な意味を知り、改名を決意した。現在のぼくのミドルネームは、ズールー語で〝平和〟を意味する「ゾラニ（Xolani）」だ。それはまさに、エンリケの奴隷商人がアフリカ（そして南北アメリカとヨーロッパ）から奪い、ぼくの曾祖父ヘンリーから奪ったものだ。

エンリケ航海王子は一四六〇年にこの世を去るまで、ポルトガル人がイスラムの奴隷商人の活動範囲を避けて大西洋を航海し、アフリカ西海岸の航路を開拓するのを支援した。その結果、それまでとは異なる種類の奴隷制度が生まれた。

近代以前のイスラムの奴隷商人は、近代以前のイタリアのキリスト教徒と同じく、レイシズムポリシーをかかげてはおらず、現在アフリカ人やアラブ人、ヨーロッパ人と呼ばれている人々を区別することなく、単に奴隷にしていた。だが近代の黎明期、ポルトガルは〝アフリカ人奴隷〟の独占的な貿易をはじめた。エンリケ航海王子が支援した貿易船は、その先は世界の果てだと恐れられていた西サハラ沖のボジャドール岬を回り、捕らえたアフリカ人をポルトガルに連れかえった。それは新たな奴隷の歴史の始まりだった。

エンリケ航海王子のことを初めて伝記に記録した（かつ擁護した）人物はゴメス・デ・ズラーラだ。ズラーラは世界で初めて〝人種〟という概念と、そこから生まれるレイシズムという思想をつくりだす人物にもなった。時のポルトガル王アフォンソ五世は、〝最愛の叔父〟エンリケ航海王子の輝かしいアフリカ〝冒険譚〟を記す伝記執筆者として、王室の年代記編者で、「エンリケ王子のキリスト騎士団」の忠実な司令官でもあったズラーラを任命した。ズラーラは一四五三年、ヨーロッパで書かれた初めてのアフリカに関する書物となる『ギニアの発見と征服の年代記 *The Chronicle of the Discovery and Conquest of Guinea*』を書きあげた。

この書物には、一四四四年にポルトガルのラゴスでエンリケ航海王子が初めておこなった大規模な奴隷の競売の様子も記録されている。アフリカから連れてこられた人々には、「じゅうぶんに肌の色が白く、見た目も良く、体格の均衡もとれている」者もいれば、「混血やエチオピア人のように黒く、とても醜い」者もいた、と記述されている。ズラーラは、肌の色や言語、民族が多様な人々を奴隷として扱えるようにするために、一括《ひとくく》りの集団と見なした。

赤ん坊はこの世に生まれ落ちてから名前をあたえられるが、世の中のほかの現象はたいてい、人間によって名前をあたえられるずっと前から存在している。ズラーラも、黒人が人種の一つだとは言っていない。

「人種」という語は、フランスの詩人ジャック・ド・ブレゼによる一四八一年の狩猟の詩のなかで初めて書き言葉として登場した。その後、一六〇六年にはヨーロッパの主要言語の辞書で初めて正式に定義された。中毒性の高いタバコの種をフランスにもちこんだ外交官ジャン・ニコが、みずからが編纂した辞書『フランス語の宝 *Trésor de la langue française*』のなかで、「人種《レイス》とは、(略)血統を意味する」と定義したのだ。「したがって、人間や馬、犬、ほかの動物の善し悪しは血統がものをいう」

つまり事の始まりから〝人種という概念〟をつくりあげることは〝人種のヒエラルキー〟をつく

りあげることにほかならなかったのだ。

ズラーラがアフリカから連れて来られた多様な人々をたった一つの集団に括ったのも、まさにヒエラルキーをつくりだすためだった。それがレイシズムの始まりだった。

レイシズムを成立させるには、まず人種が必要だ。それは、たとえばパイの中身を支えるパイ皮のように不可欠な材料だ。パイ皮をつくったら、次はパイの中身だ。

ズラーラはそれにあたって〝エンリケ航海王子の世界への福音伝道という使命を正当化する〟という欺瞞に満ちた理由をもちいた。黒人種の人々は道に迷い、「獣のように生き、理性的な人間としての習慣がない。善の概念を理解できず、ただ野蛮で怠惰な生活をすることしか知らない」ので、奴隷にすることで救えると主張したのだ。

一五世紀にアメリカ大陸に到着したスペインとポルトガルの植民地開拓者たちも、多様なアメリカ先住民を一括りにして「インディアン」と呼び、一六世紀のブラジルでは「ネグロス・ダ・テラ（現地の黒人）」と呼ぶことで、人種という概念をつくりだした。

一五一〇年、スペインの弁護士アロンソ・デ・ズアゾは、彼いわく〝野獣のような〟黒人を「力仕事に強く、軽作業しかできない軟弱な現地人とは正反対だ」とアメリカ先住民と対比した。レイシズムの概念がもちこまれたことで、〝強い〟と見なされたアフリカ人奴隷を大量に輸入することも、〝弱い〟と見なされたアメリカ先住民を虐殺することも正当化された。

ラティニクスと中東系を除く人種は、一八世紀のヨーロッパを中心にして起こった「啓蒙時代」と呼ばれる思想運動のなかで人為的につくられ、区別されるようになった。

一七三五年、スウェーデンの博物学者カール・リンネは、著者『自然の体系（*Systema Naturae*）』

のなかで、人類の〝人種的ヒエラルキー〟を次のように定めた。

リンネは白、黄、赤、黒という肌の色の違いに基づいて人種を分類し、それぞれを世界の四つの地域に結びつけて特徴を説明した。このリンネの分類法は、のちの文明社会で人種がつくりだされる際に用いられる青写真になった。その影響は今日にいたるまで続いている。もちろん、これは中立的な分類法ではなかった。人種は決して中立的な分類法にはなりえない。それはレイシズムに基づく権力《パワー》が、意図的につくりだしたものだからだ。

リンネはヨーロッパ人（*Homo sapiens europaeus*）を〝人種的ヒエラルキー〟の最上位に位置づけ、もっとも優れた特性があるとし、「精力的で筋肉質。流れるような金髪、青い瞳。とても賢く、独創的。ぴったりとした衣服。法律によって支配される」と説明した。

アジア人（*Homo sapiens asiaticus*）は「陰鬱《いんうつ》で険しい顔つき。黒髪、黒い瞳。厳格、高慢、貪欲。ゆったりとした衣服。意見によって支配される」とし、人種ヒエラルキーの中位に位置づけた。

アメリカ人〔先住民のこと〕（*Homo sapiens americanus*）の特徴は「太い直毛の黒髪。広い小鼻。険しい表情。ヒゲがない。頑固、快活、自由。身体に赤い線をペイントする。習慣によって支配される」とした。

そしてアフリカ人（*Homo sapiens afer*）を〝人種ヒエラルキー〟の最下部に位置づけ、「だらしなく、怠惰。黒く縮れた髪。絹のような肌。平らな鼻。厚い唇。女性の乳房は垂れさがっている。狡猾、緩慢、不注意。身体に脂を塗っている。移り気によって支配される」と記述している。

ズラーラは、一四三四年から一四四七年にかけて九二七人のアフリカ人奴隷がポルトガルに運ばれ、「その大半が真の救済の道へとみちびかれた」と記している。ズラーラによれば、それはエンリケ航海王子のもっとも偉大な功績であり、歴代の教皇たちにも祝福されたという。エンリケ航海王子に見返りとして分けあたえられたという約一八五人もの奴隷についての言及はない。

依頼主の王に忠実なズラーラは人種間には違いがあると訴え、エンリケ航海王子（とポルトガル）が奴隷を取引したのは金のためではなく、これらのアフリカ人を救済するためだったと世界に信じこませようとした。解放者たちがアフリカにやってきた、というわけだ。

ズラーラは一四五三年、書きあげた『ギニアの発見と征服の年代記』を依頼主のアフォンソ五世に紹介文を添えて提出した。ズラーラの望みは、この書物によって、エンリケ航海王子の名が「偉大な称賛の記憶とともに」世界の人々の脳裏に刻まれることだった。エンリケ航海王子が王室の富を守ろうとしたのと同じように、ズラーラはエンリケ航海王子の記憶を守ろうとしたのだ。一四六六年のある旅行者の所見によれば、アフォンソ五世は、アフリカ人奴隷を諸外国に売ることで「国内から集めた税金」よりも多くの富を得ていた。人種という概念を生みだした目的は果たされた。

エンリケ航海王子の奴隷貿易に関するレイシズム的なポリシーは、イスラムの奴隷貿易商人を介さずに商売をするという現実的な目的のためにつくられた狡猾な発明だった。奴隷貿易が二〇年近く続いたあと、ズラーラは、アフォンソ五世から人身売買という旨味の多いこの商売を擁護してほしいと依頼を受けた。そこで〝黒人という人種〟をつくりあげ、さらにレイシズムという思想をつけくわえたのだ。

このように、レイシズムの権力《パワー》は利己的な理由によってレイシズムポリシーを生みだし、それを正当化するためにレイシズム思想を必要とする。この因果関係は、レイシズムの始まり以来、続いている。

伝記シリーズ「ジュニア・ブラック・アメリカン・オブ・アチーブメント」を子供の頃にたくさん読んだぼくは、レイシズムポリシーはレイシズムという思想から生まれたと学んでいた。そのレイシズムを生んだのは無知と憎しみだとも学んだ。無知と憎しみが、レイシズムの根本にあることも。

だが、この理解は物事の順序を正しくとらえていなかった。それに、レイシズムの根本にあるのはエンリケ航海王子からトランプ大統領にいたるまで、無知と憎しみではなく、つねに権力《パワー》の私利私欲だった。

レイシズムポリシーの背後には経済的、政治的、文化的な強い私利私欲——ポルトガル王室や奴隷商人の場合は昔ながらの富の蓄積——がある。ズラーラの系譜につらなる有力で狡猾な知識人たちは、その時代のレイシズムポリシーを正当化するためにレイシズム思想を生みだし、その時代に存在した「人種的不公平」はポリシーではなく特定の人々のせいだと責任転嫁してきた。

学校を案内してくれた教師は、七歳の子供に黒人教師が少ないことを指摘されて面食らっていた。だが、すぐに落ちつきをとりもどすと、父と母の顔色をうかがってからぼくのほうを向き、「どうしてそんな質問をするの？」と優しい口調で尋ねた。

「黒人の生徒が多いんだから、黒人の先生ももっといっぱいいるべきだよ」ぼくは言った。

「学校が雇っている黒人の先生はわたしだけよ」

「どうして？」

「わからないわ」

「どうしてわからないの？」

父と母は息子が興奮しているのに気づいた。父が話題をかえた。ぼくはもう聞いていなかった。頭のなかで、たったいま母が口にした「息子は黒人であることを強く意識しているんです」という言葉が渦巻いていた。ぼくは黒人だ。ぼくは黒人だ——。

結局、ぼくはこの学校には転校せず、もっと自宅に近いルーテル派の学校に通うことになった。三年生のときの担任は白人の教師だったが、最初はそのことをなんとも思っていなかった。

第4章 ぼくたちは生物学的に違うのか？ BIOLOGY

生物学的レイシスト 「人種には生物学的にあきらかな違いがあり、それが人種間のヒエラルキーを生んでいる」という考えを表明している人

生物学的アンチレイシスト 「人種は生物学的に同等であり、遺伝的な違いはない」という考えを表明している人

どうしても彼女の名前を思い出せない。

じつに不思議だ。四年生、五年生、六年生のときの担任だった黒人の教師の名前はいまでも覚えている。でも、三年生のとき担任だった白人の教師の名前は記憶からすっぽりと抜けおちている——その後の人生でぼくの平和をかきみだすサイレンを鳴らしてきたおおぜいのレイシズム的な白人の名前と同じように。

その教師の名前を思い出せないのは、心理学でいう「対処メカニズム」によるものかもしれない。

有色人種はときに、白人からひどい仕打ちを受けると、その個人を「白人」という幕の後ろに入れてしまうことで状況に対処しようとする。「彼女があんなことをするのは、白人だからだ」というふうに。

けれども、ある白人のレイシズム的な行為を「白人全体」に一般化するのは、ある有色人種の欠点を「その人種全体」に一般化するのと同じくらい危険なことだ。

「彼があんなことをするのは黒人だからだ」「彼女があんなことをするのはアジア人だからだ」。そんなふうに、ぼくたちはだれかの言動を、その個人ではなく人種全体の特性だと見なし、記憶しようとする。それはレイシズム的な分類の方法だ。つまり、ある個人との関わりで経験したことを、肌の色で区別された〝人種別のクローゼット〟に押しこめる。

いっぽうアンチレイシズムでは、個人を個人として扱い、記憶しようとする。たとえば「彼女があんなことをするのは、レイシズム的だ」と、言動を人種ではなく個人と結びつける。

いまのぼくは、そういうことが理解できるようになった。それでも、あの教師の記憶はよみがえってこない。父と母も彼女の名前を覚えていない。ぼくたちが覚えているのは、彼女がしたことだけだ。

三年生のときのクラスメートは、ほとんどが黒人だった。アジア人とラティニクスも何人かいた。白人は三人だけで（女子二人と男子一人）、いつも寄りあつまるようにして教室の前のほうに座っていた。ぼくの席は教室の後ろのドア近くだった。そこからだと教室の様子がよく見渡せた。白人の教師が、ほかの子供が手をあげているのに、それを無視して白人の子を当てることが多いのもはっきりとわかった。同じような悪さをしても白人の生徒はおとがめなしなのに、白人以外の生徒がよく怒られていることも。

これはこの学校だけの問題でも、ぼくが子供だった時代だけの問題でもない。このような問題は長年、私立か公立かにかかわらず存在している。たとえば教育省のデータによれば、二〇一三〜一四年度で、公立学校で停学になる黒人の生徒は、白人の生徒の四倍もいる。

ぼくの三年生のときの黒人のクラスメートたちは、不公平に罰をあたえられたり、手をあげても白人の子が優先的に当てられたりすることについて、とくに不満ではなさそうだった。だからぼくもなるべく気にしないようにしていた。でも一九九〇年のクリスマス休暇が近づいたある日、どうしてもやりすごせない出来事が起こった。

教室の後ろのぼくとは反対側の席に、小柄なぼくよりもさらに小さい、物静かで大人しい女の子が座っていた。その日、教師がみんなに質問をしたとき、彼女が黒い肌の手をゆっくりとあげるのが見えた。珍しかった。内気なせいか、その子はふだん、授業中めったに発言しないし、手をあげることもない。でもその日はなにかが違ったらしい。教師に向けてその小さな手があがるのを見て、ぼくはうれしくなった。

教師はその子が手をあげているのをたしかに見た。だが、目をそらし、白い手があがるとすぐにその生徒を当てた。その黒人の子は手を下ろし、頭をがっくり下げた。気持ちもがっくりと落ちこんでいるのがわかった。ぼくは教師をにらんだ。もちろん教師はぼくのことなど見てはいなかった。お気に入りの白人の生徒たちとのやりとりに忙しく、後ろの席のことは気にもとめていない。ぼくの怒りも女の子の悲しみも、教師には届いていなかった。

学問の世界では、このときにぼくが体験したようなことは「マイクロアグレッション」と呼ばれている。マイクロアグレッションとは、一九七〇年にハーバード大学の著名な精神科医チェスター・ピアスが提唱した概念で、レイシストの白人が黒人に対して日常的におこなっている「言語的・非言語的な小さな侮辱的行為」を意味する。

黒人が隣に座ると、白人の女性がハンドバッグをしっかりかかえる。バスが混雑しているのに、黒人の隣の席は空いたまま。黒人が公園でバーベキューをしていると、白人の女性が警官を呼ぶ。黒人の毅然とした態度を〝怒り〟と解釈する。鍛錬によって身につけた能力を、黒人ならではの生まれつきの才能だと見なす。黒人の区別がつかず、身近なほかの黒人と取り違える。路上で黒人の子供がレモネードを売っているだけなのに、警察に通報する。黒人英語《エボニックス》をおもしろ半分に馬鹿にする。黒人のことを召使いかなにかだと勘違いし、その召使いは愚鈍だと思っている。単なる興味で、黒人全体についての質問を浴びせる。「疑わしきは罰せず」を黒人には適応しない。道を走る黒人を見ると、警察に通報する……。

この概念を提唱したピアスは、みずからもアフリカ系アメリカ人としてこの種の日常的な侮辱を目の当たりにし、苦しみを味わっていた。そして〝レイシズム的な暴力とポリシーによってあからさまにおこなわれる侮辱・差別行為〟すなわち「マクロアグレッション」と区別するために、〝無自覚におこなわれる、ささいな侮辱・差別行為〟を指す「マイクロアグレッション」という言葉をつくった。

一九七〇年以降、マイクロアグレッションという言葉は、黒人だけでなく、弱い立場の集団に属する者への侮辱・差別行為にも使われるようになった。この一〇年間では、心理学者デラルド・ウィング・スーの優れた研究もあり、社会的公正性の分野で広く使われるようになっている。スーはマイクロアグレッションを「ある集団に属しているという理由で、日常的な短いやりとりのなかで、個人に対して侮辱的なメッセージを送ること」と定義している。

ぼくは、「マイクロアグレッション」という言葉が、いわゆる「ポスト・レイシャルの時代（人種問題を克服した時代）」に注目を浴びたのは偶然ではないと思う。ポスト・レイシャルの時代とは、アメリカで初めて黒人の大統領が選ばれたことによって到来した、と一部の人々が見なしているものだ。

「レイシズム（人種主義）」という言葉は、オバマ政権のリベラルな空気のなかで、以前ほど頻繁には使われなくなり、保守派はこの言葉を「N《ニグロ》ワード〔黒人差別的でタブーとされる語〕」と同じように扱いはじめた。つまり、レイシズムという言葉を、ある状態を説明する言葉ではなく、口にするのもはばかられる侮蔑語だと見なすようになったのだ。

レイシズムという言葉が一部の人々からは腫れもののように扱われるようになり、別の人々からは時代遅れと見なされるようになったことで、善意あるアメリカ人は意識的かどうかにかかわらず、レイシズムを表すほかの用語を探しはじめた。その過程で、「マイクロアグレッション」という言葉が、「R《レイス》ワード〔人種差別的でタブーとされる語〕」を避ける言い換え表現として使われはじめた。「文化戦争《カルチュアル・ウォー》」や「ステレオタイプ」「暗黙の偏見」「経済不安」「部族主義」といった語が、直接的なRワードよりも口にしやすい言葉だと見なされるようになったのだ。

ぼくはいまはもう、「マイクロアグレッション」という言葉は使わない。この言葉が急にもてはやされた背景にある現在を〝ポスト・レイシャルの時代〟ととらえる風潮もきらいだ。もっと言えば、この言葉が「マイクロ」と「アグレッション」という組み合わせによって成り立っているのもきらいだ。

日常的にだれかに対してうっすらとしたレイシズム的な虐待を続けていくことは、決して小さな《マイクロ》問題ではない。ぼくは「侮辱《アグレッション》」ではなく「虐待《アビューズ》」という言葉を使う。なぜなら、侮辱という言葉では状況を適切に表せないからだ。「虐待」のほうが、この行為とそれによる影響を正確に描写している。この行為によってもたらされるものは苦痛であり、怒りであり、憂いであり、絶望、不安、痛み、倦怠、自殺である。

世間が「人種的なマイクロアグレッション」と呼ぶものを、ぼくは「レイシズム的な虐待」と呼ぶ。そしてこうした虐待に毅然と立ちむかい、それを阻止し、罰するためのポリシーを、アンチレイシズムと呼ぶ。人種問題について語ることを避け、R《レイス》ワードを避けようとするのはレイシストだけだ。レイシズムは、〝否定〟を常套手段にする。

あの日の教室で、ぼくは目の前で起こった「レイシズム的な虐待」について考えていた。生徒全員が、毎週の礼拝をするために校内の礼拝堂に向かって長い廊下を歩きはじめたときも、あの子は落ちこんだ様子でうつむいていた。彼女の悲しみは消えてなどいなかった。ぼくの怒りもだ。

礼拝堂はポストモダン建築で外観は凝っていたが、内部の造りは簡素だった。小さな説教壇の手前には数十列の木製のベンチがあり、後ろの壁には人々を見おろすように十字架がかかっている。朝の礼拝が終わると、教師がクラスメートたちを堂内から出るようにうながした。でもぼくは動かなかった。ベンチの端に座り、こちらに近づいてくる教師をにらみつけた。

「イブラム、行きますよ」彼女が愛想よく言った。

「どこにも行かない」つぶやくように返事をして、壁の十字架をまっすぐ見すえた。

「なんですって？」

彼女を見あげ、目を大きく見開いて言った。「ぼくはどこにも行かない！」

「なに言ってるの！　さっさと出なさい！」

もしぼくではなくお気に入りの白人の生徒だったら、彼女は頭ごなしにしかるのではなく、〝どうしたの？〟と尋ねただろうか。どこか痛いところでもあるのかと気をまわしただろうか。だが彼女はレイシズム的な考えから、ぼくのこの抵抗を〝黒人の子ときたら、いつもこうだ〟と思ったのかもしれない。ぼくの悩みになど目もくれず、行儀の悪い子だと見なしたのかもしれない。

レイシズム的な考えをもつ教師は、悪さをした有色人種の子供に、理由も尋ねないし、気持ちはわかるよとも言わないし、理にかなった扱いもしない。命令と罰をあたえるだけだ。まるで大人であるかのように、「言い訳は認めない」という態度をとる。黒人の子供は大人と同じように厳しく扱われ、黒人の大人は逆に子供扱いされる。

クラスメートの大半は礼拝堂を出ていたが、なにかへんだぞと感じた何人かが扉の近くに立ちどまり、こちらを見ていた。予期せぬ状況にカッとなり、混乱しているその教師から、ふたたび外に出るよう命じられた。ぼくはがんとして動かなかった。肩をつかまれた。

「さわるな！」ぼくは叫んだ。

「校長先生を呼ぶわ」と彼女は言い、出口に向かって歩きだした。

「呼べばいいよ！　いますぐ呼べばいい」ぼくは前を向いたまま叫んだ。両目から涙がこぼれ落ちた。

教師がいなくなると、礼拝堂らしい静寂がもどってきた。涙をぬぐい、校長にどう話すべきか、心のなかで予行練習をはじめた。

校長がやってきて、ぼくに礼拝堂から出るようにと言った。でも、教師と同じように失敗した。ぼくはレイシズムについて初めて抱いた考えを語るまで、黒人であることを弁護する機会が得られるまで、一歩も動くつもりはなかった。

ぼくたちは同じ黒人だった――。

ぼくは黒人だ。あの子の肌は黒い、ぼくの肌もそうだ。あの子は縮れ髪をコーンロウに編みこみ、真ん中で分けて髪留めで束ねている、ぼくも縮れ髪で小さなアフロヘアだ。あの子の鼻は広い、ぼくの鼻も。あの子の唇は厚い、ぼくの唇も。あの子のしゃべり方、ぼくのしゃべり方。これは蜃気楼などではない。ぼくたちはたしかに同じだった。

八歳のぼくには、教師がひいきしていた三人の白人の子たちは、ぼくたちと違って見えた。白い肌、まっすぐな髪、細い鼻、薄い唇。ぼくたちとは違うしゃべり方。制服の着こなし方さえ違った。まるで別の生き物だった。その違いは、表面的なものだとは思えなかった。

だれも、こうした違いがぼくたちの根本的な人間性には無関係であること、すなわち、生物学的なアンチレイシズムの本質を教えてはくれなかった。それどころか逆に大人たちはことあるごとに、こうした表面的な違いがあるのは、人類の形態として違うからだと、つまり生物学的なレイシズムの本質のほうをさまざまな方法で示そうとした。

〟生物学的なレイシズム〝は分離主義的だ。それは、〟人種には生物学的に明確な差異があり〟そして〟その違いが価値のヒエラルキーを生みだしている〟という二つの考えに立脚している。

子供だったぼくは、前者の考えは受けいれられたが、後者の考えには納得できなかった。人種の違いがヒエラルキーをつくるという考えは、宗教の授業で学んだ聖書の天地創造の物語と矛盾していた――アダムとイブという一組の男女が人類すべての祖先だという内容の物語と。また、アメリカ独立宣言に記されている考えとも矛盾していた。「すべての人は生まれながらにして平等である」というよく知られた考えとも。

〟人種に生物学的な違いがあるのは認めるが、それがヒエラルキーを生みだすのは認めない〟という態度は、水は受けいれるが濡れるのはいやと言うようなもので、無理がある。とはいえ、それこそがまさにぼくが学んだことであり、人種意識についての葛藤をかかえていた多くの人々が学んだことだった。

多くの人は、〟人種には生物学的な違いがある〟と漠然と考えていて、それがレイシズムに根ざした考えであるということにも気づいていない。

ぼくは子供の頃から、黒人の特性についてさまざまなことを聞かされた。たとえば、黒人は「生まれつき身体能力に恵まれている」というものだ。一九九一年のある調査でも、回答者の半数がそう思うと回答している。

また、「黒い血」と「白い血」は違うとも言われた。一九〇二年に白人至上主義者のトーマス・ディクソンが書いた『レオパードの斑点 *The Leopard's Spots*』にあるように、「一滴でも黒人の血が流れていれば黒人であり」、そして「その血が知性の光を消す」とも聞かされた。

黒人には即興の才能があるという話もよく耳にした。「黒人が即興の判断などの能力を生まれもっているのだとすれば、彼らがジャズやラップ、バスケットボールなどの分野で才能を発揮し、クラシック音楽やチェス、天文学などの分野では目立たない理由を説明できる」と作家のディネシュ・ドゥスーザは一九九五年の著書『レイシズムの終焉 *The End of Racism*』で述べている。（このタイトルはあまりにもばかばかしくて笑えてくるくらいに本の内容に即していない）。

黒人の女性は尻が大きく、黒人の男性はペニスが大きいともよく言われる。一九〇三年のメディスン誌では、ある医師が、「白人女性へのレイプの増加」の原因は「黒人の陰茎のサイズが大きいこと」であり、「生まれつきの狂気じみた過剰な性欲」のせいだと書いている。

奴隷制度がアメリカの黒人の生物学的な特徴に影響をおよぼしたという説さえある。一九八八年、医師のクラレンス・グリムはアメリカ心臓協会の会議で、〝アフリカ系アメリカ人が高血圧症になる率が高いのは、奴隷貿易でアフリカ大陸からアメリカ大陸へ連れてこられたとき、大西洋を渡る「ミドル・パッセージ」と呼ばれる過酷な長旅のなかで、高レベルの塩分を体内に保持できる者だけが生き残ったからだ〟と主張した。

「多くの研究者に意見を求めたが、（略）この説の信憑性がかなり高いと考えられる手ごたえがあった」とグリムは、目を輝かせたおおぜいの記者に語った。いつのまにか〝信憑性〟は〝証明〟に変わり、奴隷制度と高血圧症の関連を訴えたこの論文は一九九〇年代に心血管の学界で高い注目を浴びるまでになる。しかし実際のところ、グリムは研究室での研究を通じてこの仮説に到達したのではなかった。黒人作家アレックス・ヘイリーによる一族の長い歴史をたどった著書『ルーツ』を読んで、この説を思いついたのだ。フィクションや聖書を読むことで生物学的な人種の違いを推測できるなら、科学的根拠などだれも必要としなくなる。

聖書はぼくにすべての人間は一組の男女の子孫であると教えるいっぽうで、人間には神の呪いによって変えることのできない違いが生じたとも主張していた。

『創世記』九章に記された大洪水の物語によれば、「地に広がった人々はすべてノアの三人の息子の子孫」である。洪水のあと、ノアはブドウを栽培していたが、あるときワインで泥酔してテントのなかで裸のまま眠ってしまった。ハムはそれを見て兄弟たちに知らせた。だがセムとヤペテは父の裸を見ないように後ろ向きでテントに入り、父の身体を着物でおおいかくした。目覚めたノアは怒り狂いながら予言した。

「カナン〔ハムの子〕は呪われよ、セムの奴隷となって仕えよ」

呪われたカナンの子孫とはだれなのか?

一五七八年、イギリスの旅行作家ジョージ・ベストがその答えを記した。そこにはあきらかに、ヨーロッパ人によるアフリカの人々の奴隷化の拡大を正当化する意図があった。ベストはこう書いた。「神はハムの息子とその子孫を黒く忌まわしいものと定めた。それは全世界に対して、反抗者がどのような仕打ちにあうかという見せしめになりつづけるだろう」

レイシズムパワーは、人種を生物学的に区別してヒエラルキーをつくりだすことを、生物学的レイシズムの基盤にした。この〝呪われた人種〟という考えは、一九世紀にキリスト教諸国で黒人奴隷制度が廃止されるまで、奴隷所有者が奴隷制度を肯定するためのお決まりの言い訳として使われていた。聖書を自分に都合よく読むことで生物学的な人種的違いをつくりだせるのなら、科学的な証拠は不要だった。

しかし、科学も誤解されることがある。

クリストファー・コロンブスが聖書には記されていない人々を発見したあと、アメリカ先住民やアフリカ人は「別のアダム」の子孫なのではないかという憶測が生じた。だがヨーロッパのキリスト教は、〝さまざまな人種はそれぞれ異なる創造主をもつ異なる種である〟という「人種多元論」を異端だと見なした。

一六五五年にフランスで『アダム以前の人類 *Men Before Adam*』という書物が出版されたが、著者のイザーク・ラ・ペイレールはパリ当局によって刑務所に入れられ、この本は禁書になった。だが、カリブ海のバルバドスなどの奴隷制度がさかんな土地で多くの奴隷を所有する者たちは、「ハムの呪い」よりも、「アダムの子孫ではない人種の人間がいる」という奴隷制度にとって都合のいい説を好んだ。

人種多元論は、一八世紀ヨーロッパの啓蒙主義の時代を通じて知的な論争の的になった。その議論は、大西洋をまたいで広がる奴隷制度に対する初めての反対運動が起こった一七七〇年代に最高潮に達した。

一七七六年には、第三代アメリカ大統領のトーマス・ジェファーソンが「人種単元論」の側に立った。だがその後の数十年間で、解剖学者サミュエル・モートンや博物学者ルイ・アガシーなどの主張もあり、アメリカでは「人種多元論」が支配的になった。人種多元論を受けて自然選択説を提唱したイギリスの自然科学者チャールズ・ダーウィンは、一八五九年の著書『種の起源』の冒頭に次のように記した。

「大半のナチュラリストと同じくわたし自身もかつては受けいれていた、あらゆる生物の種は創造主によって個別に創造されたという創造説の見解は、あきらかに間違っている」

ダーウィンの自然選択説はたちまち、人種を生物学的に区別して格づけするための方便として用いられるようになった。

社会進化論者は、白人は人種間の競争に勝ちぬき、進化し、完璧なものに向かっている自然選択された人種だと主張した。アメリカの社会学の礎《いしずえ》を築いた社会進化論者アルビオン・スモールは、白人以外の「弱い」人種は、絶滅、奴隷、同化のいずれかの道をたどるしかないと考え、一八九四年に共同執筆した論文のなかで、「インディアンが絶滅の危機にあることを多くの人が恐れている。黒人は奴隷になることが多く、中国人やほかの東方の人々には同化が期待されている」と述べている。

ヨーロッパでも、ダーウィンのいとこであるフランシス・ゴルトンによって優生学運動が広まった。その目的は、優れた遺伝子をもつ人々の生殖を奨励し、遺伝的に劣った人々の奴隷化や殺害を推進するポリシーによって、自然選択の速度をあげるというものだった。

その後、二〇世紀半ばにナチス・ドイツが優生学という思想に基づくポリシーによってユダヤ人を大虐殺したことで、この思想は世界から強い反発を受けるようになった。その結果、学問の世界では初めて生物学的レイシズムがメインストリームからはずれることになった。

だがそれまでの四〇〇年間にわたって、呪われた人種という考えや人種多元論、優生学などをはじめとする生物学的レイシズムは学問として強く支持されていた。それに、学問の世界で下火になったからといって、世間一般もすぐにそれにしたがったわけではない。ぼくの子供の頃、身の周りにあった世俗的な通念には、生物学的レイシズムが根強く残っていた。

二〇〇〇年六月二六日。ホワイトハウスの公式謁見室であるイーストルームに足を踏みいれたアメリカ大統領を、おおぜいの科学者と聴衆が拍手で迎えた。ビル・クリントンが立った演台の両脇にあるスクリーンには、「生命の書の解読：人類のマイルストーン」という文字が映しだされている。

この一〇年前の一九九〇年、遺伝学者はヒトのゲノムの全塩基配列を解析するプロジェクト「ヒトゲノム計画」を開始し、〝生命の書〟の解読をはじめていた。それはちょうど、ぼくが黒人指導者の伝記シリーズを読んで、自分が黒人だということを意識するようになった年だ。

クリントンは世界中から集まった政治家や科学者に謝意を示したあと、二〇〇年前に時をさかのぼり、第三代アメリカ大統領トーマス・ジェファーソンが、「この部屋の、この階で」、アメリカ合衆国大陸部の「壮大な地図を広げた」と述べた。

「そして今日、ここイーストルームで、世界はさらに大きな意味のある地図を目にするのです」と、クリントンは発表した。「わたしたちは、ヒトゲノム全体の初めての調査の完了を祝うためにここにいます。これは間違いなく、人類がこれまでに作製したなかでもっとも重要で、もっとも驚きに満ちた地図です」

「人類の奇跡的な遺伝暗号」の地図を作製した科学者たちがその地図全体を眺めたときに浮かびあがった「すばらしい真実」の一つは、「遺伝的に言えば、人種に関係なく、すべての人類は九九・九パーセント同じだということ」だった。

「つまり現代科学は、古くからの信仰がわたしたちに教えてくれたことの正しさを裏づけました。地球上の生命についてのもっとも重要な事実、それは、わたしたちはみな同じ人類だということです」

だが、現代の人類史におけるこの重要な調査プロジェクトの背後で、一九九〇年代の人種戦争がくりひろげられていたことを、だれもぼくに教えてはくれなかった。これは現職の国家元首による発表のなかでも、月面着陸に匹敵するほど人類にとって重要な科学的発表だった。にもかかわらず、人類は平等であるというこの重要なニュースは、すぐにおなじみの世俗的な議論にとって代わられた。

「ヒトゲノムプロジェクトの次の段階を計画している科学者を、やっかいな問題が待ちかまえている。それは、人種間の遺伝的な違いという問題だ」

クリントンの発表からほどなくしてニューヨークタイムズ紙にこう寄稿したサイエンスライターのニコラス・ウェイドは、二〇一四年のベストセラー『人類のやっかいな遺産――遺伝子、人種、進化の歴史』のなかで、「人間の社会的行動には遺伝的な要素がある」と主張した。

このように生物学と人間の行動を結びつけると、生物学的レイシズムが生まれやすくなる。人種を生物学的に格づけすることや、〝ある人種は生物学的に優れているために知性が高い〟といった仮定につながるからだ。

だが民族の祖先は存在しても、人種の祖先というものは存在しない。健康格差の問題に詳しい著名な医学研究者カマラ・ジョーンズは、生命倫理学者ドロシー・ロバーツに次のように説明している。

「人は両親から先祖伝来のものを受け継いで生まれてくるが、にもかかわらずある特定の人種に振り分けられる」。ある地域に古くから住む民族集団は通常、同じ遺伝子プロファイルを共有している。

遺伝学ではこれを「集団」と呼ぶ。これらの民族集団を比較すると、アフリカと世界のほかの地域とのあいだよりも、アフリカ内の集団のあいだに遺伝的多様性があることがわかる。たとえば西アフリカの民族集団は遺伝的に、東アフリカの民族集団よりも西ヨーロッパの民族集団に近い。つまり遺伝学的には、人種は幻想にすぎない。

だがウェイドのような分離主義者は、人類が遺伝的に九九・九パーセント同じであることではなく、〇・一パーセント違っていることに注目する。この〇・一パーセントの違いこそが人種であり、その違いは過去一〇〇〇〇年間の人類の歴史のなかでネズミ算的に大きくなっていったのだと主張する。そしてその人種間の違いで世の中のすべての事柄を説明しようとする。

同化主義者は数十年前からこれとは違うアプローチをとってきた。

「わたしたちは教会内で、そして教会をとりかこむ壁の外の世界で、なにを教えるべきか?」キリスト教原理主義者で、『一つの人種、一つの血:レイシズムへの聖書からの回答 *One Race One Blood: The Biblical Ansuer to Racism*』の共著者であるケン・ハムは、二〇一七年に新聞の論説でそう問いかけた。

「その一つは、進化論と創造論の共通点に目を向けることだ。ヒトゲノムのマッピングは、人類という一つの人種しかないという結論をみちびいている」

〝人類という一つの人種〟の実現をめざす人たちは、人種による分類や区別を終わらせようとする。ぼくのように自分を黒人だと認識している者に対して、それは間違いだと言う。だが残念ながら、この善意に満ちた「ポスト・レイシャルの時代」の戦略は、現実のレイシズム的な世界では意味をなさない。

人種は幻想だが、同時にとても現実的な方法で社会に浸透している。レイシズムの世界で〝人種などない〟と想像するのは、資本主義の世界で〝階級などない〟と想像するのと同じくらい保守的で有害な考えだ。それは支配的な人種や階級の既得権益をそのまま維持させてしまうことになる。

同化主義者は、人種について話すことはレイシズムを形づくることになる、あるいは人種による自己認識をやめればレイシズムは魔法のように消え去るという、ポスト・レイシャル時代の通説を信じている。

だが同化主義者は、人種の分類をやめれば人種的な不公平が特定できなくなることを理解していない。「人種的不公平」を特定できなければ、レイシズムポリシーも特定できないし、それに対して異議も唱えられない。その結果、レイシズム権力《パワー》の最終的な狙いである、〝抵抗することはおろか、不公平にさえ気づけない不公平な世界〟が実現されてしまうことになる。

つまり、人種による分類をやめることは、アンチレイシズムの闘いの最初のステップではない。もしそれが可能だとしても、それは最後のステップであるべきだ。

レイシストのなかでも、分離主義者は生物学的に六つの人種があると考え、同化主義者は人類という一つの人種しかないと考える。だが、生物学的アンチレイシズムのレンズを通せば、別の見方ができる。すなわち――

アンチレイシストであろうとする者は、人は生物学的に公平であるべきだという現実を認識する。肌の色はその上に着る服と同じくらいその人の根本的な人間性とは無関係だと理解し、〝白い血〟や〝黒人病〟や〝ラティニクスの天性の運動能力〟などといったものは存在しないと認識する。

アンチレイシストであろうとする者は、現実には自分たちはまだ、個性よりも肌の色のほうを重視する人種という幻想のなかで生き、呼吸している状態だと認める。

アンチレイシストであろうとする者は、人々の生活を形づくっているレイシズムを存在しないものとして無視するのではなく、この幻想を形づくっているレイシズムを終わらせる努力に目を向ける。


ようやく校長が礼拝堂に来て、ぼくの隣に座った。もしかしたら、ぼくを行儀の悪い黒人の少年ではなく、問題をかかえた生徒の一人だと見なしたのかもしれない。いずれにしても、思いがけず意見を述べることを許されたぼくは、自説を主張した――「レイシズム的な虐待」や「レイシズムの考え方」といった言葉ではなく、「公平」「不公平」「悲しい」「うれしい」といった言葉で。校長は耳をかたむけ、質問までしてくれた。ぼくの話を最後まで聞き、問題の白人教師と話をすると言った。ぼくのたった一人の座り込み抗議《シット・イン》は終わった。

その日の午後、母が校長に呼ばれた。ぼくは罰を受けるのだろうと覚悟した。校長は事情を説明したあと、「息子さんがとった行動は学校では禁止されています」と母に言った。母は校長の期待とは裏腹に、二度と同じことはさせません、とは返さず、「あとで息子と話をします」とだけ言った。

「なにかに抗議するなら、それが引きおこす結果にも責任をもたなければならないのよ」その夜、母はそう言った。のちにデモに参加するようになるぼくが、何度も聞かされることになる台詞《せりふ》だ。

「わかった」ぼくは答えた。でもそのときは、責任をとるような大きな結果は生じなかった。その白人の教師は、白人以外の生徒たちへもきつい態度をとらなくなった。

第三学年の終わりと同時に、こうした日々も終わった。両親がぼくを転校させることに決めたからだ。この学校に通うのは、一年でじゅうぶんだった。父と母は、ぼくがもちはじめた人種的なアイデンティティを評価してくれる、キリスト教の私立学校を探した。ぼくたちの住むクイーンズビレッジの近くに、黒人の教員が多い「セントジョセフ教区デイスクール」という学校があった。ぼくはこの聖公会派の学校に六年生まで通った。

その後、この学校のすぐ近くにある私立のルーテル派の学校に転校し、卒業の八年生まで通った。八年生のクラスでは、毎日がコメディ番組のような一年を過ごした。いつも笑いがあふれていた。だが同時に、友達同士で心を傷つけあうような日々でもあった。八学年のときの黒人のクラスメートは、みんな冗談好きだった。いつもだれかがジョークを口にしていた。だが、あるジョークはとりわけ強烈だった。

第5章 民族と民族のあいだに ETHNICITY

民族レイシズム　民族を人種化し（＝民族を人種ととらえ）、民族間に不公平をもたらす、さまざまなレイシズムポリシーが集まったもの。レイシズム的な考え方によって実体化される

民族アンチレイシズム　人種化された民族間に公平をもたらす、さまざまなアンチレイシズムポリシーが集まったもの。アンチレイシズム的な考え方によって実体化される

クラスに真面目できっちりしたやつがいて、「ぴっちり水着《スピード》」と呼ばれ、からかわれていた。頭のてっぺんに窪《くぼ》みがあるやつはラクダと呼ばれ、脚がひょろ長い女子は「高層ビル」と笑われた。太った男子は「妊娠してるのか？」とからかわれ、太った女子は「妊娠してるんだろ、知ってるぞ」としつこくからまれた。ぼく自身には「ボンク」というあだ名がついた。巨大な頭が唯一の武器で、敵を攻撃するときリズミカルな「ボンク、ボンク、ボンク」という音を出すテレビゲームのキャラクターに似ていたからだ。

ぼくはだれにも負けないくらい辛辣《しんらつ》なジョークをクラスメートに浴びせていた。八歳の反逆者は、ティーンエイジャーになると、ジョークが売りのクラスの人気者へと変貌していたのだ。もしこの一九九五年の秋にバスに乗り、ワシントンDCでおこなわれた黒人の地位向上のためのデモ、「百万人大行進《ミリオン・マン・マーチ》」に参加していたら、ぼくの人種問題に対する共感にはふたたび火がついていたかもしれない。けれども、そのとき父は重い病に倒れたきょうだいの面倒をみていたので、このデモ行進に二人の息子を連れていけなかった。

その秋にはほかにも大きな出来事があった——ぼくたちの周りにその場に行った者はいなかったが。

それは、ロサンゼルスでおこなわれたO・J・シンプソンの裁判だ。

百万人大行進の二週間前、ぼくは八年生の教室で黒人のクラスメートとラジオにじっと耳を澄ませていた。「無罪」という言葉がナイフのように沈黙を切り裂いた瞬間、椅子から飛びあがり、叫び、抱きあった。うれしくて友人や両親に電話したかった（残念ながら、当時はまだ携帯電話をもっていなかった）。

マンハッタンでは父が会計事務所の同僚と一緒に会議室に集まり、みなで固唾《かたず》をのんで判決の瞬間をテレビで見守った。無罪の判決が読みあげられると、父と黒人の同僚は、笑みがこぼれそうになるのをがまんしつつ、判決に困惑している白人の同僚たちを残して会議室から出た。

ぼくは教室で友達と抱きあって喜びながら、白人の担任の先生に目をやった。彼女は顔を真っ赤にして首をふり、涙をこらえている。その強烈な絶望や落胆は、過去に黒人が何度も味わわされてきたものと同じものではないかと思った。ぼくは先生をなぐさめるように微笑んだが、気持ちはうわの空だった。頭のなかは、ＯＪに自由になってほしい気持ちでいっぱいだった。

この一九九五年、ぼくは周りの黒人の大人たちから、この問題についていろんな話を聞かされた。大人たちはＯＪが殺人について無罪ではなく、同胞の黒人を裏切っており倫理的にも無罪ではないと思っていた。でも、それを言うなら、刑事司法システムそのものも有罪だとわかっていた。

それ以前の一九九一年には複数の白人警官がスピード違反の容疑者である黒人男性ロドニー・キングに暴行を加える事件が起き、同じ年にはオレンジジュースを盗んだという誤解から一五歳の黒人の少女ラターシャ・ハーリンズが韓国人の食料品店店主に銃で撃たれて死亡するという事件が起きた。そのたびに黒人は不条理な判決を下されてきた。そしてＯＪの無罪判決をもってしても、あらゆる黒人が裁判で不利な判決を下されるという流れは変えられなかった。

ＯＪの無罪判決から二年後、ニューヨークのブルックリン警察署の警官数人が三〇歳のハイチ移民の男性アブナー・ルイマを警察署に連行する車内で激しく暴行し、その後に直腸に木製の棒を突っこむという事件が起きた。さらにその二年後には、丸腰の二三歳のギニア移民アマドゥ・ディアロに合計四一発の銃弾を撃ちこんだニューヨーク市警の警官数人に無罪の判決が下された。黒人がアメリカ生まれであるか、移民であるかは問題ではなかった。レイシズム的な暴力の前では、黒人は黒人でしかない。

けれども八年生のぼくのクラスでは、アフリカ系アメリカ人のクラスメートが、〝アフリカ人〟を〝区別〟していた。

クラスには、おもしろく、ハンサムで、スポーツが得意で、クールなクワメという人気者の少年がいたが、ガーナ出身であるという理由だけでぼくたちから一番こっぴどくからかわれていた。ぼくたちはクワメを、一九八八年公開のロマンチックコメディ映画『星の王子 ニューヨークへ行く』に登場する、架空のアフリカの王国からニューヨークにやってきたアキーム王子みたいに扱った。エディ・マーフィが演じたアキームはリサという女性に恋をするが、リサにはすでにボーイフレンドのダリルがいる。ダリルはアフリカから来たアキームを小馬鹿にする冗談をくりかえす嫌なやつだ。ぼくたちはまさしくダリルのようにクワメをからかった。なにしろぼくたちの学校があったのは、将来の妻を探しにきたアキームがリサと恋に落ちた場所、クイーンズだった。

映画のなかで、ダリルとリサ、アキーム、リサの妹のパトリスがバスケットボールの試合を観戦するシーンがある。ダリルはアキームをちらりと見て「服を着るなんて初めてだろ？」と馬鹿にする。二人のあいだに座っていたリサは腹を立てて話題をかえようとするが、ダリルは蒸しかえし、「アフリカではどんなスポーツをするんだ？　サルを追いかけるのか？」と言ってにやりとする。アフリカ系アメリカ人の観客も、ダリルの台詞でにやりとし、アキームを笑うことが期待されていた。教室のぼくたちも、ダリルの真似をして、アフリカ人を野蛮人扱いするジョークをクワメに浴びせた。

人の出自を馬鹿にするジョークはレイシズム的だ。アフリカの人々は奴隷貿易によってアメリカに連れてこられた。笑い事ではない。アメリカの黒人が自分と出自の異なるアフリカからの移民《ディアスポラ》の人間性をおとしめるようなジョークを言うとき、かつての奴隷貿易の恐怖の物語が笑いのなかで息を吹きかえす。民族レイシズムとは、奴隷商人が使っていたシナリオをよみがえらせることなのだ。

民族レイシズムは、奴隷貿易における〝人間という商品〟の需要と供給の市場関係のなかで生まれた。奴隷商人たちには、それぞれ好みのアフリカ民族があった。良い民族の出身者は良い奴隷になると信じられ、良い奴隷こそが良いアフリカ人だと考えられていた。

たとえば一部のフランス人農園主は、コンゴで捕らえられた人々を「奉仕するために生まれてきた」「至高の黒人」と考えていた。また、セネガンビア地方〔セネガル川とガンビア川のあいだの地域〕にスペイン人とともに入植したフランスの農園主たちは、現地で拉致した人々を「最高の奴隷」と見なした。カリブ海のアンティグアで島の一つを所有し、屈指の裕福な大農園主であったクリストファー・コドリントンによれば、南北アメリカの農園主のほとんどは、現代のガーナにあたるゴールドコーストにいたいくつかの民族を「われわれの奴隷のなかで最善でもっとも忠実」だと見なしていた。

アンゴラで捕らえられた人々は、農園主や奴隷商人にとって最悪の奴隷であり、民族レイシズムのランクの最下層で、動物よりは上の存在と見なされていた。一七四〇年代、ゴールドコーストからの奴隷はアンゴラからの奴隷の約二倍も多く取引されていた。アンゴラ人奴隷の価値が低かったのは、供給過剰だったからかもしれない。すでに、アンゴラ人奴隷はどのアフリカの民族集団よりも多く取引されていた。一六一九年八月にバージニア州ジェームズタウンに運ばれ、アフリカ系アメリカ人の歴史の始まりとなった二〇人ほどもアンゴラからの奴隷だった。

農園主らが自分たちの「民族レイシズム」を正当化するのをさまたげるものはなかった。あるフランス人はこう記している。

「ゴールドコーストやポパ、ウィダー出身の黒人は、アフリカのきわめて不毛な地域の出身だ。生活のために土地を耕さなければならず、子供の頃から重労働に慣れている。いっぽう、（略）アンゴラ出身の黒人は、（略）アフリカの野生の食物が簡単に手に入る地域から連れてこられたので、男たちは働く意欲がなく怠惰な生活をしていて、概してその気質は怠け者で体質も軟弱だ」

八年生のクラスでのぼくや友人たちは、レイシズムという意味では古いシナリオにしたがっていたのかもしれない。けれども、動機はかつて奴隷を所有した農園主たちと同じではなかった。クワメとアキームを笑う声の裏には、おそらくアフリカ大陸への怒りがあった。

「アフリカの首長たちは互いに戦争をし、みずからと同じ民族の人間を捕らえて売っていた」ウガンダのヨウェリ・ムセベニ大統領は一九九八年、ビル・クリントン大統領も出席した演説でそう語り、アフリカ系アメリカ人の心の奥にひそむ奴隷貿易の記憶の一ページをよみがえらせた。

ぼくは大学時代に友人たちと議論していたときに言われた台詞を、いまでもよく覚えている。彼らは、「アフリカについてのたわごと」など聞きたくない、と言った。「アフリカの野郎たちはおれたちを売った」。彼らは「身内」を売ったのだ、と。

だが、「アフリカの首長たち」が「身内」を売ったという考えは時代錯誤の記憶だ。それは民族という過去に、人種という現在の考えを重ねあわせているにすぎない。ヨーロッパの知識人は、一五世紀から一八世紀にかけて人種という概念をつくりだし、多様な民族集団を画一的な人種という枠に押しこめた。だが、そのことによってアフリカの人々がすぐに自分たち自身の見方を変えたわけではなかった。

一七世紀と一八世紀のアフリカの人々は、周りにいるさまざまな民族集団を見て、急に自分たちが同じ人種、同じアフリカ人、同じ黒人であると考えるようになったりはしなかった。奴隷貿易にかかわっていたアフリカ人にも、身内を売っているという意識はなかった。捕まえて奴隷として売る対象にしていたのは自分たちとは違う民族の人間で、それは彼らにとって身内ではなく、取引相手のヨーロッパ人と同じくらい異質な存在だった。奴隷貿易の時代、西アフリカの人々は、西ヨーロッパの人々と同じように、自分たちを民族という概念によって区別していた。

人種という概念が定着し、世界全体にその暗い影を落とすようになるまでには、とても長い時間がかかった。人種という影が世界をおおったのは、おそらく二〇世紀になってからのことだ。

一九九〇年代、アメリカでは有色人種の移民が激増した。これは一九六五年の移民国籍法の改正、一九八〇年の難民法、一九九〇年の移民法の緩和などの複合的な影響によるものだ。これらの法律は、離散していた家族が一つになることを推奨していた。また「移民多様化《ダイバーシティ》ビザ・プログラム〔別名グリーンカード抽選プログラム〕」では、紛争地域およびヨーロッパ以外の国からの移民を抽選によって急増させた。一九八〇年には四二〇万人だったラティニクスの移民は二〇〇〇年には一四一〇万人にふくれあがり、二〇一五年には全米の黒人人口に占める黒人移民の割合は一九八〇年の約三倍となる八・七パーセントに拡大している。

八〇年代初頭に生まれた者として、ぼくはこの有色人種の移民の急増を間近で見てきた。

一部のアフリカ系アメリカ人は、外国の黒人が移民としてアメリカに入ってくるのをこころよく思っていなかった。でも、ぼくの両親は違った。

当時のぼくの家の向かいに、ハイチ人の夫婦と三人の男の子が住んでいた。ぼくは末っ子のギルとそのいとこのクリフと仲良くなった。何度もギルの家にまねかれ、米やエンドウ豆、揚げバナナ、ぼくには発音できない名の鶏肉料理をふるまってもらった。ハイチのクレオール語も少し教わった。ギルの父親は、ブルックリンのフラットブッシュにあるハイチ系の教会で牧師をしていた。その教会は、ニューヨークの西インド諸島出身者のコミュニティの集《つど》いの場だった。ぼくはよく一緒に教会の礼拝に出席し、そのあとはハイチ系アメリカ文化の恩恵にあずかり、食事をたらふくごちそうになった。

ギルとクリフはなんのこだわりもなく仲良くしてくれたが、ギルの父親はそうではなかった。夫妻は良い人でとても親切だったが、いつもどこか壁を感じた。夕食には何度もまねかれたが、心から打ちとけたことは一度もない。距離を置かれたのは、ぼくがアフリカ系アメリカ人だったからかもしれない。当時のハイチ移民は、アフリカ系アメリカ人の偏見のせいでつらい思いをしていた。実際にはギルの父にそのような感情はなく、単なるぼくの思いこみだったのかもしれない。いずれにしても、同じ感覚はほかの黒人移民との関わりのなかで何度も味わった。

西インド諸島からの移民は、アフリカ系アメリカ人を「怠惰で、野心がなく、教育が不十分で、友好的でなく、生活保護に依存し、家族の価値観に欠けている」と見なしている——これは一九九九年に多数の聞き取り調査をもとに社会学者のメアリー・C・ウォーターズが分析した、西インド諸島系移民のアフリカ系アメリカ人に対する認識だ。この調査によれば、アフリカ系アメリカ人のほうは逆に、西インド諸島系移民を「利己的で、人種意識に欠け、白人にへつらい、傲慢な優越感がある」と見なしている。

ぼくは周りに多様な黒人がいるなかで育ち、それを当たり前だと思っていた。でも両親や祖父母の世代にとっては、黒人移民にかこまれて生きるのは、新しい体験だった。

一九六〇年代から九〇年代に移民法が緩和されたのは、非白人の移民を制限していたそれまでの移民法への反動だった。

そもそも一八八二年に制定された中国人制限法（いわゆる中国人排斥法）が、一九一七年には「アジア移民禁止地域」という政策に拡大された。一九二一年の緊急割当法と一九二四年の移民法では、アフリカ、東ヨーロッパ、南ヨーロッパからの移民が厳しく制限された。

一九二四年の移民法に署名したカルヴィン・クーリッジ大統領は、「アメリカはアメリカのままでなければならない」と述べた。その時点での「アメリカ人」には、もちろん数百万もの黒人やアジア人、アメリカ先住民、中東系の人々、ラティニクス（うち数十万人がやがてメキシコに強制送還される）がふくまれていた。

にもかかわらずクーリッジと彼を支持する議員たちは、スカンジナビアやイギリス諸島、ドイツなどの北東ヨーロッパからの移民のみがアメリカをアメリカにする、すなわちアメリカを白くすると考えていた。一九二四年の移民法をめぐる議論のなかで、メイン州選出のアイラ・ハーシー下院議員が、アメリカは「イギリス、ノルウェー、サクソンなどの北ヨーロッパ人が移住した強大な土地だった」と述べ、拍手喝采を浴びた。

その一〇〇年後の二〇一五年、移民人口の増加をなげいた共和党上院議員のジェフ・セッションズは、極右系オンライン・ニュースサイトの共同創設者スティーブ・バノンにこう語った。

「一九二四年、当時の大統領と議会は政策を変更して、当時最高潮に達していた移民の数を大幅に減らした。その後、一九六五年まで同化政策が進められ、それによってアメリカには確固としたミドルクラスがつくりだされた。それはこの国にとって良いことだった」

その一年後、セッションズは司法長官としてトランプ政権の反ラティニクス、反アラブ、反黒人の移民政策をおしすすめ、〝ふたたびアメリカを白くする〟ことをめざした。トランプは二〇一八年、「ノルウェーなどの国々からもっと多くの人々を受けいれるべきだ」と議会で語った。ぼくのような有色人種はもうたくさんだ、ということらしい。

トランプ政権による二〇世紀初頭の移民政策への回帰は、アメリカを構成するのに望ましい人々をレイシズム思想に基づいて独善的に決めるものであり、劇的に多様化してきたアメリカの移民の歴史を後退させようとするものだった。アメリカの多様性には、黒人人口の多様化もふくまれている。奴隷の子孫だけでなく、アフリカ移民と西インド諸島移民が加わったのだ。しかし、どこから来たかに関係なく、これらの人々はすべて黒人として一括《ひとくく》りにされた。つまり、「人種化」されたのだ。

事実、あらゆる民族集団は、ひとたび人種という概念をつくりだそうとする権力者たちの視線とパワーにさらされると、たちまち人種化されてしまう。

たとえば、ぼくはアメリカに連れてこられた奴隷の子孫である。ぼくの民族集団はアフリカ系アメリカ人で、アフリカ系アメリカ人としての人種は黒人になる。同じく、ケニア人は黒人の民族集団として人種化され、イタリア人は白人、日本人はアジア人、シリア人は中東系、プエルトリコ人はラティニクス、チョクトー族はアメリカ先住民に人種化される。

こうした人種化によって、それをつくりだす人々の狙いどおり、人種は価値のヒエラルキーを構築するための道具にされてしまう。

歴史的に、レイシズム権力《パワー》は、植民地圏の民族集団を一括りの人種として扱うという手法でレイシズム思想を生みだし、世界的にも自国内でも人種や民族集団を格づけしてきた。

アメリカ合衆国の歴史は、人種や民族のあいだの格づけや差別のための権力争いであふれかえっている。アングロサクソン人はアイルランドから来たカトリック教徒やユダヤ人を差別し、キューバ移民はメキシコ移民より優遇され、東アジアや南アジア（イスラム教徒を除く）からの移民はマイノリティのお手本的存在である「モデル・マイノリティ」と見なされてきた。

その歴史は、初期のヨーロッパからの入植者たちが、チェロキー族、チカソー族、チョクトー族、クリーク族、セミノール族をアメリカ先住民の「五つの文明部族」と呼び、その他の「野蛮な部族」と区別したときにはじまった。人種を格づけし、その人種内の民族集団をさらに格づけすることで、〝人種―民族的〟なヒエラルキーが構築され、レイシズムという大きな枠組みのなかに民族的な序列がつくられる。

ぼくたちは、ある民族についてのレイシズム的な考えを表明し、レイシズムポリシーを支持するとき、レイシズムを実践していることになる。

民族レイシズムはレイシズムと同じく、〝集団間の格差の原因はポリシーではなく行動にある〟と考える。白人アメリカ人に同調して「アフリカ系アメリカ人は怠惰だ」と言うガーナ系移民は、アフリカ系アメリカ人についての白人アメリカ人のレイシズムの考え方を再利用していることになる。これが「民族レイシズム」だ。

民族レイシズムは、しつこい問いかけの形で現れることが多い。

「出身は？」

民族レイシズムの色眼鏡を通して相手を見る人から、ぼくはよくこの質問をされる。大学教授で著作もあるという理由で、ぼくのことを〝卑《いや》しく、怠惰で、精彩を欠く典型的なアフリカ系アメリカ人〟ではないはずだと決めつけてかかり、それを確認してくるのだ。

「ニューヨークのクイーンズ」とぼくは答える。

「違う、そうじゃない。本当の出身地のことだよ」

「本当にニューヨークの生まれさ」

いらだった相手は、質問の方法を変えてくる。

「両親の出身地は？」

「父はニューヨーク州、母はジョージア州」

相手は混乱して、かたまってしまう。

「ぼくはアメリカで奴隷にされたアフリカ人の子孫だ」と最後につけくわえると、ようやく質問は終わる。相手は、ぼくがアフリカ系アメリカ人であることを受けいれなければならない。そして受けいれたあとはおそらく、ぼくのことを〝典型的な劣ったアフリカ系アメリカ人とは違う特別な存在〟だと思いこんで自分を納得させようとする。そうすれば、民族レイシズムという自分の色眼鏡をはずさなくてもすむからだ。

だがときには、相手が自分を納得させられず、大人しく引きさがってくれないこともある。ぼくの属するアフリカ系アメリカ人という民族集団について長々と演説をぶつこともあるのだ。

ニューヨーク州北部の大学で教員として働きはじめた頃、大胆なガーナ人の学生がいた。彼はぼくの授業中、アフリカ系アメリカ人でいっぱいの教室で、怠惰であるとか生活保護に依存しているとか、アフリカ系アメリカ人に対するよくある批判を延々とまくしたてた。ぼくはその主張を否定するデータを示した。たとえば、生活保護を受けているアメリカ人の大多数はアフリカ系アメリカ人ではなく、生活保護を受ける資格のあるアフリカ系アメリカ人の大多数はそれを利用していない、といったことだ。

だがガーナ人学生は自説を主張しつづけた。最初は笑いながら話を聞いていた教室内のアフリカ系アメリカ人の学生たちが、しだいに怒りはじめているのがわかった（移民系の黒人の学生たちは静かにしていた）。ぼくはクラスを落ちつかせるために、アフリカ系アメリカ人が抱きがちな、西アフリカ出身者に対する民族レイシズムの考え方を引き合いに出して説明し、いかに民族レイシズムが不条理であり、いかにさまざまな場所ではびこっているかを示そうとした。

ところがそれが裏目に出た。アフリカ系アメリカ人の学生たちは、ぼくが例としてあげたアフリカからの移民に対するステレオタイプな偏見の例を聞いて、そのとおりだと納得した様子でうなずきはじめたのだ。

だが、アンチレイシストであろうとする者は、国内外の民族集団の違いを認めて平等に扱い、世界中の人種化された民族集団を苦しめるレイシズムポリシーに異議を唱え、人種化されたすべての民族集団間の不公平の原因はポリシーにあると考えなくてはならない。

授業のあとで、教室を出ようとしていたぼくの前に、さっきのガーナ人学生が立ちはだかった（アフリカ系アメリカ人の学生数人が、彼をにらみながら廊下に出ていった）。彼は、ふたたび長々と自説を語った。話が終わり、ぼくは質問をしてもいいかと尋ねた。彼はうなずいた。しばらく教室内で話すことにしたのは、腹を立てたほかの学生たちが教室の外で彼を待ち伏せしているかもしれないと思ったからだ。ニューヨークでは、黒人の民族集団のあいだの諍《いさか》いが暴力沙汰になるのは珍しくないし、最悪のケースもありうる。一世紀前に白人の民族間で争いがあったのと同じように。

「ところでイギリス人はガーナ人についてどんなレイシズムの考え方をもっている？」ぼくは尋ねた。

ガーナ人の学生はぽかんとした表情を浮かべてから、「知らないよ」と答えた。

「いや、知ってるはずだ。なんでもいいから例をあげてみて」

彼はしばらく黙っていたが、ようやく口を開いた。さっき熱く自説を語っていたときよりも、ゆっくりと、神経質そうに。この会話がどこに向かっているのか、いぶかしく感じているようだった。

学生は、イギリス人のガーナ人に対するレイシズム的な考えをいくつかあげた。

「その考えは本当だと思う？」ぼくは尋ねた。「イギリス人はガーナ人よりも優れている？」

「そんなわけないさ！」彼は誇らしげに言った。

ぼくも誇らしかった。彼が自分の民族集団についてのレイシズムを内面化していなかったからだ。彼は、ガーナ人を低く見るレイシズムを内面に取り込んでいなかったし、自分を卑下してもいなかった。

「もしアフリカ系アメリカ人が、ガーナ人に関するイギリス人のレイシズムの考え方を真似て同じことを言ったら、きみは自国の人々を守る？」

「もちろん。だって、それは事実じゃない！」

「きみのアフリカ系アメリカ人についての考えは、だれから得たもの？」

彼は考えた。「周りの家族や友人。それと、自分自身が目にしたことから」

「では、そのきみの周りのガーナ系アメリカ人は、アフリカ系アメリカ人についての考えをだれから得たと思う？」

彼はさっきよりも長い時間をかけて考えていたが、別の学生がぼくに話しかけるのを待っているのに気づいて横目でちらりと見ると、急いで答えを返そうとした――講義中に長々と演説せずにいられなかったわりには、礼儀正しい面もある若者だった。

ぼくは彼を急《せ》かさなかった。

そばで待っている学生はジャマイカ人で、ぼくたちの会話に熱心に耳をかたむけていた。きっと、ジャマイカ人のハイチ人に対する考えはだれから得たものかについて考えていたのだろう。

「おそらくアメリカの白人から」そう言って、ガーナの学生は初めてぼくの目をまっすぐに見た。

彼の心が開いたと思った。ぼくはすかさず言った。

「じゃあ、もしガーナを訪れ、ガーナ人についてのイギリス人のレイシズムの考え方に感化されたアフリカ系アメリカ人から、同じようなことを言われたとしたら、きみの国の人たちはどう思う？

きみはそれについてどう思う？」

意外にも、彼は微笑んだ。「わかったよ」そう言って背を向け、廊下に向かって歩きはじめた。

「もういいのか？」ぼくは彼の背中に向かって大きな声で言った。

彼はふりかえった。「うん。ありがとう、教授」

自分の偽善を反省する彼の態度はすばらしいと思った。彼がアフリカ系アメリカ人を非難したことにぼくが過剰反応したくなかったのは、その気持ちが理解できたからだ。

ぼく自身も、かつて同じような考えを抱いていたことがあった。

民族レイシズムの歴史は根深い。アフリカ系アメリカ人は長いあいだアフリカの人々を〝野蛮〟だと馬鹿にしてきたし、一九二〇年代のニューヨーク、ハーレムで西インド諸島出身の人々は日常的に「サルを追いかけるやつ《モンキーチェイサー》」と呼ばれていた。ぼく自身、八年生のときにガーナ人のクラスメート、クワメをからかっていた。だから、自分の偽善から逃げてはいけないと思っていた。

アフリカ系アメリカ人は、歴史的にずっと、アフリカと南アメリカからの移民を見下《みくだ》してきた。だから逆にアフリカ系アメリカ人が、アフリカと南アメリカからの移民から見下されたとしても、ぼくに激怒する権利はなかった。過去にぼく自身のなかにあったレイシズムについては無かったことにして、いまの彼らのレイシズムだけを批判するなどという都合のいいことはできない。

そんな行為こそ、民族レイシズムの中心にあるダブルスタンダードだ。ほかの民族集団の上に立つことで優越感にひたり、ほかの民族集団の下にいることを嫌がる。自分の集団に対するレイシズムには激怒して否定するのに、ほかの民族集団についてのレイシズムは喜んで取り入れる。

レイシズム思想は、自分のいる集団がヒエラルキーの上だろうが下だろうが、じつは同じことだ。だが、このダブルスタンダードにおちいっている人は、いま喜んで食べている料理が、じつは同じレストランで同じ料理人が同じ材料でつくっている、社会の全員にとって〝下劣なしろもの〟だということに気づいていない。

〝アメリカ生まれの黒人世帯は移民の黒人世帯と比べて世帯所得がはるかに低く、貧困率と失業率も高いこと〟がいくつかの研究結果によってあきらかになると、識者たちは、なぜ移民の黒人はアメリカ生まれの黒人より優れているのかという疑問を抱くようになった。そして、それは移民の黒人の意欲が高く、勤勉だからだという答えを思いついた。

一九九六年のエコノミスト誌に、ある評論家はこう書いている。

「移民の黒人は、アメリカ生まれの黒人よりも起業家精神がある。移民系黒人の成功を見ると、アメリカ生まれの黒人がレイシズムによって困難に直面しているという説明は、まったくとはいわないが、あまり信憑性がない」

あらゆるレイシズム思想と同じく、民族レイシズムの思想は、アメリカ生まれの黒人や移民の黒人に行使されるレイシズムポリシーをおおいかくす。

移民の黒人は、自分の経済的地位をアメリカ生まれの黒人と比較し、自分のサクセスストーリーを引き合いにして、〝アメリカのアンチレイシストは、アフリカ系アメリカ人に対するレイシズムポリシーを誇張している〟と言うことがある。だがそれは自分の手首にはめられたレイシズムポリシーの手錠をさらにきつく締めあげることにほかならない。「移民の黒人」と「アメリカ生まれの黒人」を比べるのは、「黒人の移民」と「黒人以外の移民」の人種的不公平を見えにくくするからだ。

黒人の移民は、多様な移民のなかでも平均してもっとも高い教育を受けている。にもかかわらず、同等の教育を受けた移民同士の比較では、賃金は非黒人の移民より低く、失業率はすべての移民集団のなかでもっとも高い。

このような状況に対して、民族レイシズムでは「なぜ移民の黒人はアメリカ生まれの黒人よりも成功しているのか?」と考える。いっぽう、民族アンチレイシズムでは「なぜ移民の黒人はほかの移民集団と同等の成功が得られないのか？」と考える。

民族アンチレイシズムな視点で見れば、移民の黒人の教育レベルや収入がアフリカ系アメリカ人よりも高いのは、その民族性が優れているからではない。その理由は、外国に移住するという状況そのものにある。当然ながら、だれもが外国に移住するわけではない。だが一般的に、「みずからの意思による移住」で移民となる者は経済的成功への強い動機があり、現地でサポートしてくれる強力な人間関係もある。

つまり黒人、アジア人、中東の人々、ヨーロッパ人の移民が忍耐強く、成功に必要な人的資源《リソース》をもっているのは、これらの人々が〝移民〟だからであり、ナイジェリア人、キューバ人、日本人、サウジアラビア人、ドイツ人だからではない。実際、あらゆる移民は、母国や移住先の国の人々に比べ、強い動機ゆえに忍耐力があり、人間関係にも恵まれている。社会学ではこれを「移民の強み」と呼ぶ。

社会学者のスザンヌ・モデルは、西インド諸島からの移民をテーマにした著作のなかで、西インド諸島出身者の成功は「黒人としてではなく、移民としてのサクセスストーリーである」と述べている。逆に言えば、カルヴィン・クーリッジからドナルド・トランプにいたる歴代のタカ派の大統領による中国、イタリア、セネガル、ハイチ、メキシコからの移民制限政策は、自国の利益をそこなうものだ。つまり頂点に居すわるレイシズムの権力者を除けば、民族レイシズムに勝者はいない。あらゆるレイシズムと同様、それが民族レイシズムの真実だ。

八年生のクラスにも勝者はいなかった。

教室にいるぼくが、脈絡もなく、「な！」と叫ぶ。隣の友達が、「んー！」と続き、もう一人が「みーん！」と大声を出す。ぼくたち三人がクワメを指さして「難民！　な・ん・みーん、な・ん・みーん」と囃《はや》したてると、アフリカ系アメリカ人のクラスメートたちが大笑いする。にやりとした白人の教師が静かにするようにと注意する。クワメがジョークで反撃して沈黙を破る。このサイクルが毎日くりかえされた。

クワメはぼくたちの冗談をまるっきり気にしていないように見えた。それは『星の王子ニューヨークへ行く』のアキームに似ていた。アキーム王子はとても強い人間で、気品と自信に満ちあふれ、侮辱的なジョークにも平然としていた。観客席の野次にまったく動じないトップアスリートみたいに。クワメにもどことなく孤高な感じがあった。だからぼくたちは、辛辣なジョークで彼を地に引きずりおろそうとしたのかもしれない。

研究者ローズマリー・トラオレはインナーシティ〔都市部にある低所得者層の有色人種の居住区〕の高校を対象にした調査でこう述べた。「アフリカ移民の生徒はアフリカ系アメリカ人のクラスメートから見下されるのを不思議がり、アフリカ系アメリカ人の生徒はアフリカ移民のクラスメートが優越感をただよわせているのを不思議がった」。民族レイシズムから生じる緊迫した対立関係は勝者をつくらない。双方に混乱と害をもたらすだけだ。

誤解しないでほしい。クワメのほうも辛辣なジョークを返していた。ぼくの頭が大きいことを容赦なく冗談のネタにして。なぜそんなに頭のことを言われるのかわからなかった。実際には、それほど大きくなく、少し見た目のバランスが悪いだけなのに。

いずれにしても、ぼくは高校で大きく成長することになる。

第6章 この身体は危険？ BODY

身体レイシスト ある身体的特徴をもつ人種を、ほかの人種より動物的、暴力的な存在だととらえている人
身体アンチレイシスト 非暴力的または暴力的な行動を、人種集団とは関係ない個人の問題ととらえている人

終わった。もう制服を着なくてもいいし、チャペルでの礼拝に出なくてもいい。年齢があがるにつれて、私立学校と教会の生ぬるい雰囲気が嫌になっていた。八学年が終わり、ようやくそういうものすべてから解放された。

ぼくはハイチ人の隣人ギルも通う、公立のジョン・ボウン高校に入学した。この学校は、クイーンズ中心部のフラッシングにあるクイーンズ大学の向かいだった。ロングアイランド高速道路が近く、ぼくたちは車の騒音を浴びながら高校時代を過ごした。

一九五〇年代半ば、ぼくの祖母は公営住宅局によって、この高校の南にある、白人が多く住むポモノック地区の公営住宅に引っ越すことを許された。ぼくの父はこの団地で育ち、一九五〇年代の後半に地元の小学校に通った。この小学校には父のほかに黒人の生徒はおらず、クラスメートはすべて白人の労働者階級の子供だった。だが当時、白人の家族はロングアイランドの郊外に逃げるように引っ越しはじめていて、ぼくがジョン・ボウン高校に入学した一九九六年頃にはほとんどいなくなっていた。

授業が終わると、生徒は服でいっぱいのクローゼットさながら、ぎゅう詰めの公共バスで帰途に着いた。

ぼくが乗るバスは、いつもサウスサイド・クイーンズに向かう途中で少しずつ乗客が減っていく。その日、ぼくは後ろのドア近くに立っていた。目の前に、〝スマーフ〟と呼ばれる少年がいた。華奢な体つきと、青みがかった黒い肌、厚い耳、顔の真ん中でくっつきそうな大きな丸い瞳が、漫画のキャラクターのスマーフにそっくりだったからだ。

スマーフはズボンからおもむろに黒いピストルをとりだし、それをじっと見た。ぼくもピストルから目がはなせなかった。気づけばバスの乗客全員の視線が集まっていた。スマーフは顔をあげ、銃弾が装填されているのかいないのかわからないその銃をまっすぐにぼくに向けてにやりと笑い、「怖いだろ?」と、兄弟のような親しみのある口調で言った。

「黒人は、アメリカの白人が抱いている恐れの源を理解し、認めなければならない」

ビル・クリントン大統領は、「百万人大行進《ミリオン・マン・マーチ》」がおこなわれたのと同じ一九九五年一〇月一六日の演説でそう語った。クリントンはこのデモ行進とホワイトハウスの芝生に集まった黒人たちを避けるかのように、ワシントンDCから遠く離れたテキサス大学で講演をしていた。

「インナーシティにはびこる暴力に対して人々が感じている恐怖は正当なものだ。実際に被害にあった人が知っている、あるいはわたしたちが夜のニュースで目にしているのは、白人に対する暴力の加害者の多くが黒い顔をしているということだ」

歴史も同じことを語りつづけてきた――。黒人は頻繁に白人に暴力をふるってきた。その結果として、アメリカ史を通じてそれに見合った仕打ちを受けてきたのだ、と。

一六三一年、ジョン・スミス大尉は、ニューイングランドへの初期のイギリス人入植者に、黒人は世界のどの民族よりも悪魔的であると警告した。

一六九六年、ボストンのコットン・メイザー牧師は、「われわれはこれ以上、自分たちを際限なく黒くすべきではない」と語り、奴隷制度を守るべきだと説いた。

一七二三年、バージニア州副知事のヒュー・ドライスデールは、自由のための反乱を計画した黒人を指して「これらの生き物を残酷な方法で処分しなければならない」と語った。

一八六一年、アメリカ合衆国から脱退したテキサス州の議員たちは、連邦政府から「無作法な野蛮人を取り締まるための予算をじゅうぶんに受けとっていない」と不満を訴えた。

一九〇三年、上院議員ベンジャミン・ティルマンは同僚に、「貧しいアフリカ人は悪魔や野獣のような存在になり、むさぼり食う相手を探している」と語った。

一九六七年、著名な犯罪学者二人は「黒人などのマイノリティ集団における暴力犯罪の多さ」は、この集団内に「蔓延している暴力」に起因すると主張した。

二〇一六年、マンハッタン研究所のヘザー・マクドナルドは、著書『警察との闘い *The War on Cops*』のなかで、「刑事司法の対象となるのはおもに黒人の下層階級である」と書いている――。

これはレイシズムの生きた負の遺産だ。レイシズムは、黒人という人種を生物学的、民族的な基準でつくりあげた。そして黒い身体を、中世ポルトガルの年代記編者ゴメス・デ・ズラーラの言葉を借りれば、「野獣」つまり、〝暴力的で危険な、邪悪さの黒い体現〟として、世の中に提示しようとしつづけている。

複数の研究によれば、現代のアメリカ人は、黒人の身体を、同じような体つきの白人の身体よりも大きく、脅威的で、有害で、大きな力がなければコントロールできないと感じている。黒い身体が数千人単位でリンチされ、数万人単位で国外追放され、数百万人単位で収監され、数千万人単位で隔離されたのも無理はない。

初めてバスケットボールを手にした八歳くらいのとき、ぼくは自分の黒い身体のことを両親が心配しているのに気づいた。父と母は、息子が近くの公園でボール遊びをするのを嫌がった。だれかに撃たれるかもしれないと心配していたのだ。だから八歳の子供に外の世界がどれだけ危ないかを諭し、公園でのバスケットをやめさせようとした。

黒人の麻薬の売人や強盗、黒人の殺人犯がいかに怖いか、絶えず両親から聞かされたことで、ぼくは近所にいる黒人に恐怖を感じるようになった。裏庭の芝生の上にコンクリートを敷いてバスケットのゴールリングを設置してほしいと頼むと、父は二つ返事で下手な大工よりもすばやく、小さなコートをつくってくれた。近くの公園にあるものよりも立派だった。だが、新しいコートはぼくを公園から遠ざけることはできても、ぼくを自分自身という危険な黒人の身体から遠ざけることはできなかった――同じバスに乗っているスマーフからも。

「怖くなんかないさ」ぼくは冷静に答えた。視線は相変わらず銃に釘づけだ。

「そうか」スマーフはにやりとすると、今度は銃口をぼくのあばらに当てて、不敵な笑みを浮かべた。「怖いだろ？」

スマーフの目をじっと見た。死ぬほど怖かった。

「怖くなんかないさ」ぼくは軽く笑った。「それにしても、いい銃だな」

「だろ？」

スマーフはそれで気がすんだのか、銃を手にしたままふりかえり、ほかにだれか標的がいないか物色しはじめた。ぼくは安堵のため息をついた。今日は運よく免《まぬか》れたが、スマーフにひどい目にあわされていたかもしれない。同じようなことはいつ起こってもおかしくなかった――とくに、ほかの黒人やラティニクス、アジア系の一〇代の若者にかこまれている、ジョン・ボウン高校内では。

学校の廊下を歩くときは、神経を研ぎすまし、まるで地雷を避けるように、だれかの新しいスニーカーを踏まないよう気をつけていた（実際には、うっかり踏んでも爆発は起こらなかった）。だれかと出会いがしらにぶつからないようにとも思っていた。そんなことになれば頭をぶちぬかれるかもしれない（実際には、ぶつかっても頭を撃たれたりはしなかった）。

クラスメートが野生の狼であるかのように、目も合わせないようにしていた（実際には、目が合っても襲われたりはしなかった）。

不良グループ《クルー》のことも避けていた。集団で襲ってくるような気がして怖かったからだ（クルーの前を通っても、だれも飛びかかってはこなかった）。

ぼくにとっては、実際に起こるかもしれないことよりも、自分が想像する最悪の出来事のほうが重要だった。ぼくは暴力につきまとわれていると感じていた。けれども実際には、レイシズムの考え方が頭のなかにつくりだした恐怖につきまとわれていただけだった。

アメリカ全体がそうだったように、この学校を牛耳《ぎゅうじ》っていたのも複数のクルーだった。ぼくはそのなかの一つ、「ズールーネイション」に入ろうと考えた。その歴史と影響力で恐れられているクルーだ。けれども、入団するための儀式を目の当たりにして考えが変わった。それはパンチや踏みつけと、握手やハグという正反対のものが混ざった不可解な儀式だった。それでもぼくは非公式のクルーメンバーのようなものだった。親友のハイチ人のギルと、いざとなれば互いのために闘うという固い友情で結ばれていたからだ。

ある日、ロングアイランド高速の近くを友人と歩いていたら、見慣れないクルーに遭遇した。たしかこちらは五人で、相手は一五人はいた。近づくにつれ、互いに威嚇するような目つきでにらみあった。そんなふうに集団で対峙するのは初めてだった。罵声が飛びかい、相手への怒りがこみあげる。拳をふりあげて威嚇しあう。ぼくも表向きはみんなと同じようにふるまった。通りすがりのドライバーが見たら、ぼくがその場にいるだれよりもびびっていることに気づかなかったはずだ。

威嚇がエスカレートしても、仲間は、小柄で大人しいぼくを敵に向かってけしかけはしなかった。大柄なギルが殴り合いをはじめた。助太刀しようと近づくと、ひょろっとした神経質そうな子があたりを見まわしている。どこかぼくと似ていた。背後から強烈な右フックをお見舞いすると、彼はどさりと舗道に倒れた。ぼくはすばやく次の標的を探した。

突然、サイレンの音が鳴り響いた。ニューヨーク市警（NYPD）に捕まったら終わりだ。ぼくたちは蜘蛛の子を散らすようにその場から逃げた。

ぼくたちは丸腰だった。だけどたとえ銃をもっていなくても、黒人であるというだけで武装しているかのように扱われるのを知っていた。白人はただ白人であるというだけで警官の警戒心を解く。白人であるというだけで、不安におびえる被害者だと見なしてもらえる――それがあきらかに不穏な雰囲気をただよわせている高校生の集団だとしても。

黒人がアメリカの人口に占める割合は一三パーセント。にもかかわらず、ワシントンポスト紙によれば、二〇一五年に警官に殺された人のうち黒人が占める割合は二六パーセントを超える。この数字は二〇一六年には二四パーセント、二〇一七年には二二パーセント、二〇一八年には二一パーセントとわずかに減少している。それでも丸腰の黒人――不安を感じている警官には武装しているように見える――は、丸腰の白人の約二倍の割合で殺されている。

ギルと一緒にロングアイランド高速の陸橋を駆けぬけ、タイミング良く発車まぎわのバスに飛びのると、胸をなでおろして呼吸を整えた。あやうく刑務所にぶちこまれるところだった。いや、もっとひどいことになっていたかもしれない。

とはいえ、いまでもぼくを苦しめているのは、こんなふうに危ない橋を渡って刑務所に入れられそうになったことではなく、何度も暴力の現場に遭遇しながら、被害者を助けなかったことだ。彼らを助けなかったために、ぼくは恐怖のなかに収監された。白人がぼくを怖がるのと同じように、ぼくは黒人を恐れた。正しいことをするための勇気をふりしぼれなかった。

たとえば別の日に起きた、放課後の満員のバスのなかでの出来事もそうだ。その日のバスの後部座席には、小柄な――ぼくよりも小柄な！――インド系の少年が座っていた。ぼくは後ろのドアの向かいの席に座っていて、インド系の少年もその近くの一人席に座っていた。

ぼくは彼をじっと見て、目が合ったら前方へ移動しろと合図しようと思った。その席にいるとトラブルになりそうだった。バスに乗っているほかの黒人やインド系の生徒たちも、同じようにそれとなく彼を見て、前へ移動させようとしていた。トラブルを避けたかった。でも彼は、真新しいウォークマンで音楽に夢中だった。目を閉じ、ビートに合わせて軽く頭をふっている。

スマーフと取り巻きたちもバスに乗っていた。こんでいたので、しばらくはインド系の少年に気づいていない。車内がしだいに空《す》いてくると、スマーフの目は予想どおり、ぼくたちが彼に見せたくないものをとらえた。

その日、スマーフはピストルをもっていなかった。もしかしたら、もっていたのかもしれない。

スマーフが取り巻きに合図して立ちあがった。数メートル歩いてインド系の少年の目の前に立つ。スマーフの背中はぼくの目の前だった。スマーフは手下たちに目配せした。

「おい！」

スマーフは指を銃のような形にして少年の頭に向けた。「このクソ野郎を見ろよ！」

一九九三年、クリントン政権下で、超党派の白人議員集団が、「暴力犯罪取締りおよび法執行法」

〔いわゆる犯罪関連法案〕を提出した。想定された取り締まり対象は、スマーフやぼくのような年頃の少年だった。「連邦議会黒人幹部会」もティーンエイジャーの少年を想定していた。この法案では、薬物対策に二〇億ドル、暴力防止プログラムに三〇億ドルの増額が要求されたが、共和党はこれらを「犯罪者のための福祉」と批判し、予算規模の縮小を求めて採決を要請した。民主党の上層部と、連邦議会黒人幹部会の投票権をもつ三八人のうち二六人が、共和党のこの批判に屈し、予算縮小に賛成した。

結局、この法案は彼らの〝黒人の身体〟への恐怖を反映したものだった。政策の決定には、議員や黒人団体の幹部たちがかかえる人種問題についての葛藤と、修正法案において犯罪防止プログラムの資金を完全に失いたくないという現実的な願望も反映されていた。

この法律によって、刑務所の新設、死罪、最低量刑、連邦三振法、警察官、警察の武器に関するさまざまな規則が変更された。おまけに、一九九五年に一三歳になったぼくには、これらの法律が適用され、成人として裁判にかけられる資格まであたえられた。

一九九四年九月一三日、ビル・クリントン大統領は、超党派の白人と黒人が提出したこの法案に署名し、「ワシントンは二度と、法と秩序よりも政治と政党を優先させてはならない」と語った。

「おい、ニガー。そのウォークマンをよこせ」スマーフはわりとおだやかに言った。少年はスマーフに気づかず、ヘッドフォンから聞こえてくるビートに熱中していた。スマーフは少年の肩をこづき、「おい、ニガー、そのウォークマンをはずすんだ！」と叫んだ。

ぼくは立ちあがって叫びたかった――（放っておけよ。なぜいつも面倒を起こす？　なにが気に入らないんだ?)。けれども恐怖に囚われ、身動きできずにそのまま黙って座っていた。

インド系の少年は驚いてようやく顔をあげた。

「なに?」スマーフが目の前にのしかかるように立っていたショックと、大音量で音楽を聴いていたこともあって、その声はかなり大きかった。ぼくは心のなかで首をふりながら、そのままじっと座っていることしかできなかった。


クリントンの民主党政権は、犯罪の問題をテーマにかかげたことで共和党との政治的縄張り争いに勝ったと考えていた。つまり白人票を得るために、黒人に対して戦争をしかけたのだ。だがレイシストたちが、史上最大の予算を計上したこの犯罪関連法案でさえ、野獣や悪魔、銃、そしてスマーフやぼくのような若者を止めるのには不十分だと文句を言いだすまでに、たいして時間はかからなかった。

一九九五年の感謝祭の前後、プリンストン大学の政治学者ジョン・J・ディウリオ・ジュニアは、「スーパープレデター(超捕食者)の到来」という表現で、ぼくのようなインナーシティの黒人居住区に住む若年層の危険性を警告した。生物学のトッププレデター(頂点捕食者)のもじりだ。ディウリオはのちにこの言葉を使ったことを後悔していると言っている。だが彼には、このレイシズム思想をわがことと考える必要も、自分の身体を恐怖の対象とする必要もなかった。だれかに襲いかかられる心配もなかった。でも、ジョン・ボウン高校の友人たちはそうした現実に直面していた。ぼくもそうだった。

一九九六年、ぼくは一四歳になった。世間は、ぼくやスマーフのような少年の体内で、〝スーパープレデター〃が成長していると言った。ぼくはその言葉を信じた。
「インナーシティの子供たちは、社会のはみ出し者、不良、犯罪者といったティーンや大人にかこまれて育っている」とディウリオは警告した。「新世代の路上犯罪が、われわれにさしせまっている。これまでどのような社会も体験することがなかった、若く、大人数で、たちの悪い世代だ」ぼくたちのようなスーパープレデターは、「ひどく衝動的で、残忍で、容赦のない、かつてないほど多くの一三歳未満をふくむ少年たちで、殺人、暴行、強姦、窃盗、強盗、致命的な麻薬の取引に手を染め、銃をもつギャング団に加わり、地域社会に深刻な害悪をもたらす」と。

つまり、ぼくたちのような黒人のスーパープレデターは、前例のないレベルで暴力的な傾向をもつ人間として育てられているということらしい――白人の奴隷所有者やリンチ犯、大量収監を命じる者、警察官、会社役員、ベンチャーキャピタリスト、金融業者、飲酒運転者、タカ派の人間が暴力的にならないように育てられているらしいこの国で。

だがこのスーパープレデターの大群は、一九九〇年代後半に実際に世の中に登場したりはしなかった。ぼくが一九九六年にウォークマンの少年に因縁をつけるスマーフの様子をじっとうかがっていた頃には、凶悪犯罪はすでに大幅に減りはじめていた。殺人事件も、コカインの蔓延や銃の密売の横行が原因でその数が急増していたレーガン政権時代をピークに、現在では最低水準にまで減っている。

つまり実際のところ、犯罪関連法案は、恐怖が実際の暴力と相関していない以上に、犯罪と相関していないのだ。

ぼくたちは、人を殺すようなポリシーをもつスーツ姿の人間やAR15ライフルをもった善良な白人男性ではなく、日々の生活で疲れ、武器ももっていないラテンアメリカ出身の人間の身体を恐れるべきだと教えられる。アッラーにひざまずくアラブ人の身体や、地獄からやってきたような黒人の身体をこそ恐れるべきだと教えられる。

狡猾な政治家や犯罪的な起業家たちは恐怖をたくみにあやつる。有権者の前に立ち、自分たちとは見かけの違う身体への恐怖から人々を解放する救世主を演じているのだ。

「ニガー、聞こえねえのか！」スマーフは激怒した。「そのウォークマンをよこせって言ってるんだよ！」

ぼくは頭のなかで、哀れな少年の立場になって作戦を練ろうとした。

ぼくには一触即発の状況にあっても、冷静さを保ち、その場の空気をやわらげるちょっとした才能がある。それは移り気で暴力的なスマーフや、気まぐれで暴力的な警官を相手にするときにも役立っていた。

ぼくは街中にいるスマーフのような手のつけられない不良の餌食にならないように、うまく事をおさめたり、居あわせないようにするすべを学んでいた。

いっぽう、それほど強そうではないぼくでも若い黒人なので、近づくと見知らぬ人たちが恐怖を感じているのもわかった。ぼくを見た人たちは、まるでスマーフのような乱暴者がやってきたと判断する。ぼくはスマーフと同じように人々を怖がらせる存在でもあった。

人々が見ていたのは、危険な黒い身体だけだった。とくに警官はぼくたち黒人の若者を怖がっていた。ぼくはスマーフたちの世界を避けるのを学んだように、レイシストの警官を神経質にさせないすべも学ばなければならなかった。

世間には〝女性にはレイプ犯の性欲をしずめる責任がある〟という無茶苦茶な論法がある。それと同じように、〝黒人には暴力的な警官の恐怖心を抑える責任がある〟という無茶苦茶な論法もある。ぼくたちは警察に暴行されて殺されても、自業自得だと非難される。

でもあのときバスでぼくのそばに座っていたインド系の少年には選択肢がなかった――おそらく、あの状況を丸くおさめる方法はなかった。

「とっととそのウォークマンをよこせ！」スマーフが怒鳴った。乗客たちの頭が前方を向いた。騒ぎに気づいたバスの運転手が、騒動をおさめに来るかもしれない。ショックを受けたインド系の少年は、ただ首を横にふりながら黙って立ちあがった。たぶん、運転手のそばの安全な席に移動するつもりだったのだろう。

少年が立ちあがった瞬間、スマーフが少年のこめかみを思いきり殴った。頭は窓にぶつかり、次に床に打ちつけられた。スマーフが転がっているウォークマンを引ったくると、手下も暴行に加わった。ティンバーランドのブーツで踏みつけられ、少年は顔を腕でおおった。すべてはぼくの目の前で起こった。ぼくはなにもしなかった。なにもできなかった。

バスが停車し、後ろのドアがあいた。スマーフたちは飛びおり、笑いながら走り去った。でも、スマーフの手下二人がバスに残って目を光らせているのに気づいていたぼくは、なにもできなかった。

自分の身を守らなければ、という思いは、吠えながら尾《つ》けてくる近所の野良犬のようにぼくにつきまとい、恐怖を植えつけた。金や衣類を巻きあげられ、ポケットは空《から》で足は裸足という哀れな姿で家にたどりつきたくはなかった。あのインド系の少年のように顔を腫らし、血まみれになって帰宅したくはなかった。

最悪の場合、二度と家にもどれないことだって考えられた——その場合、家に届くのは、ぼくが殺されたことを告げる警察からの報告書か、死亡を知らせる病院からの電話だけだ。両親にはいつも、ぼくは大丈夫だと言って安心させていた（あるいは、ぼくが、両親を安心させられていると思っていただけかもしれない）。

ぼくは自分に納得できなかった。スマーフたちの暴力を目の当たりにし、身の周りにあふれるレイシズム思想に触れていたことで、世の中に実際よりも多くの暴力がひそんでいると信じこんでいた。スマーフだけでなく、周りにいるすべての黒人も、学校も、近所の人々も、暴力によって定義されていると考えていた。ぼく自身も暴力によって定義されていると思っていた——だから、あらゆる暗黒《ダークネス》を恐れるべきだと信じていた——自分自身の黒い身体をふくめて。

インナーシティの黒人居住区で生まれ育ったぼくのような黒人が文章を書くとき、非暴力的な記憶よりも自分が体験した暴力の記憶を思い出すことのほうが多い。脇腹に銃口を突きつけられていなかった日々のことは書こうとしない。喧嘩をしなかった日のことも、目の前でだれかが殴られなかった日のことも語ろうとしない。ぼくたちは夜のニュース番組のように、どこかで血が流れればそれについて言及する。ぼくたちが書く物語は、圧倒的多数の〝非暴力的な黒い身体〟についてではなく、〝暴力的な黒い身体〟を中心にしたものになる。

都市部の凶悪犯罪がもっとも深刻化していた一九九三年、被害者は都市住民一〇〇〇人あたり七四人もいた。この割合はのちに減少し、二〇一六年には約三〇人にまで減っている。

ただしこの数字は正確ではない。ある調査によれば、二〇〇六年から二〇一〇年までの凶悪犯罪の半分以上が警察に報告されていないと推定されている。それに、身近に暴力犯罪があるだけでも悪影響は生じうる。ただし、トランプ大統領の言った〝暴力の直接的な被害があらゆる場所に見られ、だれにでも影響をおよぼしている黒人居住区は、「紛争地域」よりも危険だ〟という考えは真実ではない。

じつはこれは、ぼくたちがよく口にする物語だ――黒人はいつも拳をふりまわし、銃撃戦をし、早死にするといった話は、第二の皮膚のようにぼくたちにまとわりついている。でもそのいっぽうで、黒人たちが抱きあい、踊り、楽しい時間を過ごしていることは見落とされている。黒人の作家が書く文章は、黒人の日常的な生活ではなく、暴力にまつわる鮮烈な記憶を反映することが多く、読者もそれを好んで読もうとする。

ほかの黒人から不安や恐怖を感じる瞬間はたくさんあったが、ぼくはおそらくそれ以上に、静けさや平穏のなかで生きてきたと思う。暴力につきまとわれるのを過度に恐れてはいたが、ぼくの日常生活はじつは恐怖を中心にしたものではなかった。

三年生から通ったロングアイランドでは、何年も白人の子供とも一緒に野球をしていたが、不思議なことに、だれもクイーンズのぼくの近所や家に遊びに来たがらなかった。理由を尋ねると、みんな引きつったような顔をした。彼らの親の顔にはさらなる恐怖の表情が浮かんでいた。ぼくは驚き、困惑した。ぼくの住むブロックには危険もあったが、おおむね安全だと思っていたからだ。

当時のぼくはまだ、近所に住む黒人すべてを暴力と結びつけていなかったのと同じように、サウスサイド・クイーンズのすべてを暴力と結びつけてはいなかった。スマーフのような連中や、とくに危険な場所を避けるべきなのはわかっていた。でも、それはそこに住む人たちが黒人だからではなかった。なぜなら、ぼくが住んでいる地区の住人はほぼ全員が黒人だったからだ。

サウスサイド・クイーンズのなかでも、ぼくが住んでいたクイーンズビレッジのような一戸建て住宅が多いエリアよりも、40P（サウス・ジャマイカハウス）やベイズリーパーク・ハウスのような高層の公営住宅がある黒人居住区のほうが暴力事件が多いことは、漠然と感じていた。その原因を考えたことはなかったが、原因が黒人性《ブラックネス》ではないことは、幼いぼくは感覚的にわかっていた。黒人はサウスサイド・クイーンズのどこにでもいた。

一九七六年から一九八九年にかけての青年全国縦断調査のデータを用いた研究によれば、白人の若者よりも黒人の若者のほうが多くの凶悪犯罪にかかわっていた。しかし、定職についている若い男性だけを比較したところ、凶悪犯罪にかかわる白人と黒人の割合に差はなかった。またシンクタンクのアーバン・インスティテュートによる長期失業に関する最近の報告書によれば、「長期失業者の割合が高い地域では、犯罪や暴力の発生率も高い傾向がある」という。

別の研究によれば、一九九二年から一九九七年のあいだに失業率が二・五パーセント低下したことで、強盗が四・三パーセント、自動車窃盗が二・五パーセント、空き巣が五パーセント、窃盗が三・七パーセント減少した。

社会学者のカレン・F・パーカーは、一九九〇年から二〇〇〇年にかけて黒人が経営する企業が増加したことと、黒人の若者の暴力事件が減少したことには大きな関連があると主張した。シカゴ大学犯罪研究所が「ワン・サマー・シカゴ・プラス」という雇用プログラムを通じて実施した最近の調査によれば、夏に八週間のアルバイトをした黒人の若者が暴力犯罪で逮捕される率は、アルバイトをしなかった若者と比べて四三パーセント低かった。

言いかえれば、〝暴力犯罪と人種〟より、〝暴力犯罪と失業率〟の相関のほうがはるかに強く、はっきり現れているのだ。

すべての黒人居住区で同レベルの凶悪犯罪が起きているわけではない。凶悪犯罪の原因が黒い身体にあり、黒人が凶悪な悪魔なのだとすれば、黒人がどこに住んでいても凶悪犯罪のレベルは同等になるはずだ。

しかし黒人の高所得者層や中所得者層が住む地区は、黒人の低所得者層が住む地区に比べて凶悪犯罪が少ない――それは非黒人社会でも同じだ。だが、それは低所得の黒人のほうが高所得の黒人よりも暴力的だということではない。人種に関係なく、低所得者層が失業と貧困にあえぎ、その典型的な副産物である暴力犯罪に苦しんでいることを意味しているのだ。

過去数十年間にわたり、黒人居住区の凶悪犯罪を減らすための戦略はおもに三つあった。

分離主義者は、黒人居住区を戦場のような危険な場所と見なし、厳しい取り締まりと、〝スーパープレデター〟の大量収監を要求した。

同化主義者は、スーパープレデターである黒人を非暴力的な存在にもどすためには、法の厳格化と、指導者や父親のような厳しさのある愛情が必要だと主張した。

アンチレイシストは、黒人は、あらゆる人々と同様、身近な場所で賃金の良い仕事を必要としており、とくに一九九〇年代半ばに五〇パーセントを超えるという人口統計学的集団のなかで一貫してもっとも失業率が高い黒人の若者にこれが当てはまると主張した。

〝危険な人種〟など存在しない。

もちろん、スマーフのような危険人物はいる。黒い身体を恐れるがゆえのレイシズムの暴力があり、それはポリシーや警察の取り締まりにも現れている。いっぽうで、黒い身体を恐れないアンチレイシズムの非暴力がある――それはむしろ、黒い身体にしかけられたレイシズムの暴力を恐れている。


ジョン・ボウン高校では日々、妄想による恐怖と現実的な恐怖がさまざまな形でぼくを待ちうけていた。一部の教師は、現実的な恐怖に危険なまでに無関心だった。学校自体も危険なまでの過密状態で、三〇〇〇人もの生徒が、はるかに少ない人数を想定して建てられた校舎に詰めこまれていた。一クラスの人数は多く、ぼくが以前通っていた私立学校の倍近かった。ぼくのようにやる気のない生徒は、教室の後ろのほうに陣どり、落ちこぼれに無関心な教師をよそに自分だけの世界にひたることができた。

九年生のときの記憶は、みごとなまでにまったくない。教師もクラスも授業も宿題も、何一つ覚えていない。ぼくの教育を表向きは担当していることになっている教師や学校の管理者や地元の政治家の指導にしたがってはいたが、ぼくは死んだも同然だった。働く意欲などまったくないのに毎日出勤している人みたいに、ただ高校に通っていた。情熱を注いでいたのは、初めての恋だけだった。

第7章 文化に優劣はない CULTURE

文化レイシスト　文化に優劣をつける基準をつくり、人種間の文化的ヒエラルキーを押しつける人

文化アンチレイシスト　文化に優劣をつける基準をつくることを拒《こば》み、人種間の文化的な違いを平等に扱う人

あるとき、父から半ば強引に、ある映画を観させられた。一九九四年公開のドキュメンタリー映画『フープ・ドリームス』だ。

主人公の二人の黒人少年はそれぞれ、ＮＢＡのプロバスケットボール選手になって成功したいという簡単にはかなわない夢を追いかける。だが少年たちの夢が無残にも打ちくだかれたように、父の目論見も失敗した。このドキュメンタリーが描く現実の厳しさを目にしても、ぼくは夢をあきらめたりしなかった。ぼくにとってバスケットボールは人生そのものだった。

一九九六年初冬の、肌寒い日だった。ジョン・ボウン高校の新入生チームの練習のあと、暖房の効いたロッカールームの椅子に座り、着替えをしながらチームメートといつものように冗談を言いあっていた。突然、白人のコーチが訳ありげな表情を浮かべてロッカールームに入ってきた。深刻そうな面持ちでぼくたち黒人の生徒の顔を見るので、みんな静まり返った。コーチは、おまえたちに言いたいことは山ほどあるぞとでもいうように、ロッカーにもたれかかった。

「チームでプレーするには、全員、成績表でCが二つとDが三つ以上必要だ。わかったか？　いいな？」

みんなはうなずいたり、コーチをじっと見たりしていた。説教はまだこれからなのだろうと。でも、コーチの話はそれだけだった。ぼくたちはまたくだらない会話にもどった。

中学生のときは学校が好きでもきらいでもなかった。でも、高校に入ってからの数カ月間で、ぼくは変わった。

学校がきらいになったきっかけは具体的に思い出せない。嫌がらせをする教師を、嫌がらせをする警官と同じではないかと感じていたから？　ぼくの黒い身体を、育てるべき植物ではなく、学校から引っこぬいて刑務所に放りこむべき雑草だと見なすような教師の視線にうんざりしていたから？

一年生の年、ぼくはチームに残るためにぎりぎり必要な成績をとった。バスケを続けたいという思いと、親に恥をかかせたくないという思いだけで、かろうじて学校にとどまっていた。それがなければ、とっくにドロップアウトして、ほかの一〇代の若者たちのように、一日中家でだらだらしていたかもしれない。

学校の帰りに混雑した公共バスに乗りこむとき、どこかに向かって逃亡しているような気分になった。もうその頃、スマーフの姿はあまり見かけなくなっていた。バスは停車と発車をくりかえしながら南に向かった。最後の停留所は、ぼくにとって、家《ホーム》とは違う、自分たちのカルチャーの中心地《ホーム》だった。

ぼくたちはそのサウスサイド・クイーンズの目抜き通り《ジ・アベニュー》を略して「ジ・アベ」と呼んでいた。ジャマイカ・アベニューと164ストリートとが交差する場所だ。

ぼくは週末になると家を出て209ストリートをジャマイカ・アベニューまで一ブロック歩き、そこで一ドルタクシーを拾って三〇ブロック以上先のジ・アベまで直進した。

一ドルで一回、毎回違う運転手――。

そのときのぼくはまったく知らなかったが、同じような安い車やバンの個人タクシーが、世界のあらゆる黒人居住区を走っていた。汗をぬぐいながらハンドルを握る者、満ち足りた気持ちで運転する者、疲れた者、元気いっぱいの者、黒い身体にトラウマをかかえた者……。それから長い月日が流れ、ぼくはガーナからジャマイカ（カリブ海の島国のほう）まで、世界のさまざまな地域で、現地の文化を感じさせるタクシーに乗ってきた。どんな土地であれタクシーに乗りこむたびに、あの頃のクイーンズにあっというまにタイムトリップする。

ジ・アベに到着すると最高にワクワクした。数十ブロックにわたって店舗が並ぶこの繁華街は、目を輝かせた一〇代の若者たちでにぎわっていた。どんなキックス（スニーカー）が売られているのか、どんなビーフ（争い）が料理されるのか、ガード（男の子）とショーティー（女の子）はどんなものをロッキング（身につけている）しているのか。行くたびに予想もつかないものに出会えた。

突然「エボニックス」を使って申し訳ない。だけど、ある文化について説明するなら、その文化の言葉を使わなくてはならない。「エボニックス」とは、〝非標準の黒人英語〟といったレイシストの言い方の代用として、心理学者ロバート・ウィリアムズが一九七三年につくった用語だ。

一九九六年当時のアメリカでは、エボニックスを使うと軽蔑されることがあった。その年、オークランドの教育委員会は、ぼくのような黒人が〝バイリンガル〟であることを認め、文化的なアンチレイシズムの考えに基づいて、エボニックスの言語としての「正統性と豊かさ」を認めた。そして、「黒人の生徒の英語学習をうながすために」、教師も授業でエボニックスを使うことを決定した。

この決定は大きな反響を呼んだ。黒人の公民権運動家で牧師のジェシー・ジャクソンも当初、これは「容認できない降伏であり、屈辱的だ。まるで教師が黒人の子供たちのレベルにまで降りるようなもの」と批判した。

実際のところは、どうだろうか？

まずはエボニックスの起源にさかのぼって考えてみよう。

奴隷にされたアフリカの民は、アメリカ大陸のほぼすべてのヨーロッパの植民地でそれぞれ新しい言語を生みだした。アフリカ系アメリカ人の「エボニックス」、ジャマイカ人の「パトワ」、ハイチ人の「クレオール」、ブラジル人の「カルンガ」、キューバ人の「クバーノ」などだ。

こうしたアフリカ系の人々がつくった新しい言語は、それぞれの国で、政府や学会、教育界、メディアを支配するレイシズムの権力者《パワー》によって、もとのフランス語やスペイン語、オランダ語、ポルトガル語、英語の〝壊れた〟、〝不適切な〟、〝非標準的な〟形だと見なされ、見下されてきた。

同化主義者はつねに、アメリカ大陸のアフリカ人に、先祖がつくった〝壊れた〟言語を忘れ、ヨーロッパ人が話す〝確固たる〟言語を習得して、〝正しく〟話すようにうながしてきた。

だが、エボニックスといわゆる「標準的な英語」との違いはなんだろう？

現代英語は、ラテン語、ギリシャ語、ゲルマン語をルーツに発展してきた。同じようにエボニックスも、アフリカの言語と現代英語をルーツに発展してきた。エボニックスが〝壊れた英語〟なのだとすれば、なぜ英語は〝壊れたドイツ語〟ではないのだろうか？　英語が〝ラテン語の方言〟ではないのなら、なぜエボニックスは〝英語の方言〟だと見なされるのか？　〝アフリカ以外で使われている黒人言語は壊れている《ブロークン》〟という考えは、〝ヨーロッパの言語は確固たるものである〟という考えと同じくらい文化レイシズムに基づく見方だ。

ナチスのホロコーストへの反動で生物学的レイシズムが下火になったとき、代わって注目を集めたのが文化レイシズムだった。

「アフリカ系アメリカ人の文化は実質的に、アメリカ文化とのあらゆる相違において、一般的なアメリカ文化がゆがんで発達したもの、あるいは病的な状態のものである」。スウェーデンの経済学者グンナー・ミュルダールは、一九四四年に発表され、〝公民権運動のバイブル〟と称された人種問題に関する画期的な著書『アメリカのジレンマ：黒人問題と近代民主主義 *An American Dilemma: The Negro Problem and Modern Democracy*』のなかでそう書いている。このミュルダールの〝バイブル〟は、一般的な（白人の）アメリカ文化を標準とし、それと比較してアフリカ系アメリカ人の文化を、ゆがんだもの、病的なものであると見なしている。

文化的基準をつくる者は文化的ヒエラルキーをつくる。文化的な基準やヒエラルキーをつくりだす行為こそが、文化レイシズムを生みだしている。

アンチレイシストであろうとする者は、文化的基準を拒否し、文化的差異を優劣のあるものとして上下関係でとらえるのではなく、並列的なものとして横並びにとらえる。

いっぽう分離主義者は〝ほかの人種集団は決して優れた文化的基準には到達できない〟と言う。そして同化主義者は〝人種集団は努力と意欲さえあれば優れた文化的基準に到達できる〟と言う。ミュルダールは「個人または集団としてアメリカの文化に同化し、支配的な白人アメリカ人から尊敬されるような特徴を身につけるのは、アメリカの黒人にとって有利になる」と提案している。

時をさかのぼること一九〇五年、セオドア・ルーズベルト大統領もまた「後進の民族が（略）同化によって真の自由を手にし、先進の民族が先祖から引きついだ高度な文明を無傷で維持できるようになる」ことが目標だと述べている。

一八九七年に初めて正式な黒人知識人協会を設立した、聖公会の威厳ある司祭アレクサンダー・クランメルでさえ、同胞であるアメリカの黒人に同化をうながし、〝アフリカ人は基本的に模倣的であり、独創的ではない〟という見方をするレイシストのアメリカ人に同意している。「この模倣の性質は、奴隷制のある土地でそれを維持する大きな働きをしてきた」とクランメルは一八七七年に教会の説教で述べている。

けれどもぼくたちは、「ジ・アベ」でだれかの真似をしたりはしていなかった——むしろその逆だった。黒人の文化は、ほかの人種からとことん模倣され、盗まれるようになっていた。

ぼくたちの音楽やファッション、言語はいわゆるメインストリームのカルチャーを変えつつあった。金持ちで、白い肌をした上の世代のアメリカ人から、自分たちの標準からはずれたエボニックスや、標準からはずれた服装を軽蔑されようが、ぼくらはまったく気にしなかった。

ラッパーのジェイダキスが歌っているように、ぼくたちはラッピング用のビニールを剥がしたばかりみたいに〝フレッシュ〟だった。フレッシュなだぼだぼのバギージーンズ。冬にバブルコートの下にきめるフレッシュなボタンダウン・シャツやデザイナーズのスウェット。夏にハーフパンツのバギージーンズの上にまとうフレッシュなTシャツとスポーツジャージ。ぼくたちの笑顔のように輝く、首にかけたゴールドのチェーン。ピアスやタトゥー、大胆な色使いは、ぼくたちがだれの真似もしたくないと思っていることを、メインストリームの世界に伝えていた。

この新鮮さ《フレッシュネス》は、ただ〝ホットなギア〟を手に入れるだけでなく、これまでにない斬新な身につけ方を考案することでもあった。ぼくたちはファッションの本来の伝統にしたがい、実験的で、精巧で、徹底的にこだわった方法でギアを着こなした。

当時のニューヨーク市では、ティンバーランドのブーツ〝ティムス〟とナイキのエアフォース1《ワン》が人気だった。男女を問わず同年代の若者の部屋のクローゼットには小麦色の〝ティムス〟があったはずだ。みんな、金があれば買い、なければ万引きして手に入れた。黒いエアフォース1は刑務所にいる黒人の囚人よりも黒くなければならず、白いエアフォース1はニューヨーク市警の白人の警官よりも白くなければならない、とぼくたちは思っていた。赤ん坊の肌のようになめらかでなければならず、シミやシワはあってはならない。黒さや白さを完璧に保つために、市販のペンで補修し、夜には靴のなかに紙や靴下を詰めて甲の部分にシワが寄らないようにした。朝、靴を履くときは、一日履いてもシワにならない裏技を実践していた。靴下を二枚重ねにし、二枚目は半分のところで折り返し、つま先の上でさらに二重に折って、スニーカーの前部を内側から圧迫するようにして履く。当時女子のあいだで流行っていたゲスのジーンズのウエストみたいに足が窮屈だけど、斬新な手法を使っていることが楽しくて、痛みなんて気にならなかった。

だがウォールストリート・ジャーナル紙コラムニストのジェイソン・ライリーは、二一世紀の黒人とその模倣者たちを、新しいカルチャーの革新者《イノベーター》とは見ていない。「昨今の黒人文化は、非行や暴力を認めているだけではなく、それを称賛している。黒人の若者がだぶだぶのローパンツにオーバーサイズのTシャツという形で刑務所のファッションを真似するほどに」

ぼくたちの文化を否定的に考える人々にとって便利な言い回しがある。作家のディネシュ・ドゥスーザはこう述べる。「黒人が文明化《シビリゼーション》の格差を縮めることができれば、この国の人種問題はとるに足らないものになるだろう」

そう「文明化」だ。文明化は、「文化レイシズム」という言葉の婉曲的な表現だ。

ぼくは大人たちが「文明化」と呼ぶ、学校教育が真っ先に象徴するものが大きらいだった。大好きだったのは、大人たちが「機能不全」と呼ぶもの、すなわちアフリカ系アメリカ人の文化だった。それは学校にいないときのぼくの人生のすべてだった。

ぼくがアフリカ系アメリカ人の文化に初めて触れたのは、黒人教会でだった。そこでは見知らぬ者同士が身内のように打ちとける。説教で牧師が呼びかけ《コール》をすると、信徒たちが応答《レスポンス》する。聖歌隊のメンバーたちは風に揺れる木の枝のように動きをそろえて歌い、ソリストが全身全霊で独唱する。

聖霊が乗りうつった女性たちが野性の叫び声をあげ、バスケの選手みたいに通路を動きまわる。老婦人たちはイエス・キリスト《ジー・サス・サ》のために新調したかつらの上に派手な帽子をかぶる。葬儀は結婚式よりも活気に満ちていて、それよりもさらに活気に満ちている年末のアフリカ系アメリカ人の伝統的なお祝い「クワンザ」の期間中は、母が珍しくアフリカのあでやかな衣装を身にまとい、父が礼服用のダシキをさっそうと着こなす。

祖先たちが創造した文化の真っただ中にいるのは楽しかった。祖先たちはアメリカ大陸にすでにある文化を使って、アフリカの伝統的なしきたりや風習を再現する方法を見つけたのだ。ここでいう〝文化〟とは、心理学者のリンダ・ジェームズ・マイヤーズの定義する「表層的に顕現した文化」を指す。ぼくたちの祖先が遭遇したこの表層的に顕現した文化とは、キリスト教、英語、そして、いわゆるヨーロッパ式の料理、楽器、ファッション、習慣などだった。

文化レイシストの学者たちは、アフリカ系アメリカ人の文化にヨーロッパ文化が表層的に表れていることを根拠に、一九一一年に社会学者のフランツ・ボアズが述べたように「北米の黒人は、（略）文化的にも言語的にも本質的にヨーロッパ人である」と考えた。

一九一九年には、社会学者ロバート・パークが「現在のアメリカ南部ではアフリカに直接的にさかのぼるものを見つけるのはきわめて困難だ」と書いている。一九三九年、社会学者のE・フランクリン・フレイジャーは、「文化的遺産を奪われた黒人の人間としての復活は、白人文明との同化によってうながされる」と書いた。一九六三年、社会学者のネイサン・グレイザーは「黒人はただのアメリカ人であり、それ以外の何者でもなく、守るべき価値観も文化もない」と主張した。二〇〇四年、コメディアンのビル・コスビーは全米黒人地位向上協会（NAACP）におけるスピーチで

「われわれはアフリカ人ではない」とまで語っている。

このように文化を表層的な視点でとらえていると、いまなおアメリカで連綿と存続し、復活しているアフリカ文化を見つけだすのは難しくなる。

表層的な視点は、文化を目に見えるものだけで評価する。その裏側にあるものも、内側にあるものも、底流にあるものも見ようとしない。アメリカ大陸で再現されている、アフリカの伝統的な宗教や言語、食べ物、ファッション、習慣ばかりに目を向け、それが見つからないと、アフリカ文化は「優位な」ヨーロッパ文化に打ち消されてしまったのだと考える。心理学者のウェイド・ノーブルズが「文化の深い構造」と呼んだもの、つまり、表層的なものを内側から変容させる哲学や価値観のことをまったく理解していないのだ。

ノーブルズのいう「深い構造」こそが、ヨーロッパのキリスト教を、魂の乗り移りや呼びかけと応答《コール・アンド・レスポンス》、聖霊崇拝をともなう新たなアフリカのキリスト教へと変容させたものであり、英語をエボニックスに、ヨーロッパ料理をソウルフードに変えたものだ。

人類学者のメルヴィル・ハースコヴィッツは一九四一年にアフリカ文化はアメリカ大陸でも生き残り、「表向きは西洋的な形をとりながら、内なるアフリカの価値観を保つしたたかで複雑な文化をつくりだした」と書いている。ぼくをはぐくみ育ててくれたアフリカ系アメリカ人の文化も、これと同じ方法でアフリカ文化に命を吹きこまれていた。

ぼくはサウスサイド・クイーンズの目抜き通り「ジ・アベ」であたりにいるたくさんの黒人にまぎれているのが好きだった——足早に歩く者、ゆっくり歩く者、じっと立っている者。あるいは、黒人の文化そのものに包まれているのが好きだったのかもしれなかった。ジ・アベでは、あちこちから聞こえるノイズが、聖歌隊の歌声のように調和していた。ふと漏れきこえる店の音楽、車のトランクがバタンと閉まる音、女の子が歩きながら口ずさむ歌、路上でのラッパーのかけあい。いろんな音が溶けあっている。親友のギルもよくフリースタイルのラップを披露した。ぼくはそれに合わせて頭を上下させた。ヒップホップミュージックは、ぼくたちの周りにあふれていた。

「兄弟、やつらはビビってる／半端なワルになんて意味はない／死ぬのが怖くて目も合わせられない、やつらはビビってる」――九〇年代半ばに登場した〝クイーンズブリッジの殺し屋〟を自称する地元のラップ・デュオ、モブ・ディープの曲「ショック・ワンズ（パート2）」のフレーズだ。当時クイーンズで爆発的に流行した。二人は「リアルってやつを教えてやる」と歌った。

あの頃、ぼくはまさにラップから現実を学んだ。周りの一〇代の黒人が虚勢を張って恐怖を隠し、平静を演じているのを軽蔑した。黒人を一括《ひとくく》りにしようとするレイシストの警官や部外者にとっては、ぼくらはみんな同じように見えただろう。でも、ぼくたちには違いがわかった。モブ・ディープが歌うように「あいつは本当のワルじゃない／ただビビってるだけだ」。

ぼくはクイーンズで当時流行していた最高のヒップホップの数々を浴びるように聴いた。ナズ、ソルト・ン・ペパ、ロスト・ボーイズ、ア・トライブ・コールド・クエスト、オニキス。LL・クール・Jは「ヘイ、ラバー、ヘイ、ラバー／これはときめき以上のもの」と歌った。ブルックリンのビギー・スモールズやジュニア・マフィア、当時はまだ新顔だったジェイ・Zも聴いた。「人生は地獄だ／この世で生きることは刑務所にいるのと変わらない」と歌ったスタテン島の〝クルー〟でヒップホップグループのウータン・クランや、ハーレムの天才、ビッグLも好きだった。クィーン・

ラティファや、「起きろ、起きろ、起きろ、新しい月の始まりだ」と歌ったボーン・サグスン・ハーモニーなどのニューヨーク以外のラッパーや、トゥパック・シャクールなんかも聴いた。トゥパックの、主人公が母に宛てて書いた手紙という設定の曲の「悪いやつらとつるむようになった。そいつらは麻薬を売るようになった／だけど年下のブラザーには優しくしてくれた」という歌詞を聴いて、自分が書いた手紙のようだと思った。

ヒップホップの歌詞は、アメリカの音楽ジャンルのなかでもとりわけ垢抜けていて芸術的にも成熟している。

ぼくはその詩的な歌詞に心を奪われていた。ヒップホップは心をわしづかみにする現代の口承詩であり、都市の若者の現実を描くルポルタージュであり、短編小説や自伝でもあり、性的な自慢話であり冒険ファンタジーでもある。でも、ぼくの両親や祖父母はそれをまったく理解していなかった。ぼくたちが聴き、覚えて口ずさんでいる音楽は、子供の心を間違った道にそそのかすくだらないものにすぎないと考えていたのだ。両親や祖父母の世代のヒップホップに対するこの見方は、いまも変わっていない。

言語学者のジョン・マクウォーターは、「ラップ・ミュージックは、長いあいだ黒人の妨《さまた》げになってきた固定観念を強化し、黒人の若者に、悪ぶった敵対的な姿勢をとることがレイシズム的な社会への適切な〝正しい〟反応だと教えるという意味で、黒人の成功を遅らせる」と述べている。政治家のC・デロレス・タッカーは一九九〇年代半ばに、ラップに反対するキャンペーンを展開した。彼女はよく「この音楽の歌詞のような下品な言葉を聞くと、かならず悪影響が生じる」と、ぼくたちの両親や祖父母と同じようなことを口にしていた。黒人女性全国政治会議の議長で、公民権運動のベテランでもある六六歳のタッカーが、ビギー・スモールズのバトルラップのように激しく、ぼくたちをやりこめようとした。

高校二年になるとき、ぼくたち家族はクイーンズの家を、そしてぼくの文化的〝ホーム〟であるジ・アベを離れ、南部バージニア州のマナサスで新しい生活をはじめた。

マナサスのストーンウォール・ジャクソン高校に転校してまもない一九九七年の秋のある日、授業が終わると、ぼくは緊張しながら体育館に向かった。そこにはバスケの二年生チームの選抜結果が張りだされているはずだった。

一人で体育館まで歩いた。ずっと独りぼっちなのが嫌だった。新しい高校では、まだ友達がいなかった。白人が多く住む郊外にある新居には、数週間前から暮らしはじめたばかりだった。マナサスはアメリカ深南部《ディープサウス》と呼ばれるエリアではなかったが、クイーンズのジャマイカ・アベニューから見れば間違いなく南部だった。引っ越して初めての夜は一睡もできなかった。ときどき窓の外を見ては、クー・クラックス・クラン（ＫＫＫ）が突然やってくるのではないかと不安に襲われた。なぜレナおばさんはこんなところに引っ越してきて、両親を誘ったりしたんだと、自分の運命を呪った。

学校では、ぼくの噂が風のように広まった——。

〝あの、だぶだぶの服を着てエアフォース１やティムスを履き、奇妙なアクセントで話し、ゆっくりと気どって歩く、無口で痩せっぽちの転校生は、ニューヨーク出身らしいぜ〟。

女子も男子もぼくに興味津々だったが、だれも友達になろうと手をさしのべてはくれなかった。唯一の仲間はバスケのボールだった。

体育館の扉をあけ、薄暗い館内のコートを横切り、張りだされたリストの前に立ち、自分の名前を探した。でも、そこに自分の名前はなかった。ショックを受け、人差し指でリストをなぞって見直した。やはりぼくの名前はない。

壁に背を向け、あふれそうな涙をこらえて足早に歩きだした。スクールバスに乗り、座席に身を沈めた。

メンバーに選ばれなかった悲しみは、すぐに深い苦悩に変わった。チームに入れなければ、どうやって友達を見つければいいんだ。絶望に打ちのめされながら、なんとか最寄りのバス停で降り、自宅まで歩いた。

玄関の扉をあけると、父が階段を下りてくるのが目に入った。家に足を踏み入れたとたんに泣きくずれた。父が驚き、抱きしめてくれた。そのまま二人で階段に腰を下ろした。扉はあいたままだ。父を不安にさせるほど泣きじゃくり、数分後にようやく少し自分をとりもどし、「チームに入れなかった」と言った。すぐにまた泣きだし、「もうあの学校では一人も友達をつくれない!」とわめいた。

バスケはぼくの人生のすべてだった。涙がおさまったとき、人生はそれまでとは違っていた。

一五歳のぼくは、直感的に多文化主義を信じていた。

同化主義者の社会学者ネイサン・グレイザーはこの一九九七年の著書『われわれはみな多文化主義者である *We Are All Multiculturalists Now*』で多文化主義をなげいていたが、ぼくは都市部の黒人やヒップホップカルチャーを見下すレイシズム思想に反発していた。ぼくの知る都市文化やヒップホップカルチャーなどの黒人文化を馬鹿にされるのは、自分自身を馬鹿にされるのと同じだと感じた。

だがぼくは同時に、北部の都会で育った黒人として、田舎、とくにそのときまさに周りにいた南部の人たちの文化を見下していた。ぼくはブラックミュージックの最高峰だと考えていたクイーンズ・ヒップホップをゆるがぬ基準にして、ワシントンＤＣやバージニアではまだ人気だった音楽ジャンル「ゴーゴー」を見下していた。Ｃ・デロレス・タッカーがヒップホップを見下したのと同じだ。

バージニア州の人間はファッションもださかった。土地の黒人が話すエボニックスも気に食わなかった。バスケットボールチームの連中も垢《あか》ぬけていなくて、ぼくが都会のカルチャーを教えてやらなければならないと思っていた。そんな傲慢な態度もチームに選ばれなかった理由の一つかもしれない。

ストーンウォール・ジャクソン高校での最初の数カ月間、ぼくはうぬぼれた雰囲気をまとって校内を歩いていた。友人になれたかもしれない生徒たちからも、そんな思いあがりを見抜かれ、距離をおかれてしまったのだと思う。

ある集団を黒人や白人などの人種的なアイデンティティ――たとえば南部人全体と区別した〝南部の黒人〟――として言及するとき、それはその集団を〝人種化〟することになる。どんな集団や文化であれ、その集団を人種化し、その文化を劣ったものとするとき、それは文化レイシズムを唱えていることになる。

ぼくは黒人文化を擁護するとき、文化を特定のものではなく、一般的なものとして扱っていた。人種を特定のものではなく、一般的なものとして理解していたように。ぼくは、黒人が文化的に劣っているという考えが間違っていることはわかっていた。でも、たとえば南部の黒人文化などのように、特定の黒人集団の文化を見つけると、それをすかさず品定めしていたのも事実だった。

ぼくがマナサスで見た文化を〝ニューヨークの白人文化を基準にして〟ニューヨークの黒人文化を基準にして〟評価するのは、ニューヨークの白人が〝ニューヨークの黒人文化を評価するのと同じことだ。白人のアメリカ人が自分たちの文化を基準にしてラティニクスの文化を評価するのと同じことだ。ヨーロッパ人が自分たちの文化を基準にして世界のほかの地域を評価するのとも同じことだ――それは一七世紀後半から一八世紀にかけてのいわゆる〝啓蒙時代〟に人種問題がはじまったきっかけでもある。

「これらの土地に住む者の慣習や感情が野蛮であり、現代ヨーロッパの習慣にしたがっていないということは、批評家や哲学者にとって基本的な共通認識になっているようだ」一七七〇年、スコットランド人の啓蒙主義哲学者ジェームズ・ビーティーはそう書いている。「彼らの発言はしばしば、人間とライオンの寓話を思いおこさせる」

この寓話には、どちらが優れているかをめぐって言いあらそいながら旅をする男とライオンが登場する。あるとき一人と一匹は、人間がライオンの首を絞めている像の前を通りすぎる。男は言う。

「見ろ！　これはわれわれが強く、百獣の王にも勝っていることの証拠だ」

だがライオンはこう切り返す。

「この像は人間がつくったものだ。もしわれわれが像の建て方を知っていたら、ライオンが前足で人間を押さえつけている像が目の前にあることだろう」

　文化的な基準をつくる者は、だれしも自分をその頂点に置こうとするのだ。

　一九四二年、人類学者のアシュレー・モンタギューはこう書いている。

「文化はみずからの歴史との関係で判断されなければならず、個人や集団もみずからの文化的な歴史との関係で判断されなければならない。決して、恣意的に定められたある特定の文化を基準にして判断されてはならない」

　これこそ、文化相対主義のはっきりした表現であり、文化的アンチレイシズムの本質だ。アンチレイシストであろうとする者は、あらゆる文化を、その違いを認めつつ、対等なものと見なす。文化的な相違は、文化的な相違でしかない――それ以上でもそれ以下でもない。

　長い時間がかかった。孤独は数カ月も続いた。ただの友人ではなく、親友と呼べる友ができるまでのあいだとして考えれば、それは二年近くにもなった。しかし、ぼくはゆっくりと確実に、バージニア州のアフリカ系アメリカ人の文化を尊重《リスペクト》するようになっていった。ゆっくりと確実に、文化レイシズム的な思いこみの雲から地上に降りてきた。

　それでもぼくは、行動レイシズムの不安からは抜けだせていなかった。

第8章 行動は個人のもの BEHAVIOR

行動レイシスト ある人種には全員に当てはまる特徴的な行動があると考え、個人の行動を人種のせいにしようとする人

行動アンチレイシスト ある人種のみに特徴的とされる行動などなく、あるのは個人の行動のみだと考える人

「ジ・アベ」で買った服や靴が成長期の身体にきつくなってきた頃、ようやく友達ができた。さまざまな人種的背景をもつメンバーから成る、仲の良い集団だった。ニューヨークの訛りや得意だったジャンプショットの感覚は薄れてきたけれど、その代わりに、呼吸し、笑う、生身の友達ができた。クリスにマヤ、ジョヴァン、ブランドン。

成績は相変わらずふるわなかった。クイーンズにいた頃から、授業がつまらなくなっていた。ジョン・ボウン高校ではバスケチームに居つづけるためだけに最低限の成績をとりつつ、あとは授業

をサボってランチルームでカードゲームのスペードをして遊んでいた。教師のことはつまらないCMみたいに避けた。

学業面で自分の能力をじゅうぶんに発揮しているとはとうてい言えなかった。九〇年代の黒人のティーンエイジャーにとって、このような体《てい》たらくが見逃されるわけがなかった。まず目をつけてきたのは、両親や祖父母の世代の大人たちだった。法学者のジェームズ・フォーマン・ジュニアが書いているように、公民権運動世代はよく、ぼくたちの出来の悪さをなげくためにマーティン・ルーサー・キング・ジュニアを引き合いに出す。

「マーティン・ルーサー・キングは、公安委員長のブル・コナー〔アラバマ州バーミンガムの警察署長で市の公安委員長。公民権運動を徹底的に弾圧した〕たちとの闘いに成功したと言えるのだろうか？　その後にわれわれ黒人が、あろうことか身内のはみ出し者や不良のせいで公民権の闘いに負けるかもしれないという事態におちいっている状況において」と、ワシントンDCの検事エリック・ホルダーは一九九五年のキング牧師の生誕記念祝賀会で問いかけている。

「きみたちはみなの自由を犠牲にしている」と黒人の公民権運動家で牧師のジェシー・ジャクソンはその年、アラバマ州の囚人たちに言った。「心を入れかえれば、この状況から抜けだせる。わたしはきみたちにわかってほしい。きみたちの母親も同じ気持ちだ。キング牧師がきみたちのために行動し、命を落としたということを忘れないでくれ」

黒人居住区で食料品店を経営する祖父母のもとで育てられたことで、「初の黒人大統領」と呼ばれることもあるビル・クリントンもこれに倣《なら》い、「〝ギャングが路上や団地をうろついていることや、学校や野外で麻薬が売られていることをなぜ人々ががまんしているのか、理解できない〟と言う白人は、レイシストではない。〝生活保護への依存や、未婚の妊娠、母子家庭の問題は、まずそれぞれの個人が責任ある行動をとらないかぎり、政府による社会的プログラムでは解決できない〟と主張する白人も、レイシストではない」と一九九五年に語っている。

これらは、黒人は「人種というカード」を切るのをやめる必要があるという主張だ（「人種カード」という言葉は、一九九七年に作家ピーター・コリアーと作家デイヴィッド・ホロウィッツが人種とレイシズムについての対談で使い、世に広まったものだ）。つまり、問題は人種ではなく、それぞれの個人の無責任さにあるというのだ。

実際、高校時代のぼくも無責任だった。問題をそれぞれの人種のせいにせず、個人の無責任さに目を向けるのは、たしかにアンチレイシズム的な考えだと言える。ぼくの高校生活はうまくいっていなかった。もっと勉強できたはずだった。

もっと勉強ができたはずなのは、ぼくと同じように落ちこぼれていた白人の友人たちにも当てはまる。けれども白人の友人の失敗や無責任さは、白人という人種の名を汚すことにはなっていなかった。

ぼくの個人的な無責任さは若者にありがちなものだったが、そこに、レイシストの無関心な教師、定員オーバーの学校、毎日のように黒人の少年少女に降りかかるレイシズム的な侮辱といったさまざまなプレッシャーが加わって、悪化して（あるいは、引きおこされて）いた。だがそのような理由があったとしても、ぼくは、そのレイシズムのハードルを乗りこえて走りつづけようと思えば、できたはずだった。

だが運動が得意ではない黒人全員にオリンピックのハードル選手になることを求めたり、それができなかったときに責めたりするのはレイシストのすることだ。レイシズムの害の一つは、一般的な黒人に特別な能力を求めるという形で現れる。ただ無事に生きのびたい普通の黒人も、才能あふれる特別な存在になることを求められる。普通の白人は、なにかで失敗しても同情され二度目のチャンスがあたえられるのに、黒人は一度の失敗で断崖絶壁に立たされる。

これは驚くべきことではない。レイシズムが白人に提供する基本的な価値観は、白人にはだれにも成功が約束されていて、黒人は並はずれた能力をもつ者だけがそれなりの成功を手にできる、というものだからだ。

ではアンチレイシズムの視点からは、成績がCやDばかりだった高校生の自分をどうとらえればいいのか？

その答えは、ぼくは〝一人の生徒として〟批判されるべきだというものだ――ぼくは意欲がなく、気が散ってばかりで、生活態度も良くなかった。言いかえれば、ダメな生徒だった。でも、ぼくは、ダメな黒人の生徒として批判されるべきではなかった。無責任な白人のクラスメートが人種を代表していないのと同じように、ぼくも自分の人種を代表してなどいなかった。

ある個人が無責任な行動をとると、それを一般化して人種全体に当てはめようとするのはレイシズムの考えだ。人種全体に特徴的な行動があるという考えは、レイシズムによる想像の産物だ。個人の行動は個人の成功につながる。いっぽう、集団の成功を左右するのはポリシーのほうだ。そして、「人種的不公平」を引きおこすポリシーをつくりだしているのが、レイシズム的な権力《パワー》なのだ。

行動レイシズムは、ある人種集団の特徴だと見なされている行動を特定の個人の責任にし、個人の行動を特定の人種集団の責任にすることで、ぼくたちが世界をとらえる目を変えようとする。ある人種集団の成功や失敗を、その集団の個々のメンバーに還元し、個人の成功や失敗を人種集団全体に還元するのは、レイシズム的な発想だ。

こうした考えは、一九九〇年代では一般的だった。〝レイシストではない〟と自認する進歩的なアメリカ人は、一九九〇年代半ばの段階では、生物学的レイシズムを否定するようになっていた。さらに、民族レイシズムや身体レイシズム、文化レイシズムの考え方も放棄するようになった。だが、まだ行動レイシズムの考えは捨てきれていなかった。それはトーチで燃えさかる炎のように、現在にいたるまでたゆまず続いている。

二〇一六年の大統領選挙では、この行動主義的なレイシズムが、多くの人々をトランプへの投票に駆りたてた。〝わたしはレイシストではない〟と考える進歩主義者は、これに強く反対した。トランプに票を入れた人々の多くは、黒人は白人よりも無作法で、怠け者で、愚かで、残酷だといった、〝人種集団には行動的な特徴がある〟という考えをもっていた。

牧師のジェイミー・ジョンソンは大統領選後に「アメリカのブラックコミュニティは、(略)怠惰や、麻薬の使用、性的乱交によって、アメリカの主要都市をスラムに変えた」と、なんの根拠も示さずに語った。彼はトランプ政権下で国土安全保障省内に設けられた、「信仰に基づく近隣パートナーシップ室」を統括していた。

「黒人公民権の指導者たちは、刑務所に黒人男性が多く収監される理由を説明するのに、レイシズム的な傾向のある刑事司法制度をよくやり玉にあげるが、真の原因が黒人の行動にあるのは数十年前からあきらかだ」とウォールストリート・ジャーナル紙コラムニストのジェイソン・ライリーは二〇一六年に主張した。

ある黒人の行動を見て、それを〝黒人にありがちな行動〟と表現するのは「行動の人種化」であり、レイシズム思想の表明になる。

アンチレイシストであろうとする者は、黒人に特徴的な行動はもちろん、人種的な行動など存在しないと考える。黒人にありがちな行動というものは、黒人の遺伝子と同じく架空のものだ。〝黒人の遺伝子〟というものは存在しない。〝黒人に特徴的な行動特性〟が、いまだかつて科学的に証明されたことはない。

たとえば、黒人が騒々しく、怒りっぽく、気立てが良く、おもしろく、だらしなく、時間を守らず、不道徳で、宗教的で、依存的だということや、アジア人が従順で、白人が貪欲であるといった考えを証明する証拠はこれまでに一度も示されたことがない。たしかなのは、個人の行動だけだ。そして、それはあくまでもその個人の行動についての証拠にすぎない。〝人種〟が生物学的に存在しないように、行動的にも人種は存在しない。

では、南部の黒人や、ニューヨークのチャイナタウンのアジア系アメリカ人や、テキサス郊外の白人には、ほかとは違うはっきりとした文化的慣習にしたがった行動が見てとれる、という主張についてはどうだろうか。

アンチレイシズムでは、文化の概念と行動の概念を切りはなす。

アンチレイシズム的に考えれば――

文化とは、〝かならずしも集団を構成する個人全員やほかの人種集団が共有しているとはかぎらない、ある人種集団には見られる伝統〟のことだ。

行動とは、〝人間が生得的にもつ特徴や可能性であり、だれもがとりうるもの〟のことだ。知性や怠惰といったものは人種化された文化的集団のあいだでは異なって見えるかもしれない。だが実際には、人間は人種にかぎらずだれしも知的でありうるし、怠惰でありうるのだ。

行動レイシストとアンチレイシストの考え方は違う。そして行動レイシストのあいだにも考え方の違いはある。

南北戦争の数十年前、行動レイシストたちは、黒人の行動に欠陥があるのは自由のせいなのか奴隷制度のせいなのかをめぐって議論していた。

奴隷制度の支持者は、黒人の行動の欠陥の原因は、アフリカにおいても、アメリカの解放奴隷においても、自由にあると主張した。一八四四年、ジョン・C・カルフーン国務長官はイギリスの評論家に、支配する白人と奴隷の黒人という「昔ながらの関係が保たれていた」州では、黒人の生活は「人数、快適さ、知性、道徳など、あらゆる点で大幅に改善されていた」と説明している。

このような考え方は、奴隷制度が廃止されたあとも続いた。歴史学者のフィリップ・アレクサンダー・ブルースは一八八九年に出版され人気を博した著書『自由になった大農場労働者の黒人 *The Plantation Negro as a Freeman*』のなかで、文明化の見本だった「白人社会の精神性から切りはなされ」、解放されて自由になった黒人は、「元のアフリカ人の状態」に堕落してしまい、その特徴は過剰性欲、不道徳、犯罪、怠惰、不十分な育児などに見られると主張した。

これに対し、一七七三年のベンジャミン・ラッシュらをはじめとする奴隷廃止論者たちは、「南の植民地や西インド諸島の黒人の特性とされる愚かさや裏切り、窃盗などの悪徳はすべて、奴隷制度が生みだしたものである」と主張した。一年後、ラッシュは建国まぎわのアメリカで、初めて白人による奴隷制度廃止のための協会をつくった。

同じく奴隷廃止論者のウィリアム・ロイド・ギャリソンは、一八四五年に刊行された元奴隷の公民権運動家フレデリック・ダグラスの体験記の序文で、奴隷制度は黒人を劣化させたと、次のように述べている。

「人類の歴史のなかで、（略）奴隷制度ほど、その対象となった人々の知性をそこない、心を暗くし、道徳性を堕落させ、人間らしさの痕跡を消し去るものはない」

奴隷廃止論者――あるいは、進歩的な同化主義者――は、ぼくが「抑圧劣化説」と呼ぶものをつくりあげた。彼らは、人間を抑圧して奴隷にすることがいかに恐ろしい結果をもたらすかをアメリカ人に理解させようとする善意の試みのなかで、〝抑圧は、抑圧された人々の行動を劣化させる〟という考えを主張する。

この考えは、奴隷制度廃止後の世の中にも広がっていた。

社会学者のW・E・B・デュボイスは、一八九七年にアレクサンダー・クランメルが設立した「全米黒人アカデミー」の設立総会でのあいさつで、「現在の人種間の摩擦の解決に向けて真っ先にとるべき最大のステップは、（略）奴隷制度の遺産である黒人自身の不道徳や犯罪、怠惰を是正することにある」と述べた。

〝奴隷制度は廃止されたあとも元奴隷の行動に問題を生じさせた〟という考えと、黒人の公共施設の利用禁止などを定めたジム・クロウ法を支持する歴史学者が主張する〝奴隷制度には黒人を教化する効用があった〟という考えは、じつは合わせ鏡だ。その二つは、それぞれの立場から同じ主張をしている。

どちらの立場も、アメリカ人を行動レイシズムに向かわせた。つまり〝黒人は奴隷から解放されて自由になったことで堕落した〟、あるいは〝黒人は自由になったが奴隷制度の影響で堕落した〟と考えるようになったのだ。

この「抑圧劣化説」の一つに、ＰＴＳＳ（心的外傷後奴隷症候群）と呼ばれるものがある。

それは、心理学者のジョイ・デグルーが二〇〇五年の著書『心的外傷後奴隷症候群 *Post Traumatic Slave Syndrome*』で主張しているように、黒人の「内輪もめ」や、物質主義、不適切な子育て、肌色の濃淡で差別するカラーリズム、敗北主義、怒りなどの「機能不全」で「否定的」な行動は、「ほかの多くの行動と同様、その大半は過去の奴隷制度や現在も進行中の抑圧がもたらすトラウマの悪影響を何世代にもわたって受けつづけてきた黒人に生じた適応の結果である」というものだ（またいっぽうで、誤解をまねくような研究結果をもとに、この複数世代にわたる適応を「遺伝的」なものだと考える人もいる）。

「きわめて多くの」アフリカ系アメリカ人がＰＴＳＳに苦しんでいると訴えるデグルーは、裏づけのない逸話的な証言に基づき、ＰＴＳＤ（心的外傷後ストレス障害）をモデルにしてこの理論を構築した。しかし多くの研究によれば、トラウマ的な環境に耐えている人のなかで、心的外傷後ストレス障害になる人の割合は低い。たとえばイラクとアフガニスタンから帰還した兵士のＰＴＳＤの発症率は、一三・五から三〇パーセントだったことがわかっている。

もちろん黒人は、奴隷制度と現在も続く社会からの抑圧によってトラウマを負ってきた。歴史をふりかえれば、たしかにこの心的外傷と関係した負の行動を示した人々はいる。デグルーの研究は、トラウマや心的損傷、治癒といった概念を、黒人が置かれている状況の理解に役立てようとしたという意味では、とても意義のあるものだった。

だがトラウマをかかえている一部の黒人がいるというアンチレイシストの主張と、黒人はみなトラウマをかかえているというレイシストとの主張のあいだには小さいが決定的な違いがある――奴隷制度は人を劣化させるというアンチレイシストの主張と、黒人は劣化した人々だというレイシストの主張とのあいだにも小さいが決定的な違いがある。

黒人はみなトラウマをかかえているという考えは、あきらかに歴史を否定するものだ。奴隷から解放されたばかりの最初の世代の黒人たちですら、大農場を出るとすぐに北軍や政界、労働組織運動、各地のユニオン・リーグ〔南北戦争中、連邦政府支持のために結成され、戦後の再建期には黒人の連帯を支えた同盟〕、芸術界、起業界、地域のクラブや教会、学校、コミュニティ施設にまっすぐに向かい、再建に貢献した。この時代、これらの施設は奴隷制度のトラウマに由来する黒人の自己破壊的な行動よりもむしろ、レイシズム的なテロリズムの手によって徹底的に破壊されていた。

二〇世紀に入ると、社会科学者は、黒人の行動を抑圧し破壊する要因として、奴隷制度ではなく、分離と差別に注目するようになった。

精神分析学者のエイブラム・カーディナーとライオネル・オベシーは、一九五一年に出版された大著『抑圧の印：アメリカ黒人の心理社会的研究 *The Mark of Oppression: A Psychosocial Study of the American Negro*』のなかで警鐘を鳴らしている。

「黒人の性格特性のなかで、その困難な生活環境に影響していないものは一つもない」。「その結果としてもたらされるのは、内面の荒廃」であり、打ちくだかれた「自尊心」、悪質な「自己嫌悪」、

「だれかに愛される価値がないという確信、愛情の低下、野放しの敵意」だ。しかし、この科学的事実だとして広く認識されている一般化された主張は、カーディナーとオベシーが被験者わずか二五人にインタビューした調査結果に基づいているものにすぎない。

ぼくは九〇年代に学校で落ちこぼれだった黒人のティーンエイジャーとして、つねにだれかに裁かれているという感覚に息苦しさを感じていた——とくに、ぼくの世代全体のことを不安に思っている年配の黒人などの身近な人たちから。

ぼくの心のなかの黒い裁判官《ブラック・ジャッジ》は、個人としての過《あやま》ちを許す余地をあたえてくれなかった。自分の個人的な失敗の結果に対処しなければならないだけでなく、黒人全体を失望させたという重荷も背負っていたからだ。ぼくたち黒人が過ちを犯すと、それは黒人という人種全体の過ちであると一般化された。

ぼくには、白人は過ちや失敗が許されているように思えた。でもぼくたち黒人が失敗した場合や、あるいは人の倍の能力を発揮しなければ、黒い裁判官は厳しい判決を下した。執行猶予も仮釈放もなかった。中間地点はなかった。ぼくたちはキング牧師の弟子になるか、キング牧師の夢を台無しにした不良になるかのどちらかだった。

しかしもちろん、こうした考えが社会全体には当てはまるとしても、黒人の親たちはそれぞれ個人の考えで子供を育てようとしていた。ぼくの両親も、自分の子供たちのためにその中間地点をつくろうと試みていた。ぼくは母と父の自慢の息子ではなかった。それでも、両親から犯罪者扱いされて見放されたりはしなかった。

ストーンウォール・ジャクソン高校の一一年生のとき、両親のすすめで国際バカロレアのコースをとった。自分に対して期待はしていなかったが、なんとか出席しつづけた。そこは白人やアジア系の生徒ばかりの聖域だった。この環境は、それまでとは違う意味でぼくの学校への嫌悪感をさらに強めた。

そのコースではいつも取り残されたような気分になった。唯一、スペルマン大学への進学をめざしている黒人の友達、マヤとたまに同じ授業を受けることがあったが、それ以外はいつも独りぼっちだった。白人やアジア人のクラスメートは、だれも近づいて声をかけたりはしてくれなかった。ぼくは授業中、発言も挙手もしなかった。周りからどんなふうに思われているかが、そのまま自己評価になった。ほかの生徒たちが標準テストの対策に打ちこみ、アイビーリーグ進学の夢を抱き、講師に評価されることを求めて競争し、順調に航海を続けているなかで、自分だけが船底に穴のあいたボートに乗っているような気持ちだった。

ぼくは優秀なクラスメートたちの目を通して自分を見ていた――この場にいるのにふさわしくない者だと。無視してもいいやつだと。ぼくは優秀な知性の海のただなかで、独り溺れて死にそうになっていた。

ぼくは、自分が勉強の出来が悪くて苦しんでいるのは、自分だけでなく、黒人全体の出来が悪いからだと考えていた。なぜなら、ぼくは周りの人々の目――あるいはぼくが勝手に想像していた周りの人々の目――と、自分自身の目を通して、黒人を代表していると考えていたからだ。

〝全国規模の通信簿《ネイションズ・レポートカード》〟とも言われる「全米統一試験」の結果も、アメリカ人に同じことを伝えていた。このシステムが初めて導入されたのは一九九〇年、ぼくが小学三年だったときで、対象は八年生と四年生の数学の成績だった。四年生の数学のテストでは、黒人よりもアジア系のほうが三七点、白人のほうが三二点、ラティニクスのほうが二一点、平均点が高かった。二〇一七年の段階では、この格差はわずかに縮小していた。白人と黒人の四年生の読解力のテストでの人種間の「学力差」も一九九〇年から二〇一七年にかけて縮まったが、一二年生では拡大していた。二〇一五年には、黒人はどの人種集団よりもSAT（大学進学適性試験）の平均スコアが低かった。

高校生だったぼくは、標準テストは効果的に知能を測るものだと信じていたので、白人やアジア人のクラスメートは自分よりも頭がいいのだと思っていた。そして自分は馬鹿だと思っていた。

いまふりかえれば、そのときのぼくが、キング牧師が自分のような人間のために死んだことの意味を真に理解するためには、もっと恥ずかしさを痛感するような経験をする必要があった。

＊＊＊

自分のことを馬鹿だと思っていた自分こそが馬鹿だと気づいたのは、ようやくカレッジの最終学年になってからだった。ぼくは自分にとって最後の標準テストであるGRE（一般大学院入学適性試験）の準備をしていた。すでにそのGRE準備コースのために一〇〇〇ドル以上の学費を払っていた。ぼくの両親が払ったその金は、アメリカの予備校と家庭教師業界に吸いこまれていった。この業界は二〇一四年時点で一二〇億ドル規模に達し、二〇二〇年には一七五億ドル規模に成長すると予測されている。当然というべきか、利用者の大半は標準テストでもっとも高いスコアを獲得しているアジア系と白人系の学生がいる世帯だった。ぼくがとったGRE準備コースの講義の場所も、自分が通う歴史的黒人大学のキャンパスではなかった。しかたなく、フロリダの州都タラハシーにある、歴史的に白人が多い大学のキャンパスまで足を運ばなければならなかった。

フロリダ州立大学で白人の学生にかこまれながら白人教師の前に座っていたとき、ストーンウォール・ジャクソン高校で独りぼっちだったときの記憶がフラッシュバックした。なぜこの教室には黒人の生徒がぼくしかいないのか。ぼくは自分やおそらくほかの生徒にも当てはまる、経済的な特権のことを考えた。もっと裕福で、このような準備コースに通う必要すらなく、家で個人指導を受ける生徒のことも。

講師は、このコースを受講すればGREの点数が二〇〇点アップすると自信たっぷりに言った。ありえない宣伝文句に思えたので、最初はあまり気にしていなかった。でも授業を重ねるごとに、講師の自信の裏にあるものが見えてきた。彼女はぼくたちを賢くしてテストで良い点をとらせようとしているのではなかった——テストで良い点数をとる*テクニック*を教えていただけだった。

授業が終わると、いつもジムに寄って帰った。ウエイトリフティングをはじめたとき、一番重いウエイトをもちあげているのは、一番力が強い人なのだと思っていた。でも、それは間違っていた。重たいウエイトをあげるには、筋力と最適なフォームの組み合わせが要る。生まれもった筋力の強さだけではなく、運動生理学の理論を学び、最適なトレーニング方法を理解していることが重要なのだ。適切なトレーニングを積み、良いフォームの人は、同等以上の筋力があるがフォームが悪い人よりも重いウエイトをもちあげていた。

GRE準備コースの授業を終えたあとにジムに通うというパターンをくりかえしたことで、しだいにはっきりとわかってきた。講師はぼくたちの筋力を強くしようとしているのではなく、テストというウエイトをもちあげるための正しいフォームやテクニックを教えているのだ。

標準テストの根底にある、おとり商法的な、不公平を生みだす仕組みがはっきり見えた。講師は、表向きは知能を測るものだと考えられている標準テストで、高得点をとることに特化したテクニックを教えていた。それによってこの準備コースのクラスメートやぼくの点数は、講師が約束したとおり二〇〇点アップした。もともとの知能は同等かもしれないが、経済的余裕がなくこのコースに通えない貧しい家庭の学生より二〇〇点多くとれたのだ。おそらく貧しい家庭の学生も、この準備コースに通っていれば同じように得点アップしただろう。

人はなにかがうまくいくと、それを自分の手柄にしようとする傾向がある。この人間心理は専門用語で「帰属効果」と呼ばれている。テスト対策をしたぼくたちのような生徒は、良い点をとり、次の良い機会に向かって進んでいく――自分たちの知能は他人よりも優れている、議論の余地のない数字の証拠もある、という確信を抱いて。ほら、この成績スコアを見てよ、と。

入試カウンセラーや教授は、こうした学生のほうが優れた資質があると判断し、大学院に入学させる（それは同時に、大学のランキングをあげることにもなる）。成績を示す数字は特徴のない客観的なものなので、まさか裏でレイシズムが大きな役割を果たしているとはだれも考えない。

適性や知能を測るために考案された標準テストほど、黒人の心をおとしめ、黒人の身体を合法的に排除するレイシズムポリシーとして効果的なものもない。

標準テストの結果に基づいて「学力格差」の話をするたびに、黒人の精神状態は悪化していく。〝黒人は知的に劣る〟というレイシズムの思想は、昔から連綿と続いてきた。黒人とほかの人種に学力格差があるのは当然だという考えを広めることも、レイシズム思想を強化するための新手法だ。

学力格差とは、〝生徒の集団間の学業の成績に格差がある〟ということだ。そこにほのめかされているのは、〝テストの点や中退率など統計的に測れる成績が「学力」の唯一の基準である〟という考えだ。学力格差にはさらに不吉な暗示がある。それは、〝標準テストのスコアは人種間の知能の格差を正確に反映している〟という考えだ。人々の行動のカギを握るのは知能だ。そして行動レイシズムのカギを握るのが、〝人種間には学力格差がある〟というレイシズム思想なのだ。

くりかえすが、人種にヒエラルキーがあると信じることとは、レイシズムを信じることである。人種間に学力格差があり、その頂点に白人とアジア人が、底辺に黒人とラティニクスがいるという考えは、人種のヒエラルキーをつくりだす。そのような考えには、黒人やラティニクスが底辺にいるのは良い点がとれない黒人とラティニクスの生徒自身のせいであり、標準テストをとりまく状況そのものにあるのではないという意味もふくまれている。

だが実際は、さまざまな標準テストそのものが、その始まりからつねに人種的な問題を内包しているのだ。このような考えは受けいれがたいかもしれない。というのも、善意に駆られた多くの人々が、人種間の学力格差の問題を〝解決〟しようとしてきたからだ。だがアメリカの標準テストの背景にある歴史やポリシーを理解すれば、問題なのは特定の人種ではなくテストそのものだということがあきらかになる。

人種と標準テストの歴史は、一八六九年にイギリスの統計学者フランシス・ゴルトン（チャールズ・ダーウィンのいとこ）が、著書『遺伝的天才 *Hereditary Genius*』のなかで「黒人の平均的な知的水準はわれわれの知的水準よりも二段階低い」という仮説を立てたことからはじまる。

ゴルトンは数十年後に優生学の先駆者となったが、みずからのレイシズム的な仮説を検証するためのテストは開発できなかった。それを成功させたのが、一九〇五年にＩＱテストを開発したフランスのアルフレッド・ビネーと弟子のテオドール・シモンだった。

この「実験的な」テストによって「人種間の一般的知能には、精神的文化を向上させるためのいかなる計画によっても埋めることのできない、きわめて大きな格差がある」ことがあきらかになる、とゴルトンは一九一六年の著書『知能の測定 *The Measurement of Intelligence*』で述べている。

一九一六年にスタンフォード大学の心理学者ルイス・ターマンがこのＩＱテストを改訂してアメリカに導入した。

ターマンのＩＱテストは、第一次世界大戦当時に一七〇万人の米軍兵士を対象にして初めて大規模に実施された。プリンストン大学の心理学者カール・Ｃ・ブリガムは、一九二六年にＳＡＴ(Scholastic Aptitude Test＝学力適性検査)を開発する三年前に発表した著書『アメリカ人の知能の研究 *A Study of American Intelligence*』のなかで、兵士の人種間の得点差は遺伝的な人種的ヒエラルキーの証拠だと主張した。ＳＡＴの「Ａ」は「適性(Aptitude)」の頭文字で、〝生まれつきの能力〟を意味している。ブリガムはほかの優生論者と同じく、ＳＡＴは白人の生得的な知能の高さをあきらかにすると信じていた。

一九六〇年代に入っても、この優生思想は物理学者のウィリアム・ショックレーと心理学者のアーサー・ジェンセンによって引きつがれた。この頃にはすでに、テスト結果や学力の格差の問題は抜きにしても、〝人種間に知能の違いがあることは遺伝学的に説明できる〟という考えの信憑性が強く疑われるようになってきた。学力格差の原因をめぐるレイシズム的な議論では、〝劣った遺伝子〟

が原因だとする分離主義者よりも、〝劣った環境〟が原因だとする同化主義者が圧倒的に優勢だった。リベラルな同化主義者は議題を「学力格差の解消」に移行させ、九〇年代の標準テストに関するムーブメントを推進した。

一九九四年には、このギャップを埋めることができるかをめぐって「ベルカーブ論争」が起こった。政治学者チャールズ・マレーとハーバード大学の心理学者リチャード・ハーンスタインはその書著『ベルカーブ：アメリカにおける知能と階級構造 *The Bell Curve: Intelligence and Class Structure in American Life*』で、「テストの点数の人種格差には遺伝子と環境の両方が関係している可能性が高い」と書いている。

その後、ジョージ・W・ブッシュが制定した「落ちこぼれ防止法（No Child Left Behind Act）」や、オバマの「頂点への競争（Race to the Top）」政策や「全州共通基礎スタンダード（Common Core）」導入などによって、生徒の学力や学校への評価における標準テストの役割はさらに拡大した。

こうして、人種間には学力格差があるというレイシズムの考えは二一世紀になっても生きつづけた。これらをはじめとする多くの提言や施策によって、教育改革者は人種間の学力の平等化というお題目に注目を集め、その資金を得るために、「学力格差」という太鼓を鳴らしつづけた。

しかし、この善意の努力が、かえってレイシズムを拡大した面はないだろうか？　さまざまな環境に育つ子供には、それぞれの環境を反映した〝違う種類の学力〟がついているとも考えられるのではないだろうか。すなわち、貧しい黒人学校にいる低学力の黒人の知能は、裕福な白人学校にいる高学力の白人の知能とは〝種類が違うだけで、かならずしも劣っているわけではない〟とも考えられるのだ。知能は、身の周りの環境について知っていることや、知識欲の強さで測ることもできる。教育効果をあげる最善の改革は、〝カリキュラムやテストの標準化〟ではなく、〝生徒にあたえる機会の標準化〟ではないだろうか？

ペンシルベニア州全域を対象にして最近実施された調査によれば、貧富のレベルを問わず、白人の生徒の割合が高い地区は、有色人種の生徒の割合が高い地区よりも多くの資金援助を受けている。またミシシッピ州の黒人学校は、慢性的な資金不足で基本的な備品や教科書がなく、健康的な食べ物も水も不足しているという有様だ。こうした資源《リソース》不足は、学習機会の減少に直結する。

言いかえれば、標準テストにおける〝人種的な問題〟とは、アンチレイシストに言わせれば〝機会格差〟であり、〝学力格差〟ではない。

＊　＊　＊

高校時代に話をもどそう。一九九九年の最後の日々は、永遠かと思うほど長く感じられた。

政治の授業がはじまる前の休憩時間、退屈して椅子に座っていたときのことだ。何気なくあたりを見渡していたら、後ろに座っていたアンジェラに目が行った。頬骨が張っていて褐色の肌の優しい性格の友人だ。熱心になにか書いている。

「なにしてるんだ？」と聞いてみた。

「スピーチ原稿を書いてる」アンジェラはいつもの笑顔で、目線をあげずに答えた。

「スピーチって、なんの？」

「MLKコンテストよ。知らないの?」

首を横にふると、アンジェラはプリンス・ウィリアム郡が主催するマーティン・ルーサー・キング(MLK)・ジュニア・スピーチコンテストのことを詳しく教えてくれた。まず学校ごとに予選があり、ストーンウォール・ジャクソン高校では参加者は二日間にわたってスピーチを競う。学校の優勝者は郡の大会に進み、郡の大会を経て最終的に選ばれた上位三名のファイナリストが二〇〇〇年のキング牧師記念日〔合衆国の祝日。誕生日である一月一五日に近い一月の第三月曜〕におこなわれるハイルトン・チャペルでの本大会に挑む。

アンジェラからコンテストに出てみたらとうながされた。はじめは断ったが、彼女の説得が終わる頃には、すっかりやる気になっていた。

コンテストの課題は「キング牧師ならミレニアル世代にどんなメッセージを贈るか」というものだった。ペンをとり、スピーチ原稿を書きはじめた。出てくる言葉が、一九九〇年代によく耳にした黒人の若者の行動に関するレイシズム思想の影響を受けていることに気づいた。これらの言葉は、いつのまにかぼくのなかに深く内面化されていたのだ。ぼくはキング牧師が耳にすれば憤《いきどお》りを感じるような、黒人を非難するメッセージを書きつらねた——それはキングの言葉というよりも、キングの代弁者という立場で若者たちのことをなげく、ぼくの親の世代の言葉に近かった。

いまふりかえれば、キング牧師の代わりを自称する大人たちの言葉ではなく、キング自身の言葉にもっと耳をかたむけておけばよかったと思う。

「われわれはもはや黒人であることを恥じるべきではない」キングは一九六七年の黒人集会で語った。「心が奴隷にされているかぎり、肉体は決して自由になれない」

ある人種集団の行動に問題があると考えている者が、アンチレイシストであることはできない。抑圧的な環境が行動に問題を生じさせていると考えることで抑圧されている人をさらに抑圧している者が、アンチレイシストであることはできない。レイシストの心は、決して自由になれない。

アンチレイシストであろうとする者は、どんな人種集団に対しても、その全体の行動について、間違っている、正しい、劣っている、優れているなどと考えない。ある個人の行動の善し悪しをつねに個人の問題としてとらえ、人種全体を代表するものとは考えない。行動と人種を分けて考え、人種化された身体に刻みこまれたタトゥーのような固定観念をとりのぞく。行動は人間がするものであり、人種がするものではない。

その日の夜、スピーチの草稿ができあがった。

翌日、授業の前に、アンジェラが興奮した様子で言った。

「ねえ、読みあげてみてよ」

「なんのこと?」恥ずかしかったので、とぼけてみた。なにを尋ねられたかはもちろんわかっていた。

「スピーチのことよ!」彼女は顔を輝かせた。「知ってるよ。もう下書きはできてるんでしょ。聞かせて!」

しかたない。ぼくはゆっくりと原稿を朗読した。読めば読むほど自信がわいてきた。レイシズムは、いつもそうであるように、とても耳触りがよく、もっともらしく感じられた。読みおわると、アンジェラはスピーチにうっとりとしていた。

「あなた〜は勝つわ〜　勝つの〜はあなた〜」授業がはじまっても、アンジェラは小声でうれしそうに歌っていた。後ろの席の彼女に何度もやめろと言った。だがアンジェラはぼくが笑っているのを見ると、ニヤニヤしながら歌いつづけた。

その夜はうまく寝つけなかった。原稿に手を加えたり、緊張や不安をしずめようとしたりしたのだが、頭のなかはいろんな思いでいっぱいだった。ついに意識が朦朧《もうろう》として、いつのまにか泥のように眠っていた。熟睡しすぎて、目覚ましの音も聞こえなかった。目が覚めたとき、もうコンテストの時間にまにあわないことに気づいた。動揺もしたが、どこかほっとして学校に向かった。

アンジェラは朝からずっと会場でぼくを待っていた。最後の参加者がスピーチを終えると、アンジェラは学校の審査員に、ぼくが学校に着いたらふたたび集まってほしいと粘り強く交渉した。ぼくに強引に参加をすすめたときと同じように、審査員にもノーを言わせなかった。

学校に着くと、審査員はぼくのために集まっていた。アンジェラがしたことを聞いて、感謝の気持ちがわきあがり、それまでの不安と緊張が消え去った。人生最高のスピーチをしようと決意した。そして、実際にそうした。ぼくは勝った。それはレイシズム思想の勝利でもあった。

MLKジュニア・スピーチコンテストの学内予選で勝つと、勉強ができないせいで感じていた自分自身や黒人であることに対する恥ずかしさは薄れはじめた。黒い裁判官《ブラック・ジャッジ》、すなわち周りの黒人たちが、ぼくのことを誇りに思っているのが感じられた。ぼくも自分が誇らしかった。

だが、ぼくのレイシスト的な不安は、レイシスト的なうぬぼれへと変わりはじめた。不安からうぬぼれへの変化は、フロリダ農工大学への入学を決めたときにすでにはじまっていた。周りには、この大学に行くと決めたのは、それが自分にとって「正しいと感じられた」からだと話していた。だが、歴史的に黒人の学生が多い、「歴史的黒人大学（ＨＢＣＵ）」と呼ばれる大学の一つであるフロリダ農工大学に進学するのがなぜ正しいと感じたのかは、だれにもはっきりとは説明できなかった。ぼく自身も、よくわかっていなかった。

一九九九年の夏にぼくがキャンパスを訪れたとき、フロリダ農工大学は「この国で最大かつ最高の歴史的黒人大学」だと称賛されていた。タイム誌とプリンストン・レビュー誌が一九九七年に選んだ「年間最優秀カレッジ」にも選ばれていた。「ナショナル・アチーブメント・スカラー（もっとも優秀な黒人の高校生）」の入学者数でも、三年間で二度、ハーバード大学を上回っていた。二メートル近い長身でカリスマ性のあるフレデリック・Ｓ・ハンフリーズ学長は、こうした優秀な高校生をみずから直接スカウトしながら、同大学を全米最大規模の歴史的黒人大学に成長させていた。

人がなにかについて〝正しいと感じる〟あるいは〝間違っていると感じる〟と言うときはたいてい、その感情を呼びおこした、おそらくは背後に隠れている深い考えから逃げている。だが勇気があれば、自分の心の奥をのぞきこみ、自分の本心を知ることができる。

優秀な黒人の学生と一緒に学びたいという理由以外に、フロリダ農工大学に行くのがなぜ正しいと感じたのか？　ぼくは自分の本心に目を向けていなかった。

しかしいまならわかる。ぼくは素行の悪い黒人たちから逃げたくて、大学に行きたかったのだ。

フロリダ農工大学は、黒人でいることは最高だと感じさせてくれる場所だった。大学に入るまでぼくは黒人性《ブラックネス》が絶頂に達したときにどんなにうっとりするような音が聞こえてくるのか、想像すらしたことがなかった。

新しいキャンパスライフがはじまって二週間たった頃、ぼくはその輝かしい音をたっぷりと聴くことになる。

第9章 さまざまな肌の色 COLOR

カラーリズム 肌や瞳の色の薄い人々《ライトピープル》と濃い人々《ダークピープル》のあいだに不公平をもたらす、さまざまなレイシズムポリシーが集まったもの。色の濃淡についてのレイシズム的な考えに支えられている

カラーアンチレイシスト 肌や瞳の色の薄い人々《ライトピープル》と濃い人々《ダークピープル》のあいだに公平をもたらす、さまざまなアンチレイシズムポリシーが集まったもの。色の濃淡についてのアンチレイシズム的な考えに支えられている

声はすっかり枯れ、古い階段がぎしぎしきしんでいるようだった。腕は疲れてぶるぶると震えている。

ぼくはフロリダ州タラハシーにある七つの丘のなかでも一番高いところに建てられたスタジアムにいた。疲れていたのは、そこまで登ってきたからではない。二〇〇〇年九月のその日、ぼくは何千人もの群衆のなかで大学のフットボールの試合を熱狂的に応援していた。

フロリダ農工大学に入学してまだ数週間なのに、ほかのおおぜいの学生たちと同じく、ぼくはす

っかり校風に染まっていた。すでにフットボールチームをはじめとする大学の運動部「ラトラーズ」(マスコットはガラガラヘビ)の一員の気分だったし、仲間にならって大学をFAMUと呼んでいた。発音は、FAM-YOU、「ファミリー」に近い。

大学のホームスタジアム、「ブラッグ・スタジアム」のスコアボードにもう一度目をやった。

「FAMU 39:モーガン州立大学 7」

でも、疲れた腕と喉を休ませる暇はなかった。いよいよハーフタイムだ。

ハーフタイムのために体力を蓄えておくべきだったが、一年生のぼくにはそんなことはわからなかった。それまで、「マーチング100《ワンハンドレッド》」の演奏がどれほどすごいか、知らなかったのだ。

このマーチングバンドはFAMUの誇りだ。史上もっとも完成度が高いとも評され、国内のほかのマーチングバンドから手本にされる存在だ。自分の出身大学なのでひいき目は入っているが、あながち誇張でもない。

マーチング100の伝説的な監督、ウィリアム・P・フォスターは一九九八年に引退していたが、彼が五二年かけて育てあげたこのバンドはスポーツ・イラストレイテッド誌から「全米最高の大学マーチングバンド」と称賛された。マーチング100は、二〇〇六年にはグラミー賞のステージにも立った。翌二〇〇七年のスーパーボウルのハーフタイムに出演したときは壮観だった。プリンスと共演してパフォーマンスを披露するマーチング100を見ながら、ぼくは狂喜して友人に自慢しつづけ、一緒に激しく踊ったものだ。

ぼくがマーチング100を初めて目にした二〇〇〇年に話をもどそう。あのとき、第一クォーター中のちょっとしたパフォーマンスを見ただけで、ぼくはすっかり魂を奪われてしまった。厚手のパンツにオレンジ、緑、白の長袖のユニフォーム、ケープと背の高い帽子も身につけている、冬仕様の衣装に身を包んだメンバーたちが、フロリダの熱い日差しに焼かれている。見ているだけでこちらまで暑くなってくる。彼らは暑さにも負けず、ゲーム中もジャムセッションのように演奏していた。

そして、ハーフタイムで目にしたものは、なにもかもがぼくの想像を超えていた。

応援には、寮のルームメイトのクラレンスと一緒に行った。ぼくたちは、出身地も、それまで歩んできた道のりも対照的だった。クラレンスはアラバマ州バーミンガム出身の秀才で、ぼくは北部出身の元落ちこぼれ。だが互いにうまくかみあっていた。ぼくの大胆で自由な発想がクラレンスの几帳面な分析能力をおぎなうこともあり、進むべき方向が定まらないぼくにはクラレンスの明晰さが魅力的だった。

クラレンスにとってFAMUは、一流の法科大学院《ロースクール》に進学し、企業弁護士となって富を築くという人生の目標の〝中継地点〟だった。ぼくにとってFAMUは、自分自身を発見するための場であり、そんな中途半端な自分を受けいれてくれる黒人の共同体だった。ぼくの自分探しのあれこれをクラレンスはおもしろがっていた。でも、彼がもっとおもしろがっていたのは、ぼくの瞳の色だったかもしれない。

クラレンスの肌はヘーゼルナッツ色で、瞳の色も同じだった。瞳がヘーゼル色なのは世界的に見ても珍しく、アフリカ系アメリカ人ではなく南欧や東欧の人々に見られるものだ。初めて彼の明るい色の瞳を見たときは偽物だと思った。でも実際は、ぼくがお金を出して買わなければならないものを、クラレンスは遺伝によって手にしていたのだった。

ＦＡＭＵに入学する前から、ぼくはいわゆる「ハニー」系の色のコンタクトレンズをつけていて、友人たちからは「オレンジ色の目」とよく言われていた。ぼくのオレンジのカラーコンタクトは目立っていた。黒人のあいだで一番人気だったのはヘーゼル色だったが、ぼくはもっと明るい色を選んだ。瞳の色で遊んでみてもいいだろうと思ったのだ。ブルーやグリーンのカラーコンタクトをしている黒人も何人かいたが、それは恥ずかしいことだと思った。白人になろうとしているように見えたからだ――自分のことは棚にあげてよくそう思えたものだ。

オレンジ色の瞳に反応したクラレンスだったが、ぼくの髪型には興味を示さなかった。ぼくは、頭の後ろと横を短く刈りあげてフェードカットにすることもあったが、たいていは、うまく立たない縮れ毛をブラシでなでつけ、次に美容室でかっこよく整えるまで、適当に後ろでくくっていた。

大学に入ると、コーンロウのスタイルもはじめた。自分の縮れ毛を小さくねじりあげたり、伸ばしたりして編みあげた。レイシストはこの髪型を、〝わざわざ目立とうとする凶悪犯がいかにもしそうなヘアスタイル〟と呼んでいたが、気にしなかった。

ぼくのコーンロウはアンチレイシズムを象徴していた。いっぽうぼくのハニーアイはレイシズムの一種、同化主義への降伏を意味していた。つまり、コーンロウとハニーアイを同時にしていたのと同じく、ぼくの対立する意識のなかでは、アンチレイシストと同化主義者の考えがきつく編みあげられていた。

コンタクトレンズでハニーアイにすることで、ぼくは白人になろうとしていたのか？　とんでもない。ただ、ちょっとしたオシャレをしたかっただけだ。それが瞳や肌や髪の色を変えたり、顔を整形したりする人がよく言う台詞であることは、研究結果も示している。だが当時のぼくは、自分の外見を変えようとする心の底にある真意について、自分自身にアンチレイシズム的な質問を投げかけたことはなかった。

どうしてぼくはあの頃、薄い色の瞳を魅力的だと思ったのだろう？　ぼくは心の底ではなにを望んでいたのだろう？

ぼくは黒人でありたかった。でも、いかにも黒人といった見た目にはなりたくなかった。古い白人的な理想の美しさから生まれた、新しい〝ポスト・レイシャル〟な理想の美に目を向けていた。瞳の色を明るくする。縮れ毛を伸ばす。肌の色を明るくする。顔のパーツを薄くしたり厚くしたりする。それは〝白さ〟とは異なる、理想の美しさだった。このポスト・レイシャルな理想の美しさとは、〝薄さ〟だった——薄い肌、すっとした目、まっすぐな髪、細い鼻、薄い唇、小ぶりな尻。つまり、バイレイシャル〔異なる人種、または民族の祖先をもつこと〕な、または人種的に曖昧な美のイメージだ。

みずからの人種に対するアンチレイシストとしての自尊心と、別の人種になりたいという同化主義者としての欲望との葛藤が、この逆説的なポスト・レイシャル的な理想の美への欲求をかきたてた。

「これは包括的で、多文化的で、新奇であると同時に、排他的で、ヨーロッパ志向で、（略）古風でもある。（略）それは白い美しさを黒い髪で新たに装ったものだ」社会学者のマーガレット・ハンターはその理想美についてこう説明している。

ぼくは、自分の明るい《ライトな》色のコンタクトレンズが、一九八三年にアリス・ウォーカーが造語した、色によって人を区別する「カラーリズム」という概念を新たに体現しているものだとは思いもしなかった。〝ポスト・レイシャルな理想美〟は、カラーリズムをベールでおおいかくす婉曲的な表現だった。

カラーリズムは、レイシズムの一形態だ。

カラーリズムを認めるには、まず、色によって「薄い人々《ライトピープル》」と「濃い人々《ダークピープル》」という、それぞれの歴史によって形成された、異なる二つの人種集団が存在することを認めなければならない。濃い人々《ダークピープル》は、黒っぽい肌、縮れた髪、広い鼻、厚い唇をもつ不特定の人種集団のことを指し、幅広い人種や民族、国籍にまたがっている。薄い人々《ライトピープル》は文字どおり肌や瞳の色が薄い人々で、白人扱いされる。アメリカのような国では、白人が少数派になるのを避け、多数派を維持したいときにライトピープルを便宜的に白人として受けいれる場合もある。〝薄い人々〟のことを、人種を調和させる〝バイレイシャルのカギ〟であり、ポスト・レイシャルな未来を体現するものになると考える改革派もいる。

カラーリズムとは、「色の〝薄い人々〟と〝濃い人々〟のあいだの不公平を引きおこすレイシズムポリシーの集合体」だ。もちろんその不公平は〝薄い人々〟と〝濃い人々〟に関するレイシズムに基づいている。カラーリズムは、ほかのあらゆる形のレイシズムと同じように、レイシズムで不公平を正当化しようとする。〝濃い人々〟と〝薄い人々〟のあいだに不公平があるのは、レイシズムポリシーのためではなく、各集団に優劣があるからだと主張する。またカラーリズムは、白人の身体に同化したり、白人の身体に近いものに変容したりすることをうながす同化主義でもある。

アンチレイシストであろうとする者は、人種による区別と同じく、色の濃淡による区別にも目を向け、その区別が、〝濃い人々〟にとってとくに有害であると理解する。

まず、肌や瞳の色の濃淡に幅がある人種の場合、〝薄い人々〟のほうが不均衡に得をし、〝濃い人々〟が不均衡に損をする。そのため、人種間の不公平と同じく、人種内での不公平が生じてしまう。

しかし、そういった人種内の不公平は、それよりもはっきりしている人種間の不公平によっておおいかくされるため、〝濃い人々〟は日常的なカラーリズムに気づきにくい。そのため〝薄い人々〟に利益をもたらすポリシーに抗議することもほとんどない。

このような状態を政治学者のジェニファー・L・ホクスチャイルドとヴェスラ・ウィーヴァーは「肌の色のパラドックス」と呼んでいる。

研究によれば、肌の色の濃淡で区別して濃い人を差別するカラーリズムは、行動を肌の色と結びつける行動レイシズムの論理にしたがっている。

たとえば――

白人の子供は、肌の色の薄さをポジティブに、濃さをネガティブに感じている。このカラーリズムは年齢が高くなるにつれて強まる。

白人は普通、肌の色の濃い政治家より薄い政治家を好む。

肌の色の濃いアフリカ系アメリカ人は、高血圧のリスクが不均衡に高い。

肌の色の濃いアフリカ系アメリカ人の学生は、薄い学生よりもＧＰＡ（成績平均値）のスコアが大幅に低い。

レイシストのアメリカ人が肌の色の薄い学生に高い期待を抱いているためか、教育を受けた黒人男性は、肌の色が濃くても薄い人として記憶される傾向がある。

これは、雇用主が能力に関係なく、肌の色の薄い黒人を濃い黒人よりも好む理由なのだろうか？　アフリカ系以外のみならず、フィリピン系のアメリカ人でさえ、肌の色が濃い人のほうが薄い人よりも収入が低い。移民は出身国に関係なく、肌の色の濃い人のほうが薄い人に比べて資産や収入が少ない傾向がある。アメリカにやってきたラティニクスの場合も、肌の色の薄い人は高い賃金の仕事を得やすく、濃い人は民族的に同質的な職場で雇用される可能性が高い。

肌の色の濃い息子や肌の色の薄い娘は〔白人から警戒されるため〕、肌の色の薄い息子や肌の色の濃い娘よりも親から厳しいしつけを受ける。

肌の色は、黒人女性の魅力の認識にも影響をあたえている。肌の色が薄くなると黒人女性の自尊心は高まる。これはとくに低・中所得者の黒人女性に当てはまる。

肌の色の濃いアフリカ系アメリカ人はもっとも厳しい量刑を受け、刑務所のなかで長い時間を過ごす。アフリカ人に似た顔の特徴をもつ白人の男性犯罪者は、そうでないほかのヨーロッパ系の犯罪者よりも厳しい量刑を受ける。

研究によれば、肌の色と素行には関連性がないにもかかわらず、肌の色の濃い女子学生は白人の女子学生の約三倍の割合で停学になっている。

――このように、同じアフリカ系アメリカ人でも、肌の色の薄い人と濃い人のあいだには、黒人と白人のあいだにあるのと同じくらい大きな不公平が生じうるのだ。

第二クォーターが終わりに近づいていた。マーチングバンドのメンバーが動きはじめた。色あざやかな世界最大のガラガラヘビ《ラトラー》がとぐろを解く瞬間だ。

何百人ものバンドメンバーがゆっくり現れ、楽器別の列をつくり、リズミカルに行進をはじめた。マーチング１００というより、まるで〝マーチング４００〟だ。行進はまずぼくたちの側にいるＦＡＭＵのフットボールチームの後ろを通り、次にモーガン州立大学チームの後ろを、そしてエンドゾーンへとステップを踏んでいく。緑のフィールドの周りに色彩が広がった。この行進では肌の色は重要ではなかった——肌の色など、もともといっさい気にする必要などないと思えた。

シンバル、トランペット、トロンボーン、サックス、クラリネット、フレンチホルン、フルート、大きなチューバの列。メンバーの身体と一緒に楽器もリズミカルに揺れる。第二クォーターが終わった。選手たちは、ずらりと並んだバンドのあいだをすりぬけるようにしてフィールドをあとにした。観客は売店に殺到したりはせず、自分の席に立ったままマーチング１００のパフォーマンスがはじまるのを待っている。

マーチング１００のシーズン初めてのパフォーマンスだというのに、男子学生のなかには、日陰のあるコンコースやスタジアムの周りをうろついて、新しい友達を探したり、あわよくばフットボールとは別の獲物《ゲーム》を見つけようとしたりする者もいた。お目当ては、ぼくの友人たちと同様、肌の色の薄い女性《ライトウィメン》たちだ。

それは彼らが使う下品な言葉にも表れていた。肌の色が濃い《ダークな》女性のことを、「汚い黒《アグリー・ブラック》」と呼び、「ちりちり頭《ナッピー・ヘッド》」と馬鹿にした。そのいっぽうで、直毛の長い髪は「良い髪《グッド・ヘア》」だとされた。

「彼女は黒い子《ダークガール》にしては可愛い」というのが、肌や髪の色が濃い女性に対する最高の褒め言葉だった。色が濃いゲイの男性も同じようなことを言われることがあった。「ふだんはダークスキンの男とはデートしないんだけど」

ＦＡＭＵに入学して初めてつきあった女性の肌はキャラメル色に近く、ぼくよりも薄かった。ストレートの髪がきゃしゃな肩にふわりとかかっていた。ぼくは彼女のことが好きだった（というよりは、彼女に好かれている状態が好きだったのかもしれない）。けれど、周りが彼女のことをべた褒めしつつ、彼女のルームメートや親友を肌の色が濃いことで見下すときは嫌な気分になった。友人たちが肌の色の濃い女性を無視したり、けなしたりすればするほど、肌の色の薄い女性を好きになった自分を後ろめたく感じた。

そんな状況が数カ月過ぎ、もうじゅうぶんだと思った。

ぼくは突然、彼女と別れた。友人たちから頭でもおかしくなったのかと言われた。彼らはいまでも当時の彼女のことを、ぼくがＦＡＭＵで交際したなかで一番きれいな女性だったと思っている。彼らに言わせれば、その後、ぼくの女性関係は黒い奈落《ダークな》の底へと転がり落ちていったということらしい。

友人の言葉は、〝奈落の底〟の部分ではなく、〝黒い〟という部分では正しかった。そのあと、ぼくはＦＡＭＵで、肌の色の薄い女性とはつきあわなかったからだ。肌の色の濃い女性としかつきあわないと決めたのだ。みんなぼくが正気を失ったと思っていた。唯一の例外は、自身の肌の色は薄いが、濃い女性が好きだった友人のテレルだった。

ぼくは、肌の色の濃い女性を恋愛対象としない友人を見下すようになった。自分のその態度がレイシズム的な偽善だということはほとんど自覚していなかった。ぼくは、肌の色の濃淡を基準にしたヒエラルキーを逆さまにして実践していただけだった。濃淡の価値を逆転させただけで、色によるヒエラルキー自体はそっくりそのまま残っていた。

肌の色の濃い人々《ダークピープル》は、薄い人々《ライトピープル》を、ライトブライト、ハイイエロー、レッドボーンなどの名前で呼び、見下し、仲間はずれにした。

「そんな黒さじゃ認められない、黒人《ブラック》じゃない」と言われるんです――と、ある肌の色が薄い女性は、過去に濃い人々から拒絶されたときの感情について、テレビ司会者のオプラ・ウィンフリーに語っていた。肌の色が薄い人々は、濃い人々の仲間に入れてもらおうと奮闘する苦労をよく口にする。まるで、濃い人々が黒人性《ブラックネス》の基準であるかのように、薄い人々はみずからの黒人性を証明しようとする。

皮肉なのは、ぼくが大学生だった二〇〇〇年当時、肌の色の濃い人たちの多くが、みずからを黒い裁判官《ブラック・ジャッジ》であり、黒人性《ブラックネス》の基準として考えていながら、心のどこかで肌の色の薄さや白人性《ホワイトネス》に憧れていたことだ。

白人も肌の色の濃い人々も、薄い人々を拒絶しながら嫉妬する。

白人は歴史的に純粋な白人性を重視し、黒人としては肌の色の薄い人々を排除するために、黒人の血が一滴でも流れていればその人を黒人と見なすという「一滴ルール」を採用してきた。

同じように濃い人々は純粋な黒人性を重視し、薄い人々を排除するために、白人の血が一滴ほど流れていれば黒人とは呼べないと言う。ぼくはこれを「二滴ルール」と呼ぶ。

そして、薄い人々は色の薄さ《ライトネス》を重視し、濃い人々を排除するために、黒人の血が三滴ほど流れていれば肌の色が濃すぎると言う。これは「三滴ルール」と呼ぼう。

人種の純粋性を前提とするこの「滴《ドロップ》ルール」は、人種そのものや〝人種の血〟といった概念と同じく幻想だ。純粋な人種集団など存在しない。

ぼくのチョコレート色の肌、広い鼻、厚い唇、FAMUの三年生のときにドレッドヘアにした長い髪(この頃にはもうオレンジ色のカラーコンタクトはつけていなかった)を見て、だれもぼくをバイレイシャルな人間だとは思わなかった。だれも、ぼくの母方の高祖父が白人であることを見ぬけなかったのだ。

この白人男性については、ぼくの高祖母を妊娠させたこと以外はなにも伝えられていない。高祖母は一八七五年にイライザという名前の肌の色の薄い子を産んだ。一八九〇年代、イライザはウェストバージニア州シルバニアからジョージア州ゲイトンに来たばかりの、肌の色の濃いルイスという男性と結婚した。一九二〇年、二人のあいだにぼくの祖父アルヴィンが生まれた。イライザもアルヴィンもぼくの母も肌の色は薄かったが、全員、肌の色の濃い人と結婚した。

うちは先祖代々、肌の色の濃い人に惹きつけられる傾向があったのか? いや、こんな想像は、肌の色の薄い女性とつきあわないと決めたぼくの、濃淡を逆転させたカラーリズムの言い訳にはならない。

ぼくは学生時代から、アンチレイシズム的な考えをもっているつもりだった。だが、自分では正しいことをしているつもりでも、結果的にレイシズムという車を暴走させてしまっていることに気づいていなかった。

アンチレイシストであろうとする者は、「美の基準」を逆転させない。アンチレイシストであろうとする者は、集団に共通する肌の色や瞳の色、髪の質感、顔や身体の特徴に基づくあらゆる〝美の基準〟を否定する。「文化の基準」や「知性の基準」と同じように、美の基準を多様なものと考え、肌の色の濃淡にも、太い鼻にも細い鼻にも、直毛や縮れ毛にも、どんな瞳の色にも、等しく美を見いだす。

すなわち、アンチレイシストであろうとする者は、人がもって生まれた自然な美しさを打ち消すのではなく、強調するような美の文化をつくり、そこに生きることを選ぶ。

「よく知られているように、黒人は、(略)ヨーロッパ人と同じように、自分自身やみずからの肌の色に誇りを感じている」一六八〇年、英国国教会の宣教師モーガン・ゴドウィンは、反奴隷制度に関する小冊子のなかでこう述べた。

いっぽう、「西洋美術史の父」と呼ばれるヨハン・ヨアヒム・ヴィンケルマンは、ほかの一八世紀の啓蒙主義の知識人と同じく、ぼくの祖先たちの誇りを踏みにじろうとした。ヴィンケルマンは、一七六四年の著書『古代美術史』で、アフリカ人は美の「正しい概念」を受けいれなければならない、「美しい身体は、白くなればなるほど美しくなる」と主張している。

奴隷商人の哲学はこれをさらに押しひろげた。

それは、〝身体は白くなればなるほど優れたものになる。奴隷の身体は、白くなればなるほど奴隷所有者に近づく〟というものだった。

大規模農場の奴隷所有者は、家のなかでは肌の色の薄い人々を、農場では濃い人々を働かせることが多かった。薄い人々には技能が求められる仕事が、濃い人々は肉体的にきつい仕事が適していると考えられていた。肌の色が濃いほど、動物に近いとも考えられた。

奴隷所有者はヒエラルキーをつくった。知性の高い白人を頂点として、薄い人々、濃い人々が続き、一番下に肉体が強い動物がいる。「黒人らしさがもっとも顕著な部族の特性は、獰猛さと愚かさである」とある作家は指摘している。

アメリカにおけるカラーリズムの父は、建国まもないアメリカにおいてプリンストン大学で教鞭をとり、のちに学長をつとめた神学者サミュエル・スタンホープ・スミスだ。

一七八七年前半、若き大学教授スミスは、新しくできたばかりの、国内屈指の学者集団である「アメリカ哲学協会」の年次会合で、「真実の光」にしたがうと誓い、その年に合衆国憲法を起草した白人たちの前で次のように演説した。

「屋内の奴隷、(略)すなわち人［白人］の近くにいる使用人は、ほかの奴隷に比べて、規則的で好ましい特性を獲得することにおいてはるかに進んでいる。いっぽう、奴隷主から離れた農場で生活している奴隷の身体は概して醜く、とくにその縮れた髪は自然の法則からもっともかけはなれている」

ピーター・ブラウンは一八五〇年の著書のなかで、膨大なサンプルを誇るみずからの人間の毛髪のコレクションに基づいて白人の「髪《ヘア》」と黒人の「毛《ウール》」を分類し、「白人の髪は黒人の毛よりも完璧に近い」と述べている。

いっぽう、肌の色の濃い人々を、いわゆる混血やムラートと呼ばれる人々と比べて、人間に近い存在だと考える奴隷所有者もいた。バイレイシャルの「雑種」は「劣化した不自然な子孫であり、自然に淘汰される運命にある」とアラバマ州の医師ジョサイア・ノットは、一八四三年にボストン・メディカル・アンド・サージカル・ジャーナル誌に書いている。

奴隷所有者のレイシズム思想が、建前と本音で食いちがっていることもあった。

少なからぬ奴隷所有者が、奴隷の女性を肌の色によって分け、薄い女性《ライトウーマン》のほうが賢く、優しく、おだやかで、美しいと考え、濃い女性《ダークウーマン》よりも高い報酬を払っていた。アメリカが建国されるはるか以前から、そしてアメリカの奴隷制度が終わってからもずっと、白い男たち《ホワイトメン》は何世紀にもわたって肌の色の薄い女性に対してレイプ未遂やレイプをおこなってきたことを認めようとせず、彼女たちを「黄色い娘《ヤラー・ギャル》」や「ふしだら《ジーゼベル》」と呼び、扇情的な女だとレッテルを貼った。

奴隷廃止論者のなかには、バイレイシャルな肌の色の薄い人々を「たった一滴」の「黒い血」で檻のなかに閉じこめられた「悲劇的な混血」と見なす者もいた。
ハリエット・ビーチャー・ストウの一八五二年発行のベストセラー『アンクル・トムの小屋』でも、脱走に成功する四人の奴隷はすべてバイレイシャルだ。
ストウは、「ヨーロッパ人の優れた特徴をもち、高貴で不屈の精神をもつ」白人とのバイレイシャルである黒人奴隷の脱走者ジョージと、従順で「完全な黒人」のトムとを対比させている。「白人を父親にもつ黒人は、（略）売買されたり取引されたりするとはかぎらない」とトムの奴隷主は言う。

白人の父親をもつ解放された息子たちは、「白人の旗のもとに加わりがちである」と一八二二年、チャールストン・タイムズ紙の編集者エドウィン・クリフォード・ホランドは主張した。ホランドはサウスカロライナ州チャールストンにある、「社会的純潔」を目的としたバイレイシャルの互助組織「ブラウン・フェローシップ・ソサイエティ」のことを念頭に置いていたのかもしれない。あるいは、将来ワシントンDCに、肌の色の薄い人が経営し、白人と薄い人々のみを顧客とする理髪店が登場することを予見していたのかもしれない。


一八六五年、奴隷解放宣言によって黒人たちが自由の地に解き放たれた。

そのとき白人社会は黒人をしめだすため、さまざまな高い分離主義の壁を築いた。

薄い人々の社会もまた、濃い人々をしめだすため、高い分離主義の壁を築いた。

薄い人々は、自分たちも白人からしめだされているにもかかわらず、特権的な立場を保つために、濃い同胞とみずからを分離し、南北戦争以前からあった肌の色の濃淡に基づく黒人間の格差を維持しようとした。奴隷制度が廃止されたあとも、薄い人々はおおむね、濃い人々よりも裕福で、報酬の良い仕事につき、良い学校教育を受けていた。

一九世紀末には、数十もの都市に「静脈」と言われる社会があった。そこでは、チャールズ・チェスナットが一八九八年の短編小説で書いたように、人々は「静脈が透けて見えるほど肌の色が白い」ことを求め、そうでない者を除け者にした。薄い人々は、紙袋や鉛筆、扉、櫛《くし》などの色を肌の色と比べる検査をして、それらの品より濃い人々を教会や企業、パーティー、組織、学校、歴史的黒人大学（HBCU）からしめだした。

とはいえ、こうした分離主義の薄い人々もまた、白人から分離されていた。一八九六年、「分離すれども平等」という法原理によって、公共施設における白人と有色人種の分離を合法とする判決が下されたが、この「プレッシー対ファーガソン裁判」の被告で靴職人だったホーマー・プレッシーも、肌の色の薄さを誇りにするニューオーリンズのコミュニティに属していた。

しかし、ミシシッピの大学教授チャールズ・キャロルなどは、人間である白人と「獣」である黒人との異人種間の性交があらゆる罪のなかでもっとも悪魔的だと考えていた。キャロルは一九〇〇年の著書『黒人は獣である *The Negro a Beast*』のなかで、生まれながらに反抗的な肌の色の薄い男性《ライトメン》は、白人の女性を強姦し、リンチにつながる恐れがあると警告した。

だが一九〇一年、ノースカロライナ州立大学のジョージ・T・ウィンストン学長はこの意見に反対し、肌の色の濃い人々のほうが、「より恐ろしい罪を犯している」と主張した。同じく社会学者のエドワード・バイロン・ロイターも一九一八年の著書『合衆国のムラート *The Mulatto in the United States*』のなかで、黒人がこれまでに残してきた業績はすべてバイレイシャルな人々によるものだと断言し、薄い人々を、白人より下で濃い人々より上の、一種の人種的なミドルクラスと見なした。

みずからもバイレイシャルの祖父の孫であるロイターは、薄い人々《ライトピープル》を、人種の純粋性を求める怒れる優生思想からも、カラーリズムに反対する濃い人々《ダークピープル》からも守った。ロイターは一九二〇年末の時点で、肌の色の濃い活動家、とくにマーカス・ガーベイ〔ジャマイカの国民的英雄で、同国の黒人民族主義の指導者として、アフリカ解放とアフリカ回帰主義を主張〕が率いて急成長していた「世界黒人開発協会（UNIA）」にうんざりしていたのだ。

公民権運動家の社会学者W・E・B・デュボイスは、「全米黒人地位向上協会（NAACP）」の機関誌クライシスのなかで、「アメリカの黒人は、人種のあいだや人種の内部に肌の色の境界線《カラーライン》をつくることを認めないし、そうした境界線をつくろうとするものを罰する」と主張した。

デュボイスは、おそらく次のような黒人の子供の流行歌を耳にして、思うところがあったに違いない――
「おまえが白《ホワイト》なら、おまえは正しい《ライト》
おまえが黄色《イエロー》なら、おまえは甘い《メロー》
おまえが茶色《ブラウン》なら、いてもいいけど《スティック・アラウンド》
おまえが黒《ブラック》なら、さがってろ《ゲット・バック》」
そんなデュボイスだが、一九〇三年の論考「才能ある一〇分の一 *Talented Tenth*」のなかで有望な黒人指導者を二一人あげたが、そのうち二〇人はバイレイシャルだった。ノースカロライナ州の教育者シャーロット・ホーキンス・ブラウンが指摘するように、肌の色の薄い人々が、濃い人々には「適切な教育」が必要だとくりかえし訴えるのを耳にして、デュボイスには思うところがあったに違いない。ちなみに、こう指摘したブラウン自身、先祖がイギリス人であることを誇りにしていた。

一九二〇年の大統領選で白人のウォーレン・ハーディングが勝利したあとにデュボイスが〝ポスト・カラーのブラック・アメリカ〟を宣言したのは、二〇〇八年の大統領選でバラク・オバマが勝利したあとに言語学者のジョン・マクウォーターが〝ポスト・レイシャル〟を宣言したのと同様に、見当違いだった。

現代の白人が黒人より裕福で、健康で、社会的地位が高いのは、レイシズムポリシーのせいか、それとも黒人が劣っているせいか。一九二〇年に肌の色の薄い人々が濃い人々より裕福で、健康で、社会的地位が高かったのは、レイシズムポリシーのせいだったのか、それとも濃い人々が劣っていたせいか。

ともかく、デュボイスは、カラーリズムの存在を軽視し、それは「物事をまともに考えているすべての黒人によって完全に否定されている」と主張した。

ところが一九三〇年代になるとデュボイスはそれまでの考えを変え、ジャマイカに国外追放されたマーカス・ガーベイの考えに近づいていった。デュボイスはガーベイに代わり、全米黒人地位向上協会（NAACP）のアンチレイシズムを主導する立場の批評家として頭角を現していった。

一九三一年、アラバマ州で白人女性二人への強姦容疑で一〇代の黒人の若者九人が不当に逮捕されるという、「スコッツボロ・ボーイズ事件」が起こった。当初、NAACPは肌の色の濃いアフリカ系アメリカ人の若者たちを支援するのをためらった。デュボイスは、このような立場をとったNAACPの新しい事務局長ウォルター・ホワイトにがまんがならなかった。ホワイトは、バイレイシャルの両親をもつ青い瞳をした金髪の人物で、同化主義を提唱し、「白人の血が入っていない黒人は「きわめて劣っている」と考えていたとされる。

一九三四年のクライシス誌でデュボイスは「ウォルター・ホワイトは白人《ホワイト》だ」と憤慨している。

企業は、黒人の肌や髪の色を薄くできる製品の開発に躍起になった。ウォルター・ホワイトがあるリンチ事件の調査で優遇したように、肌の色が薄い人や白人と同じ扱いを受けられればなにかと有利だという当時の状況があったからだ。第一次世界大戦後には、髪をまっすぐにするためのコンク（コンゴレーンと呼ばれるジェルの略称）が黒人女性だけでなく黒人男性のあいだでも大流行した。

マルコムXも「白人の基準で〝美しく〟見えるように」しようと、「わたしはアメリカの多くの黒人の男女たちの仲間入りをした」と、一〇代のときに初めてコンクを手に入れたときのことを回想している。

一九三八年にハイドロキノンモノベンジルエーテル（HQ）が黒い肌を薄くするという発見がなされたあと、美白製品への人気が高まった。

だが一九七〇年前半には、マルコムXや黒人女性活動家のアンジェラ・デイヴィスに影響を受けたブラックパワーの活動家たち（ぼくの両親もそうだった）が、縮れた髪を〝解放〟して、そのまま伸ばすという流れが起こった。黒人の男の短髪は流行らなくなった。黒人の女たちもストレートヘアにしなくなった。代わりに、縮れ髪が大きく盛りあがっているほどいいというブームが起きた。

その頃ぼくの父はだれにも負けないくらい大きなアフロヘアをしていた。父のような肌の色の濃い人々は、「自分の肌の色は濃い。それを誇りに思う」と堂々と話していた。

肌の色の濃い人々《ダークピープル》のなかには、自分の肌の色に誇りをもちすぎて、ぼくがFAMUでしたのと同じように肌の色のヒエラルキーを逆転させる人たちもいた。

彼らは、マルコムXやアンジェラ・デイヴィス、ヒューイ・P・ニュートン、キャスリーン・クリーバーら、肌の色の薄い黒人リーダーたちを崇拝していたにもかかわらず、白人の血が二滴でも入っていたら真の黒人とは認めないという〝二滴ルール〟を用いて肌の色の薄い人たちを疎外した。だがその結果、一度は葬ったはずの、薄い肌の色を理想とする考えが復讐心とともによみがえることになった。

一九八八年の映画『スクール・デイズ』で、監督のスパイク・リーはそのような肌の色の濃い「ジガブー」と肌の色の薄い「ワナビー」との戦いを風刺的に描いた。それはジョージア州アトランタの歴史的黒人大学モアハウス・カレッジでの一九七〇年代後半における自身の体験に基づいていた。

ぼくの父は大きなアフロヘアを何年かたつうちに徐々に短くし、母もぼくが生まれる頃には縮れ毛をストレートにしていた。

一九八〇年代、肌の色が薄い子供は、真っ先に養子として引きとられた。高収入の世帯で育ち、公営住宅に入居したり刑務所に収容されたりすることも少なかった。

一九九〇年に大量の人々が刑務所に収容される時代が到来すると、「肌の色が薄い《ライト》ほど、量刑も軽く《ライト》なる」という言葉がアンチレイシズムのあいだでたびたび口にされるようになった。

二〇〇七年、ニュースチャンネルのMSNBCの番組に出演していたドン・アイマスは、「全米大学体育協会（NCAA）」の女子バスケットボール決勝戦のあとで、肌の色の濃い選手が多いラトガース大の選手たちを見て「ちりちり頭のブサイクがいるぞ」と言い、肌の色の薄い選手が多いテネシー大の選手たちを見て「どの子も可愛いな」と言った。

二〇一四年、映画『ストレイト・アウタ・コンプトン』では、エキストラのオーディションでサンディ・アレッセ・エージェンシーが、女性を次のようにランク分けした。「Aガール：本物の髪をしている。Bガール：肌の色が薄い。Cガール：アフリカ系アメリカ人で、肌の色はミディアムからライト、髪の毛はウェーブがかかっている。Dガール：アフリカ系アメリカ人で、肌の色はミディアムからダーク。個性派キャラクター」

その頃、歌手のマイケル・ジャクソンの肌が白くなった。それによってできたこの〝漂白大通り〟ともいうべき道を、肌を漂白したラッパーのリル・キムや野球選手のサミー・ソーサなどが通っていくことになる。

美白製品でアメリカ企業はぼろ儲けだった。インドでは、美白効果を謳《うた》う「フェアネス」クリームの売上げが二〇一四年に二億ドルを超えた。現在では、美白剤を使う女性は、ナイジェリアで七〇パーセント、南アフリカ共和国で三五パーセント、トーゴで五九パーセント、中国、マレーシア、フィリピン、韓国で四〇パーセントもいる。

〝ポスト・レイシャル時代〟の理想を体現するかのように、あるスキンケアの〝中毒〟になっている白人もいる。それは日焼けだ。

二〇一六年、アメリカは、女優のネネ・リークスが「オレンジ色の男」と呼ぶ大統領を選出した。ドナルド・トランプは、毎朝日焼けマシンで身体を焼いているという。

日焼けを好む白人のなかには、自分のことは棚にあげて、肌を漂白している黒人を見下す者もいる。調査によれば、人々は白人が日焼けした〝レプリカ色〟の肌——つまり、薄い人々《ライトピープル》を模倣した色——を、生まれつきの青白い肌や濃い色の肌よりも魅力的だと考えている。

ハーフタイムになった。

マーチングバンドの列が、フィールドの周囲をかこむようにつながった。人間が形づくるそんなに大きな長方形を見たのは初めてだった。バンドのユニフォームのカラーはオレンジとグリーン。ダークでもライトでもない。とてつもない長さの人のつらなりが目の前に美しく広がっている。ぼくは畏敬の念に打たれていた。

フィールドの向こう側で、七人のすらりとした鼓手長が、五メートルほどの間隔を空け、フィールドのなかへゆっくりと歩を進めた。大歓声のなか、スタジアムのアナウンサーのジョー・ブラードが鼓手長の名前を一人ずつ呼ぶ。鼓手長たちはフィールドの中央に到達すると、ぴたりと足を止め、指揮棒を手に優雅に旋回した。太鼓の列が音を鳴らす。鼓手長たちはいったん地面に身を沈め、すっくと立ちあがると、バンドを率いて行進をはじめた。全員がリズミカルに腰を動かしながら、こちらへ前進してくる。観客席のぼくたちは大興奮だ。

「さあ、この国一番のバンドになった彼らを迎えよう！」ブラードがアナウンスするなか、バンドのメンバーは演奏しながら脚を軽々と胸の高さまであげ、フィールドを進んでいく。

「最高の、世界ナンバーワンの、すばらしきバンド、フロリダ農工大学の誇り、マーチング１００の登場です！」

列が一直線になって止まった。メンバーはぼくたちのほうを向き、それぞれが手にした楽器にキスをした。

「お待たせしました、演奏をお聴きください！」

ダーダ、ダ、ダダダダダダ――というドラムの音に続いて、トランペット部隊が、耳をつんざく大きな音で二〇世紀フォックスのファンファーレを響かせた。

そして、ショーがはじまった。メンバーがステップを踏みながら複雑なフォーメーションで動きまわり、デスティニーズ・チャイルド、カール・トーマス、シスコの曲を演奏した。数万人の観客が世界最大の合唱団となって盛りあげる。続くR&Bのバラードが、クライマックスのラップ曲に向けて会場の空気を高めた。バンド全体がそろった動きで脚を蹴りあげ、腰をふり、身体をひねり、跳びあがり、揺れる。バックダンサーも一体となり、観衆はラップを歌った。

これは現実なのか。まるで夢のなかにいるようだった。楽器も弾けないし、踊るのも苦手なぼくには想像もつかなかった。どうやったらあんなに重そうな衣装を着て、こんなに難しい曲を演奏しながら、一糸乱れぬ動きでみごとなダンスを披露できるんだ。

リュダクリス、トリック・ダディ、スリー・6・マフィア、アウトキャスト――バンドはこれら南部のラッパーたちの曲を演奏すると、テーマソングの「グッド・タイムズ」のリズムに合わせてハイ・ステップを踏み、嵐のような拍手がわきおこるなか、フィールドをあとにした。

ぼくは圧倒され、信じられないくらいに高揚していた。それまでの人生で、こんなにも激しく手拍子をしたり、足を踏み鳴らしたりしたことはない。

ハーフタイムが終わると、おおぜいの観客がスタンドから出ていった。お目当てのものを見て、気がすんだとでもいうように。

その二年後のある日、ぼくはルームメイトのクラレンスと早く話したくて、足早に歩いていた。気分は初めてマーチング100を見たあの日のように高揚していた。

キャンパスから少し離れた場所にあるぼくらのアパートに着いた。静かな午後だった。オープンキッチンには汚れた食器がそのまま。クラレンスは自室で課題を仕上げているはずだ。

クラレンスの部屋のドアはあいていたが、礼儀としてそのドアをノックした。

彼は怪訝そうに顔をあげた。もう二年近くも一緒のアパートに住んできたので、ぼくが突然、突拍子もないことを言いだすのには慣れている。クラレンスは、ぼくが今度はどんなことを思いついたのかと身がまえた。

第10章 白人への憎しみ WHITE

反白人のレイシスト　ヨーロッパ系の人々が生物学的あるいは文化的に、また行動面で劣《おと》っていると考え、白人全体をレイシズムの権力《パワー》と結びつける人

二〇〇二年三月のある日、ぼくはクラレンスの部屋の入口にいた。クラレンスは、またいつもの議論がはじまるのだろうと思っていたはずだ。

ぼくたちは性格が正反対だったから、よく意見がぶつかって議論になった。ひねくれ者のクラレンスは、なにも信じようとしないタイプ。だまされやすいぼくは、なんでも信じてしまいがち。レイシズムは、物事をよく考えるタイプではなく、鵜のみにしやすいタイプをカモにする。

「どうした？」クラレンスは尋ねた。

「ついに白人のことが理解できた気がする」とぼくは言った。

「またか。今度はなんだ？」


ぼくは黒人を理解しようとしてFAMUに来た。

「これほど多くの黒人が、前向きな動機をもって集まっているのを見たことがなかった」——入学したばかりのとき、ライティングのクラスで提出したエッセイにぼくはそう書いた。この文は、「世界的に有名なマーチング100の演奏を、それまで聴いたことがなかった」という文と「それは、この大学で初めて観るフットボールの試合だった」という文のあいだにやや唐突に置かれていて、ピントはずれな感じがした。でも、もっとピントはずれだったのはこの文章そのものだった。

なぜなら、この大学に集まったような前向きな動機をもった黒人たちは、ぼくが生まれ育った場所もふくめて、それまでの人生にも身近にいたはずだからだ。それに、この文章は良い黒人とそうでない黒人がいるというような、黒い裁判官《ブラック・ジャッジ》の発想で書かれている。

レイシズムにかぶれると現実が見えにくくなり、歴史を改竄《かいざん》しようとする。自分の歴史ですら。

FAMUの学生寮「ギブスホール」に住みはじめた大学一年生のとき、ぼくの目は、オレンジ色のコンタクトレンズをつけたみたいに、この〝反黒人の人種主義《アンチ・ブラック・レイシズム》〟の考えにおおわれていた。寮の玄関ロビーに入ると、右手には職員が忙しそうに働く、くたびれた感じのオフィスが見える。そこから左前方に伸びる廊下の先にぼくの部屋があった。ロビーの左手前はテレビルームに通じていて、そこではよく、学生寮のバスケットボール派とフットボール派が、激しくチャンネル争いをしていた。バスケットボール派はいつも分《ぶ》が悪かった。

二〇〇〇年一一月七日の夜、テレビルームには争いもスポーツの試合もなかった。それでも、ぼくたちは試合を見ているときのような顔をしていた。

有権者になったばかりのぼくたちは、自分たちの一票がフロリダ州知事ジェブ・ブッシュの兄をホワイトハウスからしめだす結果になることを願いながら選挙結果を見守っていた。フロリダの黒人は、ジェブ・ブッシュがこの年の初めにアファーマティブ・アクション・プログラムを打ち切ったことを忘れてはいなかった。ぼくたちはレイシストのブッシュ一族からアメリカを救うために投票したのだ。

選挙速報がフロリダ州の勝者を伝えようとしていた。投票が締め切られ、少し間を置いて勝利に喜ぶアル・ゴアの顔が画面に映しだされた。

やった。これでゲームオーバーだ。ぼくたちは歓喜し、喜び勇んでテレビルームを飛びだし、寮の部屋に向かって行進した。マーチング１００のハーフタイムショーが終わり、お目当てのものを見て気がすんだかのように。

翌朝、ジョージ・W・ブッシュが一七八四票という僅差でフロリダ州の投票結果をリードしていることを知った。選挙用語で「僅差のため未確定」とされる状況だ。投票数の再集計を監督しているのは、ジェブ・ブッシュに任命された人間だという。

その一一月、選挙での白人の不正がぼくを押しつぶした。当時はスピーチコンテストのときと変わらず、内心ではほかの黒人を見下していた。そんな反黒人の人種主義《アンチ・ブラック・レイシズム》につかっていたぼくですら、やりきれない気持ちだった。その朝、寮の部屋を出たぼくを待っていたのは苦悩の世界だった。

それからの数週間、ぼくはＦＡＭＵの学生やその家族が投票の権利をあたえられなかったという話を直接、間接に見聞きし、関連記事をくりかえし読み、怒り、くやし涙を浮かべた。

黒人の市民が、登録したのに有権者登録カードが届かなかったと苦情を訴えていた。投票場所が変更されていたというケースもあったし、登録カードがなければ投票できないと言われたケースもあった。投票時間が終了した時点で長い列から去るように命じられるといった不当な扱いをされた者や、過去に有罪判決を受けた既決重罪犯は投票できないと言われた者もいた。この年の初め、フロリダ州は五万八〇〇〇人の既決重罪犯を投票者名簿から抹消した。黒人は有権者全体の一一パーセントしかいないが、この除名リストでは四四パーセントを占めていた。抹消された人々のうち約一万二〇〇〇人は厳密には既決重罪犯ではなかった。

だがメディアや選挙関係者は、票が数えられなかったり、間違った方法で数えられたりしたフロリダの有権者のほうに注目しているように見えた。

パームビーチ郡では投票者にとってわかりにくい投票用紙が使用されたために約一万九〇〇〇件の票が無効になり、約三〇〇〇人のゴア票があやまってパット・ブキャナンに渡ってしまったと考えられている。タラハシーに隣接するガズデン郡はフロリダ州でもっとも黒人有権者の割合が高いが、投票が無効になった割合ももっとも高かった。黒人票は白人票に比べて一〇倍の割合で無効になっている。

ニューヨークタイムズ紙の統計分析によれば、この人種間の不公平は、所得や教育の格差、投票用紙のデザインの悪さでは説明できないものだという。

説明できる理由は一つしかなかった。レイシズムだ。ぼくは初め、その現実を容易に認められなかった。

最終的に五三七票というわずかな差で決着がついたこの州の選挙で、合計一七万九八五五票の投票用紙がフロリダ州選挙当局によって無効にされていた。

当時二九歳だった現共和党上院議員テッド・クルーズは、ブッシュの弁護士チームの一員として、実行すればゴアに数万票の上乗せが想定された民主党支持者の多い郡での手動による再集計の要求に抵抗した。そのいっぽうで、共和党支持者が多い郡での手動での再集計をおしすすめ、ブッシュに一八五票の追加票をもたらした。

このホラー映画のような展開に、選挙後、ぼくは何日も恐怖で身動きがとれなかった。でも、FAMUの仲間たちは違った。彼らはぼくにはなかった勇気を、アンチレイシストがもつべき勇気をかき集めた。哲学者が言うように「勇気とは恐れがない状態ではなく、恐れと直面しても正しいおこないをしようとする強さ」だ。抵抗すればどんな仕打ちを受けるかわからないという恐怖心で抑えつけられている者もいた。だが純朴さゆえ、ぼくたちは抵抗を示さなければ自分たちに起こりうることへの——あるいはすでに起こっていることへの——恐れをじゅうぶんに感じてはいなかった。

二〇〇〇年一一月九日、FAMUの勇敢な学生自治会のリーダーたちは、学生二〇〇〇人とともに沈黙の行進をし、キャンパス近くのフロリダ州会議事堂に着くと、座り込み《シット・イン》をおこなった。このシット・インはほぼ二四時間続いたが、学生自治会のメンバーたちによるキャンパスでの魔女狩りは数週間も続いた。彼らは投票をしなかった数千人の学生を見つけだし、投票を求めてデモ行進した人々の話を引き合いに出して、なぜ投票所に行かなかったのかと問いつめた。選挙で自分たちが応援している候補者が負けるたびにくりかえされるこの愚かな犯人捜しに、ぼくも加わっていた。だがこんなふうに投票しなかった者に辱《はずかし》めの罰をあたえるのは、敗北や苦しみの真の原因を無視することだった。実際には、ゴアを勝たせるのにじゅうぶんな数の黒人の有権者が票を投じようとしたのだ。だが、投票を拒否されたり、票を無効にされたりした。

レイシズムの思想はよく、こうした愚かな心理的逆転現象をまねく。犠牲になった人種が、犠牲になったことで責められるのだ。

二〇〇〇年一二月一二日にアメリカ最高裁がフロリダ州の再集計を中止する判決を下したとき、もはやこの国は民主主義国家だとは思えなくなった。その翌日、正式に落選が決定したゴアが、黒人票を奪いとったブッシュに大統領の座を明けわたすのを白人の民主党議員たちが指をくわえて見ていたとき、ぼくの頭に日曜学校で教わった二元論的な考えがよみがえった。善と悪、神と悪魔――。

その冬、ブッシュが大統領に就任するなかで、ぼくは白人を憎むようになっていた。


白人はぼくにとって悪魔になった。でも、それがなぜなのかを考える必要があった。ぼくは、イライジャ・ムハンマドの一九六五年の著書『アメリカの黒人へのメッセージ *Message to the Blackman in America*』の第一章「悪魔はいかにしてつくられたか *The Making of Devil*」を読んだ。

ムハンマドは一九三四年から一九七五年に没するまで、伝統的なイスラム勢力からは異端とされることの多い、アメリカにあるイスラム教組織の新派「ネーション・オブ・イスラム（NOI）」を率いていた。

ムハンマドが信奉していた神学によれば、六〇〇〇年以上前、この世には黒人以外の人間はいなかった。あるときヤカブという邪悪な黒人科学者が現れたが、五万九九九九人の信奉者とともにエーゲ海の島に追放された。ヤカブは復讐を計画し、「地上に悪魔の種族をつくろうとした」。ヤカブは追放された島で、残忍な選択的繁殖のルールを定めた。それはいわば優生学とカラーリズムの融合だった。肌の色の濃い赤子が生まれるとすべて殺し、肌の色の薄い者に繁殖を強制した。ヤカブが死ぬと、信奉者があとを引きついでこの慣例を続けた。やがて、肌の色の濃い種族から茶色い種族がつくられ、茶色い種族から赤色の種族がつくられ、赤色の種族から黄色い種族がつくられ、黄色い種族から白い種族がつくられた。六〇〇年後、「このパトモス島には、金髪、青白い肌、冷たく青い瞳をした悪魔――つまり野蛮人」しかいなくなった。

これらの白人たちはやがて本土に侵入し、平和な地上の楽園を争いと暴力で引き裂き、地獄に変えた。黒人の権力者たちは白人の犯罪者を鎖につないで、ヨーロッパにある洞窟監獄まで行進させた。

洞窟監獄に放置された白人たちについて、ネーション・オブ・イスラムの神学者はこう考えていた。聖書には「モーセが荒野で蛇《へび》をかかげた」というエピソードがあるが、その「蛇とは、モーセがヨーロッパの洞窟からすくいあげた悪魔の白人種族の象徴であり、「モーセは」彼らに文明を教え」、その後の六〇〇〇年間、世界を支配させたというのである。

白人による支配が本当に六〇〇〇年もあったかどうかは別として、ネーション・オブ・イスラムが描く白人の歴史は、かつてぼくが通っていたレイシズム思想をもつ白人の学校で聞きかじった黒人の歴史と奇妙なほど似ているように思えた。

ネーション・オブ・イスラムの神学では白人が洞窟監獄にいるが、レイシズムの思想では黒人がアフリカの荒野にいる。ネーション・オブ・イスラムの神学ではモーセが白人を教化するが、レイシズム思想では白人の奴隷所有者や農園主が黒人を教化する。

レイシズムの考えでは、黒人――とアフリカ――が白人同様に〝文明化される〟前に奴隷制度と植民地政策が終わってしまった、ということになる。いわく、教化されなかったために、黒人は犯罪に手を染めるようになり、先進国の法に基づき、警官によってリンチされ、隔離され、大量に逮捕されているのだと。発展途上の黒人国家は、ヨーロッパの旧宗主国からのあの手この手の支援を受けているにもかかわらず、汚職や民族間紛争、能力不足におちいり、貧しく不安定な状態から抜けだせないでいるのだと――。ネーション・オブ・イスラムが描く白人の歴史は、レイシストが描くこのような黒人の歴史とそっくりだ。虐《しいた》げられる人々が白人か黒人かという違いがあるだけだ。

ネーション・オブ・イスラムの神学によれば、第一次世界大戦中に、神はウォレス・ファード・ムハンマドという男として地上に現れた。ファードは一九三一年、アメリカにおける「失われたイスラム教国家」を救うという神の使命のもと、イライジャ・ムハンマドをアメリカに送りこんだ――この真実の歴史を伝え、黒人たちを救済するために。

大学の寮の部屋で初めてこの物語を読んだとき、全身にじっとりと汗をかいた。めまいがして、怖くなった。木に登り、禁断の果実をもぎとって食べたような気分だった。小学三年生のときに白人教師に虐げられた記憶が、突然、森のなかで汽笛を鳴らして爆走する機関車のようによみがえった。

だけどぼくの心はまだ、フロリダの二〇〇〇年の選挙を台無しにした白人たちに向けられたままだった。黒人の有権者は、白人警官によって脅迫され、白人の投票所職員によって投票所から追い返され、白人の州職員によって有権者名簿から名前を抹消された。白人の弁護士や裁判官が、黒人に対する弾圧を擁護した。ゴアは敗戦を認めるスピーチで「国民の団結力と民主主義の強さのために」という言葉を使ったが、同じ言葉を口にする白人政治家たちはみな、ブッシュの選挙での横暴を許しているのと同じだった。白人たちは国民全体の団結力や民主主義に関心などなく、白人の団結力と白人のための民主主義だけを気にしているようにしか見えなかった。

ぼくは寮の部屋に横たわり、天井を見つめた。心のなかで、ブッシュの大統領当選を画策したあくどい白人たちに対する怒りが渦巻いていた。

イライジャ・ムハンマドが語る白人創造の物語は、ぼくにとって荒唐無稽なものとは思えなかった。それは半世紀前にマサチューセッツの刑務所にいた若い黒人の囚人にとっても同じだった。その男は、計算高く、攻撃的で、変わり者で、周囲から「サタン」と呼ばれていた。

男の出生名はマルコム・リトル。一九四八年のある日、面会に訪れた弟のレジナルドから、「白人は悪魔だ」と聞かされた。独房にもどると、目の前に幾人もの白人の姿が浮かんできた。活動家の父親をリンチし、活動家の母親を精神病院送りにし、きょうだいを引き裂いた。弁護士になりたいという夢を「黒人のおまえには現実的な目標ではない」と馬鹿にされ、アメリカ東部の鉄道の車内で侮辱され、警察に罠《わな》にはめられ、白人の女性とつきあっていたという理由で強盗罪の量刑を八〜一〇年と重くされた。

兄と同じように差別に苦しんでいた弟は、すでにネーション・オブ・イスラムに改宗していた。兄もすぐにネーション・オブ・イスラムに入信し、名前をマルコム・リトルからマルコムXに変えた。マルコムXは一九五二年に出所すると、その圧倒的な演説と統率力で、イライジャ・ムハンマドが創設したネーション・オブ・イスラムの成長に貢献した。突如として復活したネーション・オブ・イスラムはメディアの注目を集め、一九五九年にルイス・ローマックスとマイク・ウォレスが製作したネーション・オブ・イスラムに関するドキュメンタリー番組『憎悪が生んだ憎悪 *The Hate That Hate Produced*』がＣＢＳで放映されると、マルコムＸの名は一躍、世間に知れわたった。

だが、一九六四年、マルコムＸはネーション・オブ・イスラムを脱退する。メッカ巡礼をきっかけに正統派イスラム教に改宗し、名前も「エル＝ハジ・マリク・エル＝シャバズ」に改名した。

メッカから故郷に宛てた四月二〇日付の手紙では、「このいにしえの聖地で、あらゆる肌の色や人種の人々がおこなう真の兄弟愛としての心打たれる精神は、（略）わたしがそれまで見たことがないものだった」と書いている。数日後の手紙では、彼は「［白人についての］それまでの考えを捨てはじめた。（略）このような言葉がわたしから出てくることにショックを受けるかもしれない。だが、（略）わたしはつねに事実と向きあい、新しい経験や新しい知識が切りひらく人生の現実を受けいれようとしてきた」。

一九六四年九月二二日、マルコムはその改心が間違っていないことを証明するかのように、「わたしはイライジャ・ムハンマドのレイシズム的な哲学を全面的に拒絶する。彼は〝イスラム〟という言葉を、わたしをふくめ、従順な人々をだまして悪用するためだけに使った」と書いた。「だがわたしは自分が愚かだったことについて、そして愚かな布教活動によって他人にあたえた害について、自分以外のほかのだれも責めたりはしない」

これはマルコムＸが暗殺される数カ月前のことだ。彼は、自分を崇拝する多くの人々がいまだに避けようとしている事実に向きあっていた。それは、黒人は白人に対してレイシズム的でありうるということだった。

ネーション・オブ・イスラムの〝悪魔のような白人〟という考えもその典型例だ。ヨーロッパ系の人々が生物学的、文化的、行動的に劣っていると考えたり、白人全体を問題のある一つの集団と見なしたりするのは、レイシズム思想の表れだ。


もし白人に悪いところがあるとすれば、レイシズムの考え方やポリシーを受けいれていながら、それをレイシズムだと認めないことだ。

たしかに白人は、これまでにおびただしい数の先住民やアフリカの民を虐殺し、世界中を植民地化し、有色の人々から搾取して自国を豊かにし、同時に犠牲者を貶《おとし》めるレイシズム思想を生みだしてきた。その事実を無視しろということではない。ぼくが言いたいのは、白人の略奪の歴史を、白人の邪悪な遺伝子や文化がもたらしたものと見なしてはいけないということだ。

白い遺伝子などというものは存在しない。近代帝国や〝人種資本主義〟(詳しくは後述)における、好戦的で、強欲で、偏見に満ちた、個人主義的な文化は、白人の文化とは切りはなされなければならない。白人はみな均一で一括《ひとくく》りなのではない。その証拠に、白人のなかにも抵抗運動が起きることがある。だがそういった白人の抵抗運動は往々にして、レイシズム的な考えによって抑えこまれてしまう。

アンチレイシストであろうとする者は、世界にはびこる白人によるレイシズムを、白人そのものと混同しない。

アンチレイシストであろうとする者は、白人によるレイシズムをきらうアンチレイシストと、白人を一括りにしてきらうレイシストを混同しない。

アンチレイシストであろうとする者は、レイシストと白人を混同しない。白人のなかにもアンチレイシストはいるし、有色の人々にもレイシストはいることを知っているのだから。

アンチレイシストであろうとする者は、白人を一括りにしない。一般的な白人は、有色人種を踏みつけにすることもあるが、頻繁にレイシズムパワーの被害を受けてもいる。たとえば、ドナルド・トランプの経済政策は、一部の特権的な白人男性のみを裕福にするものだ。そのために白人以外はもちろん、トランプを支持する中流以下の白人男性までもが犠牲を強いられ、生活が苦しくなっている。

レイシズムパワー（レイシズムポリシーを制定する権力者）と白人はイコールではない。レイシズムパワーは数十年にわたって、賃金を低く抑え、労働組合を壊し、銀行や企業の規制を緩和し、学校教育に充《あ》てるべき予算を刑務所や軍事用の予算に充ててきたが、こういったことには一部の白人も反発している。

白人の富裕層が富を独占することで生じた経済の不公平に対しては、大きな抗議運動も起きている。二〇一一年には、「ウォール街を占拠せよ」と呼ばれる、白人をふくむ人々による抗議運動があった。あのときのキャッチフレーズは、われわれは人口比一パーセントの金持ちではない、「九九パーセントの人間だ」というものだった。

二〇一六年には、白人の支持者も多いバーモント州の上院議員バーニー・サンダースが〝億万長者階級〟に対抗することをかかげて大統領選挙キャンペーンを展開し、注目を集めた。

もちろんレイシストではない普通の白人も、レイシズムポリシーから利益を得ている。だがその利益は、レイシズムパワーが手にする利益や〝白人にとって公平な社会〟において彼ら普通の人々が手にする利益とは比べものにならないほど小さい。

ここでいう〝白人にとって公平な社会〟とは、白人間に格差がなく、普通の白人有権者も、選挙のありようを決めることやポリシーの形成において、富裕層の白人男性と同じ価値の一票をもつような社会だ。一般的な白人の子供が通う私学の施設や教育内容が、富裕層の子供が通うリッチな一流校に負けないほど充実している社会だ。質の高い国民皆保険制度によって、何百万人もの白人の命が救われる社会だ。白人が性レイシズムの周辺にある差別や民族中心主義、同性愛嫌悪、搾取などの攻撃で襲われる心配など無用の社会だ。

このような公平な社会が実現されたとき、もっとも多くのものを失うのは、いま富や資源《リソース》を独占しているレイシズムパワーだ。

すでに説明したように、レイシズムパワーはその私利私欲からレイシズムポリシーを生みだし、そのポリシーを正当化するためにレイシズムの思想を生みだす。レイシズムは、不公平は〝個人の努力不足〟から生じたもので、レイシズムポリシーとは無関係だと一般の白人を納得させ、現状の不利益なポリシーへの抵抗をさまたげようとする。レイシズムパワーは「平等化のためのポリシー」によって一般の白人が失うもののことや、平等化ポリシーがいかに反白人的であるかを、くりかえし示す。そうやって、一般の白人が平等化ポリシーの実現に抵抗するようにしむけるのだ。

結果として、二〇一七年、白人のほとんどは反白人的な差別を深刻な問題だと認識していた。「求人に応募しても、黒人に最初のチャンスがあたえられる」とオハイオ州在住の六八歳、ティム・

ハーシュマンはＮＰＲ（ナショナル・パブリック・ラジオ）の記者に語った。アフリカ系アメリカ人は不公平なほど優遇されていて、「白人にとって状況は悪くなるいっぽうだ」という。ハーシュマンは黒人のライバルに負けたことに不満をもっていたが、実際その仕事についたのは別の白人だった。

アンチレイシズムは反白人主義だという批判は、公民権運動と同じくらい古くからある。一八六六年に連邦議会が可決した（最初の）公民権法は、黒人を合衆国の市民とし、その公民権を規定し、「州法は人種に基づいて人々の権利を奪うことはできない」と定めた。しかしアンドリュー・ジョンソン大統領はこれを、「白人種に対抗する有色人種にとって有利につくられた法案」と呼びかえた。

一世紀後、一九七八年にウォールストリート・ジャーナル紙に掲載されたロバート・ボーク元アメリカ訟務長官の言葉を引用すれば、アメリカのレイシストは、採用における各種の差別を是正していこうとするアファーマティブ・アクションの支持者を「逆差別をする筋金入りのレイシスト」と見なすようになった。

二〇一三年に黒人女性のアリシア・ガーザがフェイスブックに「ブラック・ライブズ・マター（黒人の命は尊重されるべきです）」と書きこみ、この熱い訴えが二〇一五年に「ＢＬＭ運動」と呼ばれるまでに大きく発展したとき、ルディ・ジュリアーニ前ニューヨーク市長はこの運動を「本質的にレイシズム的」と呼んだ。

レイシストの白人は、「人種的不公平」をもたらしているレイシズム的なヒエラルキーやポリシーを、レイシズムだと認めたがらない。そんなことをすれば、みずからの思想やポリシーがレイシズムだと認めることになるからだ。

その代わりに彼らは、〝白人にとって不利なポリシー〟をレイシズムと定義する。つまり、白人の命《ホワイト・ライブズ》を中心に考えられていない思想はレイシズムになるのだ。

自分たちの命がすべての中心にすえられないことなど想像もできないレイシストの白人はいらだち、「ブラック・ライブズ・マター（黒人の命は大事だ）」に対して「オール・ライブズ・マター（どんな人の命も大事だ）」と応答する。

人種プロファイリング〔容疑者の絞りこみに人種、民族、宗教、出身国などの情報を利用する捜査方法〕や残忍な行為をする権利を失うことなど想像もできない警官は、「ブルー・ライブズ・マター（警察の命も大事だ）」と応答する。

権力者ではない一般的なレイシストの白人は、レイシズムパワーの手先となる。毎日、そうした白人からレイシズム的な虐待を加えられる有色人種は、彼らを憎まずにはいられなくなる。反白人のレイシズムはたいてい、白人によるレイシズムが先にあり、それに対する反射的なものとして生じる。その意味で、反白人のレイシズムは、憎悪から生まれた憎悪だ。白人によるレイシズムの犠牲者にすれば、白人への憎悪をたぎらせることには抗《あらが》いがたい魅力がある。

ところが、こうした反白人のレイシズムは、レイシズムパワーをより栄えさせることになる——レイシズムパワーは、人種間の憎しみが増すほど大きくなるからだ。大学一年生のときのぼくがそうだったように、黒人が白人のレイシズムに反発し、一般的な白人への憎悪をたぎらせても、それはレイシズムパワーやレイシズムポリシーメーカーと闘っていることにはならない。レイシズムパワーを見る焦点がぼけてしまうと、反黒人的なポリシーに異議を唱えられず、このポリシーをさらに強めてしまうことになる。狙うべきはレイシズムパワーなのに、白人全体を標的にしていては、黒人の命をおびやかすポリシーを止めることができない。

反白人のレイシズムは、レイシズムパワーに向けるべき反撃の焦点をぼやかしてしまう。結果、レイシズムを利することになるという意味で〝反黒人的〟である。権力を憎まずに白人全体を憎むことは、結局は黒人を憎むことと変わりがない。

逆もまた真なりで、黒人を憎むことは、結果として白人を憎むことと変わりがない。

二〇一三年一〇月一五日、アーカンソー州ハリソン（クー・クラックス・クランの拠点があるとされる地域の一つだ）の主要道路近くに、幅四メートル弱、高さ七メートルの巨大な看板が設置された。アラバマからオレゴンまでの主要道路わきの看板にも同じものがかかげられた。ドライバーたちが目にしたのは、黄色の背景に太い黒文字で書かれた、「アンチレイシズムは反白人主義の暗号」というフレーズだった。

このフレーズは、白人至上主義者ロバート・ウィテカーが、二〇〇六年に発表した「ザ・マントラ」と題した檄文《げきぶん》のなかで用いたものだ。「ザ・マントラ」は、有色人種やユダヤ人を憎み、ウィテカーが主張する「われわれ白人に対して進行中の大量虐殺計画」を恐れる「群衆」の〝聖典〟となった。ウィテカーは、二〇一六年にアメリカ自由党から副大統領選に出馬している。

歴史は、ウィテカーの「ザ・マントラ」の内容とは違っている。だが白人至上主義者たちは相変わらず、レイシズムパワーにのみ利益をもたらし、大多数の白人の利益をそこなうレイシズムポリシーを支持している。

たとえば白人至上主義者は、白人に好意的だと自称しているが、気候変動が白人の住む地球に壊滅的な被害をあたえていることを認めようとしない。白人女性がおもな受益者であるにもかかわらず、アファーマティブ・アクションに反対する。二〇一〇年から二〇一五年にかけて健康保険に加入できた人の四三パーセントが白人だったにもかかわらず、オバマケアに激怒する。世界大戦を引きおこし、四〇〇〇万人以上の白人の命を奪い、ヨーロッパに大打撃をあたえたアドルフ・ヒトラーのナチスを称賛する。

白人至上主義者は、南軍の旗をふり、その記念碑を守る。南北戦争で五〇万人以上（これはアメリカが戦ったほかのすべての戦争の戦死者の合計より多い）の白人の命が失われ、その戦争をはじめたのが南軍であるにもかかわらず。

この国は昔もいまと変わらず苦しむ白人であふれていたのに、白人至上主義者は、古きアメリカのみを愛する。みずからが支持するトランプの政策は、すでに裕福な白人への優遇であって、多くの一般的な白人を苦境に追いやっているという客観的な分析結果がどれだけ示されても、白人がつらい思いをしているのは有色人種のせいだと非難する――。

こう考えてくると、白人至上主義こそ〝反白人主義の暗号〟ではないか。それは〝白人に対して進行中の大量虐殺計画〟にほかならない。いや、それ以上だ。白人至上主義は、〝反人間主義の暗号〟であり、人類の存続をおびやかす、いわば〝核兵器〟のようなものだ。

大学二年生になっても、ぼくの白人への憎しみは薄れなかった。

9・11同時多発テロのあと、反ムスリムと反アラブの憎悪が嵐雲のように国を満たしていた。翌二〇〇二年の春、アメリカ人はイスラム教徒への憎しみが強まったことになんの問題も感じていなかった。ぼくも、自分の白人への憎しみが強まっていることになんの問題も感じていなかった。正当化の理由は同じだった――「やつらは暴力的な悪人で、われわれの自由を憎んでいるからだ」。

ぼくは〝白人の悪〟を説明する理由を探し求めてさまざまな書物を読みあさった。そして、セネガルの学者シェイク・アンタ・ジョップの「二つの揺りかご理論」に出会った（ジョップの研究には、古代エジプト文明へのアフリカ黒人文化の影響を扱ったアンチレイシズム的なものもあるが、そのことを知ったのはずっとあとだ）。

ジョップはこの「二つの揺りかご理論」で、ヨーロッパ人の揺りかごである北方地域の厳しい気候と乏しい天然資源が、野蛮さ、個人主義、物質主義、好戦性などの白人の特性の源となり、世界に破滅をもたらしたと主張した。

同じく、アフリカ人の揺りかごである南方地域の快適な気候と豊富な資源が、集団主義、精神性、平等、平和などのアフリカ人の特性の源になり、世界に文明をもたらしたと主張した。

ぼくはこのジョップの環境決定論をマイケル・ブラッドリーの同様の環境決定論と組み合わせて考えていた。ブラッドリーは『アイスマンの遺産 *The Iceman Inheritance*』のなかで、白人の冷酷さは氷河期の環境がもたらしたものだと述べている。しかしぼくは、白人の悪についてどうしても生物学的な理論がほしかった。

なにかを考えるとき、なにを問題としてとらえるか――だれを問題としてとらえるか――によって、答えはおのずと決まってくる。ぼくは白人が悪であると決めつけ、その理由を裏づける生物学的理論を探していた。

そしてその答えを、精神科医フランシス・クレス・ウェルシングが書いた『イシスの書：有色人種への鍵 *The Isis Papers: The Keys to the Colors*』のなかに見いだした。

その本のなかでウェルシングは、白人は世界の人口比率からするとマイノリティであり、白人が、「人数でおよばず、肌の色について劣等感を抱いていること」が原因で、「制御できないほどの敵意と攻撃性」が引きおこされている、と述べた。ウェルシングによれば、白人はみずからの遺伝子が絶滅するのをふせごうとしている。かたや、メラニン色素の多い「有色人種は、（略）色をもたない白人をつねに滅ぼそうとする」のだという。

皮肉にもウェルシングの理論は、欧米の白人至上主義者たちが最近「白人の大量虐殺」への恐れとして表現している、遺伝的な消滅の恐怖を反映している。

白人の大量虐殺という考えには長い歴史がある。優生学者のロスロップ・スタッダードの著書『白人優位の世界に対する有色人種の台頭 *The Rising Tide of Color Against White World-Supremacy*』は、一九二〇年時点でベストセラーだったのだ。

ぼくはウェルシングの著作をむさぼるように読んだが、メラニン色素が黒人に超能力をあたえているわけではないことを知ってがっかりした。結局バイレイシャルな人々のなかで黒人のアイデンティティのほうが優位であるという考えをもたらしたのはレイシズム的な「一滴ルール」であり、遺伝的差異やメラニンの超能力ではなかった。ぼくの探求は続いた。

＊＊＊

ぼくがその日、クラレンスの部屋の扉をノックしたのは、ウェルシングの「色の対立理論」を議論するためでも、ジョップの「二つの揺りかご理論」について議論するためでもなかった。すでにこれらの理論は何度も鼻で笑われていた。

ぼくは、別の理論について話そうとしていた。ついに最終的に白人を解明できたと思えた理論だ。「やつらは宇宙人だ」ぼくは自信ありげに腕を組んで戸口に寄りかかり、クラレンスに言った。「ついさっき、その証拠を示すドキュメンタリー番組を観たんだ。やつらが白人至上主義に傾倒してるのも、良心をもっていないように見えるのも、すべて説明がつく。白人は宇宙人なんだ」

クラレンスは無表情で聞いていた。

「本気で言ってるわけじゃないよな」

「本気も本気さ。これで白人が奴隷制度や植民地化をおしすすめた理由も説明できる。ブッシュ一族が悪党である理由も、白人が他人を気づかわない理由も、ぼくたちをきらう理由もね。あいつらは宇宙人なんだ！」

ぼくは戸口から離れ、完全な議論モードに入った。

「どうやら真剣なんだな」クラレンスがくすりと笑った。「ここまで馬鹿げた考えを聞いたのは初めてだ。おれはおまえがそこまでだまされやすい人間だとは思っていなかったよ」

さっきまでの笑みが、険しい表情に変わった。

しばらく間を置いてから、クラレンスが言った。

「なぜおまえは白人を理解することにそんなに時間を費やしてる？」

以前にも同じ質問されたことがあった。

ぼくはいつもと同じように答えた。

「大切なことだからさ。ぼくたち黒人は自分たちの敵をよく理解する必要があるだろ」

「そうかよ。だけどいいか。もし白人が宇宙人なら、なんで白人と黒人のあいだに子供が生まれるんだ？　人間はこの星の動物とは繁殖できないのに、黒人は別の星から来た宇宙人となら繁殖できるのか？　おい、正気にもどれよ。現実を見るんだ」

「見てるさ」そう答えたが、もう反論できなかった。

ぼくは立ちあがり、ぎこちなくクラレンスに背を向けると、自分の部屋に向かい、ベッドの上に寝ころんで天井を見つめた。もしかしたら、白人は宇宙人じゃないのかもしれない。もしかしたら、やつらは地球上で誕生したのかもしれない。ウェルシングの本をもっとよく読むべきかもしれない。

ぼくはナイトテーブルの上にある『イシスの書』に目をやった。

＊
＊
＊

二〇〇三年の秋。クラレンスはすでに卒業していた。ぼくは自分の考えを世界に向けて発信しようと決め、ＦＡＭＵの学生新聞ファミュアンに人種に関するコラムを寄稿し、執筆活動を開始した。

二〇〇三年九月九日には、黒人に〝自分自身でありたいがために白人をきらうのをやめよう〟と呼びかける記事を書いた。でも実際は、その呼びかけは自分自身に対してのものだった。

「白人の横暴さという嵐にのみこまれ、憎しみの竜巻に囚われている黒人の気持ちはよくわかる」。

ぼくは記事にそう書いた。だが実際には自分がその竜巻に囚われていた。ウェルシングの『イシスの書』に触発され、「ヨーロッパ人は別種の人間である」とも書いていた。ぼくはあやまった考えから逃れられずにいた。

ぼくのその記事は、白人は「世界人口の一割しかおらず、劣性遺伝子をもっている」、だから絶滅の危機に直面していて、「ぼくたち黒人を滅ぼそうとしている」という論法だった。「ヨーロッパ人は生き残ろうとしているだけだ。ぼくはそれを理由にして彼らを憎むことはできない」

この記事は大学のキャンパスがあるフロリダ州タラハシーで話題になり、白人の読者を警戒させた。

脅迫は身近なところにまでおよんできた。ルームメートのデヴァンやブランドン、ジーンからは、冗談半分で「ＫＫＫ《クラン》に気をつけろよ」と言われた。ＦＡＭＵの新学長フレッド・ゲイヌスには呼びだされて説教されたが、「あんたはジェブ・ブッシュの金魚のフンだ」と言い返してやった。

インターンシップをしていたタラハシー・デモクラット紙の編集長からも呼び出しを食らった。ジャーナリズムの学位を取得して卒業するためには、必須とされていたこのインターンシップを最後までやりとげる必要があった。

恐るおそるオフィスに入った。インターンシップの終わりに、つまり自分の未来の終わりに足を踏みいれたような気がした。

そしてたしかに、この日、ぼくのなかでなにかが終わった。

第11章 黒人のレイシスト BLACK

無力だからという自己弁護《パワーレス・ディフェンス》

権力《パワー》がない黒人はレイシストにはなりえないという、錯覚に基づいた、隠されがちな、人から力を奪うレイシズム的な考え方

編集長のオフィスに足を踏みいれた。この二〇〇三年の秋、タラハシー・デモクラット紙の編集長ミゼル・スチュアートの姿を見るたび、背が高く、スリムで、肌の色の薄い黒人の俳優クリストファー・ダンカンの姿が思いうかんだ。この編集長のエネルギッシュな雰囲気は、コメディ番組『ジェイミー・フォックス・ショー』でダンカンが演じたキャラクター、ブラクストンによく似ていた。

ぼくが腰かけると、座っていたスチュアートが自分の椅子をくるりとまわしてこちらを向き、「例の件について話そう」と言った。

スチュワートは例の〝白人は絶滅の危機〟という記事についてぼくをとがめた。だが、ぼくが反論したものだから面食らって、矢つぎ早に批判をくりだしてきた。ぼくはとり乱すことなく議論を続けた。彼も負けじと応酬した。ぼくは黒人のことを問題視していた。でもスチュアートは、ぼくの心の奥底では白人の悪に対する思いがうずいていることに気づいていた。

ふとスチュアートが黙った。なにかをじっくりと考えている。ぼくは対決するつもりなどなかった。できるかぎり相手に敬意を払いながら、自分の身を守るだけだった。なにしろ向こうは、こっちが卒業できるかどうかのカギを握っている。

「あのな、おれはいい車に乗ってるんだ」スチュアートがゆっくりと言った。「なのに、警官に車を止められて、ニガーどもと同じ扱いをされるのが嫌でね」

ぼくは音を立てずに深く息を吸い、唇を内側に巻きこんで、ここでなにか言っちゃだめだと、心のなかで自分に言い聞かせた。〝ニガーども〟という言葉が、ぼくたちのあいだの空中に浮かんでいる。互いの真意を探るように、目が合った。

スチュアートはぼくの反応を待っている。ぼくはなにも言わなかった。

できることなら立ちあがり、スチュアートを指さして叫びたかった。自分を何様だと思ってるんだ？　彼が答えるのをさえぎり、こう続けてやりたかった。自分をニガーだと思っていないのか。なんで彼らはニガーでおまえはニガーじゃないんだ？　ぼくも〝ニガーども〟の一人か？　ぼくは心のなかでスチュアートに向かって毒づいていた。

スチュアートは〝ニガーども〟とは距離を置き、彼らを人種化し、見下していた。軽蔑の対象は、人種的な偏見からスチュアートの車を停止させて尋問をした警察官ではなく、〝ニガーども〟だった。

一九九六年のHBOのスペシャル番組『ブリング・ザ・ペイン』に出演したスタンダップ・コメディアン、クリス・ロックほど、〝あいつらニガーども（them niggers）〟という人種的な概念を大衆に広めた者もいない。

ロックは番組の冒頭で、まずはO・J・シンプソンの評決に対する白人の反応をあざ笑い、アンチレイシズム的な空気をかもしてから、話題を黒人と、「おれたち自身の南北戦争」に変えた。

「おれは黒人は大好きだ。でもニガーはきらいだ」

耳慣れたフレーズだった――ぼくも内に対立する意識をかかえ、これと同じような結論に行きつくことがよくあった。そして二〇〇〇年の大統領選挙後には、ぼくはこのフレーズに自分でもう一つつけくわえた。「黒人は大好きだ。でも、ニガーと白人はきらいだ」

たしかにヒップホップ・アーティストは「ニガー（nigger）」を「ニガ（nigga）」と発音してやや親しみのあるイメージにしたかもしれない。それでもこの言葉は、黒人だけでなくそれ以外の人間が口にするときも、侮蔑的な意味をもちつづけていた。クリス・ロックは黒人みずからが「ニガー」という人種集団を再生産することに手を貸してしまった。そして、人種をつくりだそうとする者たちすべてがそうしてきたように、この集団にいくつかの使いふるされた特徴を当てはめた。

ロックは並べたてた。

「ニガー」はいつも黒人が楽しい時を過ごすのを邪魔する。ニガーはうるさい。いつもしゃべっていて、子供の面倒をちゃんとみているとか、刑務所にぶちこまれていないことくらいで褒めてくれと言ってくる。「最悪なのは、ニガーは無知でいるのが大好きってことだ」とロックはからかった。

「ニガーにとっての本は、スーパーマンの弱点のクリプトナイトみたいなものだ」。

続けてロックは「メディアが印象操作して黒人を悪者に仕立てあげようとしている」というアンチレイシズムの主張をしりぞけた。そんなのたわごとだ！　悪いのはニガーだ。ATMで現金を下ろすときも、「おれはふりかえってマスコミの姿を探したりなんかしない。ニガーがいないかどうかを確認するね」。

ぼくたちは笑った。ロックが〝ニガーは黒人と同じではないという偉大な真実〟を語ってくれたからだ（ロックは、一八六一年に南部連邦の副大統領アレクサンダー・スティーブンズが述べた「黒人は白人と同じではないという偉大な真実」という有名な言葉をネタにしたのだ）。

レイシストの白人は、個々の黒人の特徴をたくみに一般化しようとする。ぼくたちは、黒人を一人の個人として扱おうとはしない。〝なかには悪いことをする者もいるが、目の前にいる黒人がそうだとはかぎらない〟とは考えようとしない。代わりに、ニガーという集団のアイデンティティをつくりあげる。こうしてヒエラルキーがつくられる。ある人種を再生産するというのは、つねにこういうことなのだ。しかもぼくたち黒人はそこに〝白人から黒人全体をまとめてニガー呼ばわりされると怒る〟という厚かましく偽善的な態度まで加えた（のちにロックは、白人の観客たちがあまりにも大笑いしているのを見て、このお決まりのニガーネタを封印した）。

騒々しい黒人を見たとき、アンチレイシストなら、それを人種とは無関係の単なる騒々しい人だと見なす。だが、黒人であるぼくたちはつい、そのネガティブな行動を人種化し（人種特有のものととらえ）、騒々しさをニガー全体に結びつけてしまう。それはレイシストの白人と変わらない、レイシストの黒人だ。

育児放棄する黒人の親を見たとき、アンチレイシストなら、それを人種とは無関係に単なる怠慢な親だと見なす。だが、ぼくたち黒人のなかにはつい、そのネガティブな行動をニガー全体に結びつけてしまう者がいる。

黒人の犯罪者を見たとき、アンチレイシストなら、それを人種とは無関係の単なる犯罪者と見なす。だが、ぼくたちはつい、そのネガティブな行動をニガー全体に結びつけてしまう。

怠け者の黒人を見たとき、アンチレイシストなら、それを人種とは無関係の単なる怠け者と見なす。だが、ぼくたち黒人のなかにはつい、そのネガティブな行動をニガー全体に結びつけてしまう者がいる。

これらはすべて人種化であり、それはレイシストの白人と同じように、レイシストの黒人がすることだ。

にもかかわらず、ぼくたちは「自分はレイシストではない」と考えている。レイシストの白人と変わらない、レイシストの黒人であるにもかかわらず、だ。

クリス・ロックが黒人をジョークのネタにするようになったのは、ミレニアムの変わり目だった。その頃、黒人の多くが、内心の同化主義とアンチレイシズムの葛藤に苦しみ、白人のレイシストが白人と黒人を区別するように、自分たちと〝ニガーども〟を区別していた。ぼくたち黒人は、黒人の優れた能力を見るときはとても誇らしくなってアンチレイシズム的になり、自分が〝ニガーども〟と一緒にされたときは恥ずかしさのあまりレイシズム的になった。

ぼくたちは自分たちが直面しているレイシズムポリシーには気づいていたが、〝ニガーども〟が直面しているレイシズムポリシーについては無知だった。ぼくたちの〝反黒人的な〟レイシズムはまぎれもなく「ブラック・オン・ブラック」の犯罪だったのに、それには目をつぶり、同じ人種内で〝ニガーども〟を犯罪者扱いしていた。

二〇〇三年、ぼくがタラハシー・デモクラット紙の黒人編集長のオフィスに呼ばれたその年のある世論調査で、五三パーセントの黒人の回答者が、黒人の仕事や収入、住宅事情が白人より劣っている原因は「レイシズム以外のなにかである」と回答した（一〇年前は四八パーセントだった）。いっぽう、そのような人種間格差の原因は「おもにレイシズムである」と答えた黒人の回答者は四〇パーセントにとどまった。オバマ政権下の二〇一三年の同じ調査では、人種間格差の原因は「おもにレイシズムである」と回答した黒人はさらに減って三七パーセント。白人の八三パーセント、黒人の六〇パーセントが、格差の原因は「レイシズム以外のなにかである」と回答した。

この数字は、レイシズム思想の内面化が進んだことを示している。

だがオバマ就任後も、テレビでは黒人に暴力をふるい、不条理にも無罪放免される警官のことを報じるニュースが流されつづけ、「ブラック・ライブズ・マター」のムーブメントがじわじわと盛りあがっていった。やがてトランプ政権でレイシズムが台頭してくるなかで、黒人たちはレイシズムの現実に目を向けはじめた。

二〇一七年には、〝黒人が格差に苦しむ理由はおもにレイシズムである〟というアンチレイシズム的な立場を表明した黒人は五九パーセントにふえた（白人は三五パーセント、ラティニクスは四五パーセント）。ただし、それでも約三分の一の黒人は、〝黒人が格差に苦しむのは自分たちに責任がある〟というレイシズム的な立場を表明している（白人は五四パーセント、ラティニクスは四八パーセント、共和党支持者は七五パーセント）。このように、かなりの割合の黒人が、反黒人的なレイシズム思想をもっている。

　ぼくはそれでも、編集長スチュワートの「ニガーども」発言は常軌を逸していたと考えたかった。だが実際には、あのときぼくはスチュワートから鏡を突きつけられたのだ。そして、それに向きあわざるをえなかった。その鏡に映っていたのは、目をそむけたくなるような現実だった。彼はぼくが何年も考えてきたことを言った。そして、それを口にする度胸があった。だからぼくはスチュワートが憎かったのだ。

　スチュワートは黒人を非難した。だがそれは、ぼくたち黒人が同胞に対して、白人に投票権を奪われたままにしているのを非難し、無気力や自暴自棄でいることを非難するのと同じじゃないか？　ぼくたちの黒人批判は、レイシストの白人の黒人批判と同じではないか？

　ぼくはその日、スチュワートのオフィスで気づいた。ぼくは黒人を非難するたびに、実質的に〝ニガーども〟と言って、彼らと自分のあいだに線を引いていた。そんなことをする自分は、レイシストにほかならなかった。

　ぼくは、レイシストになるのは白人だけだと思っていた。権力《パワー》をもたない黒人やラティニクス、アジア系、中東系、アメリカ先住民の人々はレイシストにはなれないと考えていた。でも、このような考え方こそが逆に、歴史のなかでレイシズムを再生産していることを自覚していなかった。

　ここでぼくが「無力だからという自己弁護《パワーレス・ディフェンス》」と呼ぶものは、一九六〇年代後半にレイシストの白人が、アンチレイシズムのポリシーや思想を批判したことをきっかけにして出てきた態度だ。その後の数十年間、レイシストの白人から批判された黒人たちは、「黒人には権力《パワー》がないから、差別主義者にはなれない」と自己弁護しつづけた。

だが、〝自分たちは無力《パワーレス》であり、白人は権力《パワー》をもっているから〟という自己弁護は、力をもつ有色人種がアンチレイシズムをおしすすめない言い訳にも使われるようになった。つまりその言い訳を使って、実際には自分たちにもできることがあるにもかかわらず、レイシズムポリシーを撤廃させ、「人種的不公平」を解消するための努力を放棄するのだ。

有色人種が、〝無力だからという自己弁護〟によって、レイシズムを告発しないことを正当化するとき、それはレイシズムポリシーを再生産していることになる。自分たちがいつもレイシストだと非難している白人と同じレイシズムの考え方で、レイシズムを正当化しているのと同じことになる。

〝無力だからという自己弁護〟の考えを受けいれることは、〝白人は有色人種にほかの有色人種を圧迫する力をわずかながらあたえてきた。そして有色人種は、そのかぎられた力を使ってほかの有色人種を圧迫し、みずからの利益を得てきた〟という歴史から目をそむけることでもある。

あらゆるレイシズム思想と同じく、〝無力だからという自己弁護〟は、黒人を過小評価し、白人を過大評価する。それはもともと小さな黒人の権力《パワー》をさらに弱め、もともと大きな白人の権力《パワー》をさらに強くする。

〝無力だからという自己弁護〟は、自己弁護を向ける相手として、レイシズムポリシーやアンチレイシズムポリシーを制定または排除する力をもつ政治家や企業幹部のような「ポリシーメーカー」

のことは想定していても、これらのポリシーを実行または保留する権限をもつ、ぼくたちの身近にいる役人や中間管理職のような「ポリシー管理者」のことは想定していない。

ぼくたちはだれもが、レイシズムポリシーやアンチレイシズムポリシーに抗議できるし、逆に推進することもできる。わずかであれ、レイシズムポリシーを食いとめる力ももっている。国家や産業、コミュニティ、制度を動かしているのは、ポリシーメーカーとポリシーとポリシー管理者だ。「制度的権力《パワー》」「体系的パワー」「構造的パワー」とは、ポリシーをつくり、管理する集団や個人のことだ。黒人は「制度的パワー」をもたないのでレイシズム的にはなれない、という考えは現実に背を向けている。

〝無力だからという自己弁護〟は、黒人のポリシーメーカーや黒人のポリシー管理者から力を奪う。もしこの自己弁護が事実なら——

一八七〇年から二〇一八年まで連邦議会で働いてきた一五四人以上のアフリカ系アメリカ人議員には立法能力がなかったことになる。

州議員や地方議員をつとめてきた数千人の黒人政治家についても同じだ。アメリカ最高裁判事クラレンス・トーマスにも、アンチレイシズムに基づいた判決を下す力がなかったことになる。

州裁判所の七〇〇〇人以上、連邦裁判所の二〇〇人以上の黒人裁判官にも、黒人が大量に収監されるシステムを構築した裁判や判決に関与する力がまったくなかったことになる。

五万七〇〇〇人以上の黒人警察官にも、黒人に暴力をふるい、命を奪う力がないことになる。

三〇〇〇人の黒人の警察署長や副署長、警視にも、その指揮下にある警官に対してなんの権限もないことになる。

二〇一六年にアメリカの大学にいた四万人以上のフルタイムの黒人教職員にも、黒人学生の合格と落第、黒人教職員の雇用や雇用延長を左右し、黒人の心を豊かにする力がなかったことになる。世界に一一人いる黒人の億万長者とアメリカに三八万世帯ある黒人の富裕層も、アンチレイシズム的な方法で消費行動をする経済力をもっていないことになる。

一九九九年以来、「フォーチュン500」にランクされた企業を経営してきた一六人の黒人CEOにも、労働力を多様化させる力がなかったことになる。

二〇〇九年に黒人男性が世界でもっとも強大な権力をもつポスト、合衆国大統領に就任した。オバマはよく、大きく期待されたわりには、人種問題を改善する有効な施策を打てなかったと批判される。オバマの擁護者は、それはオバマにはそうした施策を実行するだけの権力がなかったからだと弁明する。まるでオバマの執行命令が何一つ実行されなかったかのように、同政権の黒人の司法長官にも大量収監を撤回する力はなく、黒人の国家安全保障顧問にはなんの力もなかったかのように――。

だが、実際は無力ではなかったはずだ。つまり真実は、黒人はレイシストになりうる。なぜなら、黒人は権力《パワー》をもっているからだ――たとえそれが限定的なものであったとしても。

そう、黒人には権力《パワー》がまったくないわけではない。ただし、それは限定的だ。アメリカを支配しているのは白人の権力《パワー》だ。だが、それは絶対的なものではない。絶対的な力をもつためには、あらゆるレベルの力やポリシー、ポリシー管理者、あらゆる人々の心を完全に支配しなければならない。皮肉なことに、白人の力が完全な支配を手に入れる唯一の方法は、白人がすでにすべての力をもっていると非白人の人々に思いこませることだ。ぼくたちは〝自分たちにはなんの力もない〟という考えを受けいれることでマインドコントロールにおちいり、抵抗力を奪われてしまう。

毎年恒例の「黒人歴史月間」の創設者カーター・G・ウッドソンはかつてこう書いた。

「だれかの思考をコントロールできれば、その人の行動を心配する必要はない。ここに足を踏みいれてはいけないとか、あそこに行ってはいけないといったことを言う必要はない。彼は自分に〝ふさわしい場所〟を見つけて、そこにとどまるだろう」

レイシズム思想は、人々の抵抗力を檻に閉じこめるために絶えず再生産されている。レイシズムは、黒人に〝すべての力は白人が握っている〟と信じさせ、白人を神にまつりあげる。

黒人の分離主義者は、大学時代のぼくがそうだったように、巨大な力をもつ白人という神を、堕落した悪魔のように見なして鋭く批判する。

いっぽう、黒人の同化主義者は、この強大な力をもつ白人を天使のように崇拝し、同じようになるために努力し、寵愛を受けようと必死になり、白人と同じレイシズムの考え方を模倣し、白人のレイシズムポリシーを擁護する。


二〇〇四年の大統領選挙の結果を決定したのは、おそらく近年のアメリカの歴史のなかで最悪の「ブラック・オン・ブラック」のレイシズム的犯罪だった——アメリカ最高裁判事クラレンス・トーマスの長年にわたるいくつもの反黒人的な殺人的判決を除けば。

このときジョージ・W・ブッシュのオハイオ州での勝利と、僅差での大統領選の勝利を決定づけたのは、ブッシュを後押しするオハイオ州の野心的な黒人の州務長官、ケン・ブラックウェルによる強引な手段だった。

ブラックウェルは郡委員会に対し、投票名簿から不正に削除された者の投票を可能にする仮投票用紙請求システムへの有権者のアクセスを制限するよう指示した。そして、有権者登録を高価な登録用紙でしか受けつけないように命じた。それは、新規登録有権者を排除するための卑劣な小細工だった（ブラックウェルは、これに該当するのが黒人だということをほぼ確実に知っていた）。

郡委員会はブラックウェルの監督下で、〝元囚人は投票できない〟という虚偽の情報を伝えていた。また民主党支持者の多い都市への投票機の設置台数を少なくしていた。

選挙後の調査によれば、オハイオ州の黒人有権者は、投票をするために投票機の前で平均五二分も待たなければならなかった（これは白人有権者より三四分も長い）。この長い列のためにオハイオ州の有権者の三パーセントは投票を途中であきらめた。これにより約一七万四〇〇〇人の投票が失われたことになる。ブッシュが勝ったこの選挙の得票差一一万八〇〇〇よりも多い数だ。

「ブラックウェルに比べれば、キャサリン・ハリスがしたことなんて可愛いものだ」

ジョン・コンヤーズ下院議員は、ブラックウェルによるオハイオ州の有権者への弾圧を調査したあと、二〇〇〇年の選挙でブッシュを当選者と認定したフロリダ州務長官と比較してそう言った。

もし〝黒人は力《パワー》がないからレイシストになれない〟という考えが正しいのなら、ブラックウェルには黒人の票を弾圧する力はなかったはずだ。これまでくりかえし述べてきたとおり、人はみな、レイシストかアンチレイシストのどちらかだ。中間はない。二〇〇〇年の大統領選挙でフロリダ州の州務長官だった白人のキャサリン・ハリスがブッシュを勝たせるためにしたことがレイシズム的なら、当然、黒人のブラックウェルが二〇〇四年にしたこともレイシズム的ということになる。

ブラックウェルは二〇〇六年にオハイオ州知事に、二〇〇九年に共和党全国委員会の委員長にそれぞれ立候補して落選したあと、二〇一七年五月にトランプ大統領の「選挙不正を調査する大統領諮問委員会」に参加した。

トランプは絶対に認めないだろうが、この委員会はあきらかに、トランプの反対派、とくに熱心な民主党支持者、すなわち黒人の投票力を弱めるための新たな方法を探るために設立されたものだった。トランプ政権は、あの選挙から一三年が経過しても、ブッシュの再選のために黒人票を弾圧したブラックウェルの巧妙なレイシズム的な手法を忘れてはいなかったのだ。

〝無力だからという自己弁護〟が世間に浸透していたことで、ブラックウェルのような「ブラック・オン・ブラック」の犯罪者はレイシズムのそしりを免《まぬか》れることができた。黒人は彼らのような白人に媚びを売る同胞を「アンクル・トム」「裏切り者《セルアウト》」「オレオ〔外側は黒いが中は白いチョコクッキー〕」「あやつり人形《パペット》」と呼んだが、正しい呼び名、つまり「レイシスト」という言葉は使わなかった。黒人はこのようなブラック・オン・ブラックを犯す同胞には、いわゆる「ブラックカード」を取り消す〔黒人らしくないと批判すること〕以上のことをしたほうがいいだろう。つまり、世界中の人の目に見えるように、その額にレイシストのカードを貼りつけるのだ。

「黒人はレイシストになれない」という考えは、レイシストの白人がみずからのレイシズムを否定するために用いる、「世の中にはレイシストとレイシストではない者がいる」という〝偽《いつわ》りの二元論〟と同じだ。

この〝偽りの二元論〟を受けいれる黒人は、レイシズム的な考えを口にし、レイシズムポリシーを支持していながら「レイシスト」と呼ばれると激怒し「自分はレイシストではない」と言う白人のトランプ支持者と同じ立場になってしまう。

「黒人はレイシストになれない」という考えにしたがうならば、黒人は〝ニガーども〟を憎んでも、肌の色の〝濃い人々〟よりも〝薄い人々〟を高く評価しても、反ラティニクスの移民ポリシーを支持しても、スポーツチームの反先住民的なマスコットを擁護しても、中東系イスラム教徒への禁令を支持しても、レイシズムだと非難されないことになる。同様に、ラティニクス、アジア人、先住民は、見知らぬ黒人を恐れるあまり、大量収監ポリシーを支持しても、レイシズムだと非難されない。ぼくが白人を悪魔や宇宙人のように見なしても、レイシズムだと非難されない。

レイシズムとアンチレイシズムは表裏一体なのだと認めれば、ぼくたちは自分の内面にあるレイシズム思想やレイシズムポリシーについての未整理な考えを客観視できるようになる。

たとえば、ぼくは人生の大部分で、レイシズムとアンチレイシズムの両方の考えをもち、レイシズムとアンチレイシズムの両方のポリシーを支持してきた。ある瞬間にはレイシストだったし、またある瞬間にはアンチレイシストだった。

〝黒人はレイシストになれない〟と言うのは、〝黒人全員はつねにアンチレイシストである〟と言うのと等しい。それが正しくないことは、ぼく自身の体験が物語っている。歴史もそれを裏づけている。

レイシストの黒人が記録として歴史に初めて登場したのは、おそらくモロッコのムーア人旅行家が書いた『アフリカ誌 *Della descrittione dell' Africa*』（一五二六年）だろう。このムーア人はサハラ以南のアフリカを探検後に誘拐されて奴隷主に売られ、教皇レオ一〇世にさしだされる。そして、この教皇からキリスト教に改宗させられ、解放されてレオ・アフリカヌス（アフリカのレオ）という名をあたえられる。

この書物は複数のヨーロッパの言語に翻訳され、イギリス、フランス、オランダがさかんに奴隷取引をしていた一六世紀に、反黒人のレイシズム思想をテーマにした書物として大きな注目を集めた。レオ・アフリカヌスはこう書いている。

「黒人は（略）野獣のような生活をしており、理性や機知、芸術がまったく欠けている。（略）それは野獣と一緒に森で暮らしているかのような生活である」。レオ・アフリカヌスはイタリアの上流社会からの支持を得るために、サハラ以南のアフリカへの旅の内容を脚色したのかもしれない。

また、イギリス人の作家リチャード・リゴンも、一六五七年に出版された『バルバトス島の真実かつ正確な歴史 *True and Exact History of the Island of Barbadoes*』のなかで、脚色したかもしれないが、黒人のレイシストを描いている。

リゴンの本にはこうある。サンボという名の男に率いられた奴隷の一団が、おおぜいの奴隷たちが反乱を企てていることを奴隷主に密告する。だが奴隷の一団は見返りの報酬を受けとらない。当惑した奴隷主が理由を尋ねると、「わたしたちは正しいことをしただけだからです」とサンボは答える。それは奴隷たちにとっての当然のことだという。奴隷は、法律によって定められた「じゅうぶんな」報酬があたえられているのだから、と。

奴隷制度がサンボの話のなかで正当化されているのは、自分たちは奴隷にされるべきだと考えている黒人がいたからだ。

一七七二年に初めてみずから奴隷の体験談を書いたウカーソー・グロニオソーも同じだった。ナイジェリアの王族の家に生まれたグロニオソーは、一五歳のときに象牙商人に奴隷にされ、オランダ人の船長に売られた。「主人からはとても気に入られた。ぼくはとても愛された」「主人に仕えることがぼくの最大の喜びだと、あらゆる行動で示そうとした」。船がバルバドスに到着すると、ニューヨークから来た人間がグロニオソーを買い、母国に連れて帰った。グロニオソーはそこで、「地獄に住む悪魔と呼ばれる黒人がいる」と信じるようになった。その後、今度は牧師に売られた。牧師の力で「貧しい異教徒」から「奴隷にされたキリスト教徒」に改宗したグロニオソーは、黒い悪魔から逃れることができてやっと幸せになれた。

奴隷所有者たちは、〝黒人はすべてハムの呪われた子孫である〟という聖書の解釈にのっとり、〝黒人の永遠の奴隷化〟という福音を説く牧師たちを歓迎していた。

一八一八年、五一歳の元奴隷で、解放されて自由の身になっていた黒人の大工デンマーク・ヴィージーは、そのようなレイシズム思想のからくりを数千人の黒人奴隷に教え、目を覚まさせた。サウスカロライナ州チャールストン周辺での奴隷の蜂起を組織するためだ。

約四年後、ヴィージーは蜂起の決行日を一八二二年七月一四日に設定した。これはフランス革命中にバスティーユ監獄が襲撃されたのと同じ日付だった。ヴィージーの反乱の目的は奴隷制を廃止することだった。ヴィージーが影響された一八〇四年のハイチ革命が成し遂げたのと同じように。

反乱を成功させるには、とにかく秘密にせねばならない。一部の奴隷に対してもだ。

「主人からコートのお下がりをもらって、へつらっているような従者の奴隷にはこの計画を教えるな」とヴィージーの腹心は蜂起に参加する奴隷たちに言った。「やつらはわれわれを裏切るだろう」。

だが、決行を目前に控えた五月、新入りの奴隷の一人がこの話に耳を貸さず、ある奴隷主の屋敷内で従者として仕える奴隷のピーター・プリオローに蜂起のことをもらした。計画はすぐに奴隷主に伝わった。一八二二年六月下旬、サウスカロライナ州の奴隷たちが、ヴィージー率いる九〇〇〇人もの奴隷の反乱軍を壊滅させた。ヴィージーは七月二日に絞首刑に処された。最後まで反骨心を失わなかったという。

ヴィージーが絞首刑にされたその年のクリスマス、奴隷主にヴィージーの計画を密告したプリオローは同州の議会によって奴隷の身分から解放され、終身年金を授与された。そして一八四〇年には七人の奴隷を手に入れ、チャールストンにある〝肌の色の薄い人々〟が住む自由なコミュニティで快適に暮らした。プリオローは奴隷だったときも、主人のもとから離れようとはしなかった。そして自分の力《パワー》を使って、アメリカ史上屈指の周到に計画されていた奴隷の反乱を台無しにした。自分の権力《パワー》を使って、元主人のように奴隷をしたがえ、レイシズム思想をもつ人間になったのだ。

このピーター・プリオローに似た人物がいる。一九世紀の黒人で、白人に仲間として受けいれられたいと願っていた作家のウィリアム・ハンニバル・トーマスだ。トーマスは白人の仲間になることを望んでいたが、一八九〇年代にジム・クロウ法が広まるにつれ、ほかの黒人たちと同じような扱いをされることが多くなった。

やがてトーマスは、利己的なレイシストの黒人が、白人の支援を得るために古くから使ってきた戦術を用いるようになった。それはつまり、黒人を劣った存在として攻撃することだ。

一九〇一年、トーマスの著書『アメリカのニグロ *The American Negro*』がブッカー・T・ワシントンの『奴隷から立ちあがりて *Up from Slavery*』の数週間前に出版されたとき、ニューヨークタイムズ紙はトーマスを「ブッカー・T・ワシントンに並ぶ、黒人問題に関するアメリカの最高の権威」と評した。

トーマスは、黒人は「本質的に劣ったタイプの人間」であり、黒人の歴史は「無法の存在の記録」で、黒人は精神的に遅れていて、不道徳な野蛮人で、「善悪の区別がつかず」、黒人女性の九〇パーセントは「肉体の快楽にしばられ」、「解放された黒人女性の社会的地位の劣化は、現代文明では他《た》に類《るい》をみない」と書いた。その「黒人の負の資質に関するリストは、際限なく続いていると思われた」とトーマスの伝記作家はまとめている。

トーマスはみずからを、劣った生物学的遺産を克服した少数派の〝肌の色の薄い集団〟の一人だと信じていた。しかし、この「救われた一部の黒人」と、「白人の仲間とのあいだには一線があった」という。

トーマスは白人に「黒人の救済は、(略)〔黒人を〕アメリカ文明の思想と理想に徹底的に同化させることによって可能であり、保証される」と訴えた。この「国家的な同化」を推進させるために、トーマスは堕落した黒人の選挙権を制限し、黒人の犯罪者を厳しく取り締まり、黒人の子供をすべて白人の保護者に預けることを提案した。

そんなトーマスのことを、黒人は「黒人のユダ」と呼んだ。

黒人たちの批判によってトーマスの信頼性はまたたくまに失墜した。昔からレイシストの黒人を使い捨てにしてきたレイシストの白人は、利用できなくなったトーマスを紙皿のように捨てた。トーマスは清掃の仕事につき、一九三五年にひっそりと死んだ。

黒人は二〇世紀に入ってからも、「ブラック・オン・ブラック」の犯罪者に何度も裏切られた。一九六〇年代、アメリカの警察で人種の多様化が進んだことで、黒人の容疑者に対する警察の暴力行為は緩和されると考えられていた。数十年におよぶアンチレイシズムの活動の成果として黒人の警官がふえた。黒人警官は白人の警官とは違って、黒人の市民をていねいに扱うだろうと期待された。

だが一九六〇年代に入るとすぐに、黒人警官が白人警官と同じように残忍だということがあきらかになった。

ある報告書によれば、「地域によっては、黒人警官があまりに横柄なので、低所得層の黒人は白人の警官のほうを好む」という。一九六六年の調査では、黒人警官は白人警官ほどレイシズム的ではなかった。だが、少なからぬ数の黒人警官が、「あの黒人たちはじつに野蛮だ。そしてとても汚い」といった反黒人のレイシズム思想を口にしていた。ある黒人警官は「昔から黒人もまともな職につくことはできた。だがあのクソ野郎どもはまともな教育を受けるには頭が悪すぎる。みんな楽な道を選びたがる」と言った。

〝白人だけがレイシストである〟という考えにかこつけて、警察のレイシズムは白人のみによるものだと考えるのは、非白人の警官が〝ニガーども〟を、偏見に基づいて取り締まり、殺してきた歴史を無視することになる。

二〇一二年、ニューヨーク、ブルックリンのシャンテル・デイヴィスを殺した警官は黒人だったし、二〇一五年のフレディ・グレイの死にかかわった警官六人のうちの三人も黒人だった。二〇一六年にノースカロライナ州シャーロットのキース・ラモント・スコットを殺したのも黒人警官だったし、二〇一八年にサクラメントの警官を殺した犯人の一人も黒人だった。テレンス・クラッチャー、サンドラ・ブランド、ウォルター・L・スコット、マイケル・ブラウン、ラカン・マクドナルド、デシンシア・クレメンツの死に関与した白人警官がレイシストなのに、同じことをした黒人警官がアンチレイシストであるわけがない。

公平を期すために言っておくと、二〇一七年の正規警察官約八〇〇〇人を対象とした調査によれば、最近では白人警官のほうが黒人警官よりもはるかに人種差別的だという傾向が出ている。調査対象となった白人警官のほぼ全員（九二パーセント）が「この国は黒人に白人と同等の権利をあたえるために必要な改革をおこなった」という〝ポスト・レイシャル〟な考えに同意していた。「この国は、黒人に白人と同等の権利をあたえるための改革を続ける必要がある」というアンチレイシズム的な考えに同意したのは、黒人警官が六九パーセントだったのに対し、白人警官はわずか六パーセント。ただしこの差は、警察による黒人容疑者の暴行死の問題になると小さくなる。「近年の黒人が警察と遭遇中に命を落とす事件の増加は、より大きな問題の兆候である」と答えたのは、黒人警官が五七パーセントで、白人警官はその半分弱の二七パーセントだった。

一九六〇年代には、政治家や裁判官、警察署長、役人にも黒人がふえた。だが続く数十年で新たな問題が生じた。凶悪犯罪の増加が貧困地域を襲ったのだ。

犯罪者全般というより黒人犯罪者への恐怖に襲われた黒人居住者は、政治家や警察を強く非難した。住民も政治家も警察も、ヘロインやクラックの問題を「公衆衛生上の危機」と考えず、黒人地区で起きている暴力犯罪を「貧困の問題」と考えなかった。黒人たちは、毎年数十万人単位で自分たちの命を奪っているがんや心臓病、呼吸器系疾患ではなく、毎年数千人単位で自分たちの命を奪っているほかの黒人による麻薬戦争や強盗のことを心配しているようだった。

アフリカ系アメリカ人向け月刊誌エボニーの発行人、ジョン・H・ジョンソンは一九七九年の特集号で、これらの病気が命をおびやかしていることには触れることすらなく、「黒人の黒人に対する《ブラック・オン・ブラック》犯罪は、われわれの人間としての存在をおびやかすまでの深刻なレベルに達している」と書いている。

内面化されたレイシズムの現れである「ブラック・オン・ブラック」の犯罪は、たしかに深刻なレベルに達していた。黒人たちがあらためて同胞の「黒人犯罪」の危機をあおったことで、大量収監に向けた動きが拡大し、のちの世代の黒人たちに甚大な影響をあたえることになる。

大量収監は、一九七〇年代に、内心にレイシズム思想をかかえながら表向きは黒人社会を救おうとした黒人たちによっても後押しされていた。

しかし一九八〇年代に入ると、ロナルド・レーガンが任命した黒人の閣僚や要職者を通じて、計画的なレイシズムが推進された。一九八〇年から一九八六年までクラレンス・トーマスの監督下にあった雇用機会均等委員会のもとで、書類の解雇理由の欄に「理由なし」と記述され解雇された差別的な事案の数は二倍に増加した。

レーガン政権下の住宅都市開発省（ＨＵＤ）の長官は、やはり黒人のサミュエル・ピアスだったが、ピアスは低所得者層住宅用に割り当てられていた数十億ドルの連邦資金を企業の利益や共和党の寄付者につけかえた。

一九八〇年代前半、ピアスの監視下で、白人以外の人々が住む地域の公営住宅の戸数は激減した。その結果、黒人の低所得者は一九八〇年代を通して住宅危機に直面した。ピアスはこの問題を緩和する力《パワー》をもっていたにもかかわらず、むしろ悪化させ、のちにトランプ政権でHUDの長官に就任する黒人のベン・カーソンのような人間のために道を整えたことになる。

彼らは、あたえられた権力《パワー》を、それがどれだけ限定されていても、条件付きであっても、それをまぎれもないレイシズム的な方法で使う人間だった。

ぼくは、タラハシー・デモクラット紙の編集長とにらみあったまま、心のなかで激しく自問自答をくりかえした――自分のなかでなにかが変わっていくのを感じた。

沈黙が破られた。話し合いは終わりだと、編集長室を出された。その日のうちに、最後通牒を突きつけられた――学生新聞ファミュアンの人種コラムを打ち切るか、タラハシー・デモクラット紙でのインターンシップを打ち切るか、どちらかを選べというものだった。ぼくは身を切るような思いでコラムを終了させた。苦々しい後味を感じながら。

ぼくは、もっとよくなることを求めて、自分のなかにあるものに別れを告げた。ずっと心を占めていたもの、すなわちW・E・B・デュボイスが〝二重意識〟と表現したような、アンチレイシズムと同化主義との対立による葛藤に別れを告げたのだ。そして、対立する意識の代わりにアンチレイシズムという一つの意識をもてるように、もがいてみようと決心した。

第二専攻もとることにした。アフリカン・アメリカン研究だ。

二〇〇三年の秋に、初めて黒人史の講義を受けた。FAMUのデイヴィッド・ジャクソン教授のアフリカ史と、アフリカ系アメリカ人史の講義だ。そのあと三学期にわたってジャクソン教授の講義をさらに四つ受講した。ジャクソンの正確で、詳細で、魅力的で、どこかおかしみを感じる講義のおかげで、ぼくは初めて歴史を体系的にふりかえることができた。

ぼくはそれまで歴史を「黒人」対「〝ニガーども〟と白人」の闘いとしてイメージしていた。でもこの講義でぼくは理解した。歴史は、「レイシスト」と「アンチレイシスト」の闘いであることを。

一つの混乱が終わると、また別の混乱がはじまった。自分の人生をどうするかという問題だ。二〇〇四年の秋、卒業年度の四年生になった。正直、それまでめざしていたスポーツジャーナリズムの世界にはもう心が動かされない。そこには、出会ったばかりの歴史学で味わっていたような興奮はなかった。

ぼくは、スポーツ記者になって報道関係席《プレスボックス》に座るという夢を捨てた。そして、アメリカ人がもっとも〝危険〟と見なしていた箱《ボックス》をあけようとしていた。

第12章 資本主義《キャピタリズム》とレイシズムの双子
CLASS

階級レイシスト 階級を人種化し(=階級を人種ととらえ)、そうした階級を圧迫する人種資本主義ポリシーを支持し、正当化している人

アンチレイシストの反資本主義者 人種資本主義に反対している人

テンプル大学大学院でアフリカン・アメリカン研究を勉強することになったぼくは、二〇〇五年八月の初め、胸をおどらせてノース・フィラデルフィアに引っ越した。新しい住所はハンティング・パーク。すぐ近くにアレゲニー・アベニューとアレゲニー・ウエストがある場所だ。ぼくが住むことになったベッドルーム一つの手狭な住まいからは、ノースブロード・ストリートが見渡せた。このストリートを白人は車で通りすぎ、黒人は歩き、ラティニクスはアレゲニー・アベニューの交差点で右折した。

ぼくの住む安アパートは、隣がエクソンのガソリンスタンドという、チョコレート色の古ぼけた建物で、通りに面した店舗用の一階は借り手がなく空いていた。アパートの住人でなければ、空き店舗の上に並ぶいくつかの窓の奥に、人が住んでいるとは思わなかっただろう。ほとんどが閉じたままの窓は、まるで棺のなかで閉じた瞳のようだった。

死もそこに住んでいた。ぼくの新しい住みかとなったこの黒人居住区、なかでもハンティング・パークとアレゲニー・ウエスト地区は、何年も前からフィラデルフィアでもっとも危険な地域だと言われていた。住民は近隣でもっとも貧しく、暴力犯罪が報告される割合もきわめて高かった。

ぼくは世間から「ゲットー」呼ばわりされるこの場所で荷ほどきをした。

二〇世紀のアメリカで、いわゆるゲットー地区は、南部から移住してきた数百万人もの黒人をのみこむようにして、西部の都市やフィラデルフィアのような北部の都市に広がっていった。もともとその地区に住んでいた白人は逃げだした。助成金や高速道路建設、融資保証などの政府の支援策と、レイシストの多い住宅開発者による厚遇もあって、都市部や郊外に資産価値の高い住宅が手に入るようになったからだ。

いっぽうで、もともと住んでいた者と新たに移住してきた黒人たちは、すでに過密状態で、住民からなけなしの金を巻きあげるような仕組みをもつゲットーに押しこめられた。

やがてゲットーという言葉はアメリカ全土で一般的に使われるようになるのだが、もともとこの言葉にあった、その地区から白人を逃亡させ、黒人を見捨てることをうながしたレイシズムポリシーを思いおこさせるニュアンスはしだいに消えていった。代わりに、ゲットーという言葉は、北部の黒人居住区に住む人々の好ましくない行動を語るとき使われるようになっていった。「暗い《ダーク》ゲットーは制度化された病理だ。それは、慢性的で自己永続的な病理だ。そしてその病理が〝より大きなコミュニティ〟に広がるのをふせぐために、権力者がそれを閉じこめようとするのは、無益な試みである」

心理学者のケネス・クラークは一九六五年の著書『アメリカ黒人の叫び：ダーク・ゲットー』でそう述べた。

ここでいわれる「病理」とは標準から逸脱していることを意味する。ということは、ゲットーに住む貧しい黒人は病理的で、異常なのだろうか？　だがいったい、だれが標準なのか？　どの集団からの逸脱なのか？　白人のエリートからの？　それとも黒人のエリート？　貧困層の白人？　貧困層のラティニクス？　アジアのエリート？　貧困層のアメリカ先住民？

「黒人の貧困層」などのように、「人種」と「階級」が交差するところにある人種集団のことを「人種階級」という。

貧困層とは階級の区分であり、黒人とは人種の区分だ。なので「黒人の貧困層」は「人種階級」になる。

たとえば〝貧しい者たちは怠け者だ〟と言うのはエリート主義の考えで、〝黒人は怠け者だ〟と言うのはレイシズムの考えだ。ぼくたちが〝貧困層の黒人は貧困層の白人や白人エリートや黒人エリートより怠け者だ〟と言うとき、それはエリート主義とレイシズムが交わり重なった発言だ。「階級レイシズム」を形成するイデオロギーの交差点で発言していることになる。

作家のディネシュ・ドゥスーザは「アフリカ系アメリカ人の底辺層の行動は、（略）責任や良識、礼節といった基本的な規範からいちじるしく逸脱し、これらの規範を汚している」と書いているが、これも階級レイシズムの表明だ。

貧困層から搾取するのはエリート主義ポリシーで、黒人から搾取するのはレイシズムポリシーだ。そして〝貧困層の黒人〟から搾取するのは、エリート主義ポリシーとレイシズムポリシーが交差した、階級レイシズムポリシーということになる。

このように貧富の差といった階級の区別に人種の区別を加えて〝人種階級〟をつくりだし、レイシズムポリシーを当てはめ、レイシズムの思想によって正当化するのが、階級レイシズムだ。

アンチレイシストであるには、人種と階級を結びつけないことだ。アンチレイシストは、人種間の経済格差の原因は、人ではなくポリシーだと理解する。

階級レイシストは、白人のあいだでも貧しい白人を「白人のクズ《ホワイト・トラッシュ》」と見下している。レイシストの黒人が、黒人のあいだでもゲットーに住む貧しい黒人を「ニガーども」と見下すのと同じように。

このように階級レイシズムは世の中にはびこっている。「ゲットーのブラック」や「ホワイト・トラッシュ」といったレッテルの貼り方は、あからさまに階級レイシズムのイデオロギーが表れた例だろう。

レイシストのなかでも分離主義者は〝ゲットーの病理は、そこに住む人々のせいだ〟と考える。同化主義者は〝ゲットーの病理的な環境のせいで、そこに住む人々が病理的になる〟と考える。

しかしアンチレイシストは〝ゲットーの病理の原因は、その環境をつくりだす政治や経済の仕組みにあり、そこに住む人々が原因ではない〟と考える。

階級レイシズム的な仕組みのために、人々は豊かになろうと努力をしているにもかかわらず、病み、貧困に追いやられてしまう。それぞれのゲットーには、裕福な地域とは違いこそすれ、決して劣ってはいない独自の文化や行動がある。しかし、みずからの文化や行動を基準にする〝エリート人種階級〟の目からは、ゲットーの文化や行動は劣っているように見える。

なにかの基準をつくることはヒエラルキーをつくることである。人は基準をつくるときにかならず、みずからの人種階級をヒエラルキーの頂点にしようとするものだ。

ケネス・クラークの著書『ダーク・ゲットー』は、一九六〇年代にジョンソン大統領が「貧困撲滅の戦い」をスローガンにかかげていた時代の黒人貧困層を対象にした、画期的な研究に基づくものだった。

当時は貧困に関する研究がさかんだった。人類学者オスカー・ルイスは、貧しい人々、具体的には有色人種《ピープル・オブ・カラー》の貧しい家庭の子供たちは、なかなか貧困から抜けだせないような文化のなかで育てられており、それが世代間で貧困が連鎖する理由だと主張した。

ルイスは一九五九年のメキシコ人世帯を対象にした民族誌的調査を通じて「貧困の文化」という概念を示した。その頃、ほかの経済学者は「貧困の循環」、すなわち定収入と就労機会の乏しさで人々をがんじがらめにし、勤勉な者も貧困のなかに押しとどめて抜けだすのを難しくする搾取構造は、ポリシーが原因だと考えていた。だが、ルイスは〝貧しい人々が貧しいままなのは、彼らの貧しい行動のせいだ〟というエリート主義の考えを主張し、こう述べた。

「貧困の文化に生きる人々は、自分自身の問題や、地元の事情、近所の人々、身内の生活といった卑近なものにしか目を向けようとしない、とるに足らない人々である」

レイシストの白人はその〝貧困の文化〟の考えをいまだにもちつづけている。

たとえばウィスコンシン州選出の白人の下院議員ポール・ライアンは二〇一五年に、「都市部では文化レベルのいちじるしい低下が見られる。とくに、定職につかない男性、年齢と問わず働く意欲のない男性、働くことの価値や文化を学ぼうとしない男性にそれが顕著だ。これは対処しなければならない現実の文化的な問題である」と述べている。

いっぽう、ルイスやライアンとは違い、ケネス・クラークは〝貧困の文化〟（彼が「病理」と呼んだもの）をうながす、いわばレイシズムの隠れた手があることを指摘した。そこでは、ぼくが「抑圧劣化説」と呼ぶ、〝人は抑圧されることで劣った存在になる〟という考えをめぐる議論にふたたび光が当たる。

「抑圧劣化説」を歴史に当てはめれば、黒人を劣化させてきた原因は、まずは奴隷制度、次は人種隔離政策、そして現在は貧困とゲットーでの生活になる。貧困はおそらく、この抑圧劣化説にもっともふさわしく、永続的に当てはまる悪しき状態だ。

この考えによれば、福祉が、貧しい人をさらに貧しくしているのだという。福祉は「人を、尊厳のある、勤勉で自立した高貴な存在から、気づかないうちに、依存的な動物のような生き物に変えてしまう」と、アメリカの上院議員バリー・ゴールドウォーターは一九六〇年に著書『保守派の良心 *The Conscience of the Conservative*』のなかで書いている。

しかしゴールドウォーターやそのイデオロギーを引きつぐ者たちは、白人の高所得者が相続、減税、政府からの仕事の受注、高所得者への優遇取引、各種の救済措置などの恩恵に浴していることついては、口をつぐんでいた。白人の中間所得者がニューディール政策やGI法（復員軍人援護法）、補助金つき郊外住宅、排他的な白人ネットワークなどの恩恵に浴していることについても、口をつぐんでいた。

保守的な人間の「抑圧劣化説」では、黒人貧困層への福祉を〝ほどこし〟と考え、これが黒人を抑圧しダメにする諸悪の根源だとした。そのいっぽうで、中間所得者や高所得者への優遇政策は〝ほどこし〟とは別物と考えられた。

「この失敗の証拠は見渡すかぎりどこにでもある」と、二〇一八年にヘリテージ財団のケイ・コールズ・ジェームズ理事長は書いた。「黒人であり、元生活保護受給者の娘であるわたしは、生活保護が引きおこした意図せぬ悪影響を肌で体験している」

ケネス・クラークは、「暗いゲットー」をつくったレイシズムポリシーの現実を長期間にわたって徹底的に記録した。しかし同時に、彼は人種階級のヒエラルキーも強化した。黒人の貧困層を、クラークのような黒人エリートより劣っている人々と位置づけたのだ。

自身も「ゲットーの壁の内側で」育ったクラークだが、家族も本人も、「這いよってくる害虫から逃れようと必死になっていた」。そして、黒人の貧困層は白人の貧困層よりも上昇志向がないと考えていた。「白人の貧困層やスラム居住者には、（略）経済的に成功すればスラムから抜けだせるという強い信念がある。だが黒人はゲットーにつきまとう地位の低さに閉じこめられ、そこから抜けだせないと信じこんでしまっている」

オバマも二〇〇八年の大統領選の選挙演説のなかで、人種について同じ主張をしている。

「アメリカンドリームをつかむために悪戦苦闘する人々のなかには、それを実現できなかった者がおおぜいた。最後には差別によって、敗北した人たちだ。この敗北の遺産は、将来の世代に引きつがれた。つまり、将来に希望も展望ももてず、働きもせず街にたむろしたり、刑務所の出入りをくりかえしたりするような暮らしから抜けだそうとしない若い男性たちだ。最近では若い女性も同じような状況におちいっている」

だが、このような〝絶望的で打ちひしがれたやる気のない貧しい黒人〟というステレオタイプには、なんの根拠もない。むしろ最近の研究では、貧しい黒人のほうが貧しい白人よりも将来に楽観的な見通しをもっていることが示されている。

昔からレイシストの貧しい白人は、レイシズムの序列を利用して自尊心を保ってきた。そのことをW・E・B・デュボイスが、「白人であるというだけで得られる報酬」と呼んだのはよく知られている。

「自分は金持ちではないが、ニガーよりはましだ」白人の低所得者層はそうやって自分をなぐさめた。

同様に、レイシストの黒人エリートもレイシズムの序列を利用し、「黒人エリート主義者であることで得られる報酬」を受けとることで自尊心を保ってきた。「自分は白人ではないが、ニガーどもよりましだ」と。

レイシストの黒人エリートが低所得層の黒人に向けるまなざしは、レイシストの非黒人が黒人に向けるまなざしと同じだった。黒人エリートは〝自分たちは高収入以上のものをもつ、高い位置にいる人間だ〟と考えた。自分たちを、デュボイスが一九〇三年に階級レイシズムの最上階のペントハウスから同胞を見下して名づけた「才能ある一〇分の一」の一人だと考えた。「黒人は、ほかの人種と同様、同人種内の並はずれた能力をもつ人間によって救われることになるだろう」とデュボイスは予測した。「この地球上に、下から上に向かって教化がおこなわれた国があっただろうか？　そのようなものは存在しない。文化はこれまでも、そしてこれからも、上から下に向かって広がっていく」

ぼくが二〇〇五年にアンチレイシストであろうと心を決めるまでには、紆余曲折があった。同じく、アメリカの人種を語るときの語彙にふくまれるようになった〝才能ある一〇分の一〟と〝ゲットー〟という言葉にも紆余曲折があった。

クラークの『ダーク・ゲットー』が刊行されてから四〇年間が経過した。「ダーク」は劣等という名の礼拝堂で「ゲットー」と結婚し、その名を自分のものにした——もはやゲットーという言葉自体に暗さを連想させるダークな響きがある。だからダーク・ゲットーという言葉はくどい表現だ。

ゲットーはまた、名詞としてだけではなく、形容詞としても同じくらい使われるようになった——ゲットー文化、ゲットーの人々。こうしてこの言葉は、レイシズムの思想がたっぷりしみこんだ、貧しい黒人コミュニティに対するあらゆる種類の「ブラック・オン・ブラック」の犯罪の横行する無法地帯のようになったのだ。

フィラデルフィアの安アパートでは、ぼくは近隣に住む貧困層の黒人たちが世間からどう思われているかなど気にしなかった。そこをゲットーと呼びたければ呼べばいい。怖いなら逃げだせばいい。ぼくはそこにいたかった。レイシズムのなんたるかを肌で感じていたかった。

ぼくは、黒人が貧しいのは、資本主義ではなくレイシズムのせいだと考えていた。レイシズムのことはわかっているつもりだった当時のぼくにも、資本主義のことはよくわかっていないという自覚はあった。

だが、資本主義との関係を知らずして、レイシズムは理解できない。

マーティン・ルーサー・キングも、一九六七年の資本主義批判で「最終的には、レイシズムの問題、経済搾取の問題、戦争の問題はすべて結びついていることを理解するようになるだろう。これらは相互に結びつく三重の悪だ」と述べている。

資本主義は、世界規模で近現代史をとらえる、いわゆる「世界システム論」の専門家が「長い一六世紀」と呼ぶ時代に出現した。この時代は、ポルトガル（とスペイン）が未知の大西洋に向けて出航した一四五〇年頃にはじまる、資本主義の揺籃期だ。

エンリケ航海王子のポルトガルは、アフリカからの奴隷の大西洋横断貿易をはじめたことで、「資本主義とレイシズム」という結合した双子を生みだした。この双子は、性差別や帝国主義、民族中心主義、同性愛嫌悪といった年上のきょうだいを見習って成長した。近代になり、新たな階級が生まれ、新たに人種という概念が形成されていく過程で、双子はそれぞれの性格を発達させていった。

ポルトガルの奴隷商人の大きな取引相手だったスペインは、まずは母国で、次にアメリカ大陸の植民地で、この「資本主義とレイシズム」という双子を養子にして育てた。先住民を大量虐殺して神学校と墓をつくり、大西洋を植民地化する大帝国の基礎を一六世紀に築いたのだ。

オランダ、フランス、イギリスも、一七世紀と一八世紀の奴隷貿易の覇権争いのなかで、〝思春期〟を迎えたこの双子を育てた。

アメリカ大陸でも先住民や黒人、アジア人、白人の奴隷制度と強制労働を通じて〝資本主義とレイシズムの双子〟は〝成人期〟を迎えた。

この双子はボストンでもロンドンでも産業革命の原動力となり、一八世紀から一九世紀にかけて依然として勢力を保っていた巨大な帝国に資金を供給した。

二〇世紀に入ると、資源と市場の争奪戦、人権と国家権力をめぐる武力行使や衝突、それに続く冷戦によって、双子は弱体化させられた。しかしこの双子はその後、アメリカや欧州連合、中国、さらにはこれらの国々に隷属する（実質的には植民地とも呼べる）衛星国で息を吹きかえした。双子は生きのび、繁栄しようと奮闘し、その子孫である不公平や戦争や気候変動が、現在もぼくたちすべての命をおびやかしている。

二一世紀に入っても、貧困、失業、資産などの領域で人種間格差は根強く残っている。これは、〝資本主義とレイシズムの双子〟がその生涯をかけて成しとげたことの大きさを物語っている。

二〇一七年、アメリカの黒人の貧困率は白人の約三倍の二〇パーセントに達した。黒人の失業率は過去五〇年にわたって白人の二倍以上を維持し、黒人と白人の賃金格差も過去四〇年間で最大となった。たとえば純資産の中央値でみると、白人世帯は黒人世帯の約一〇倍だ。ある予測によれば、二〇二〇年までに全白人世帯の資産の総計は全黒人世帯の八六倍、全ラティニクス世帯の六八倍になるという。

こうした格差は、レイシズム的な住宅政策、富裕層に有利な税制、大量収監などがこのまま続けばさらに悪化するという予測もある。二〇五三年までには、黒人世帯の資産の中央値は〇ドルになり、ラティニクス世帯でもその二〇年後には〇ドルになるとも予想されている。

レイシズムと資本主義の組み合わせが不公平を生じさせるのは、アメリカにかぎったことではない。

アフリカは過去二〇年間で前例のない資本主義的成長をとげた。だが外国人投資家と一握りのアフリカ人は豊かになったものの、サハラ砂漠以南のアフリカでは最低レベルの貧困層が増加した。世界のほかの地域ではこのような最貧困層は急速に減少していることから、二〇三〇年までに最貧困層の一〇人に九人近くがサハラ砂漠以南のアフリカにいる状態になると予測されている。

ラテンアメリカでも、アフリカ系の人々は依然として不均衡に貧しい。世界でもっとも裕福な（かつ、もっとも白人が多い）地域ともっとも貧しい（かつ、もっとも黒人が多い）地域の格差は、一九六〇年代と比べて三倍に拡大している。黒人を除く世界の非白人系の人々の多くが、ミドルクラスの暮らしを手に入れた。そのなかで、黒人だけが貧困にとどまっている。

社会的階層を上昇していくのは白人のほうが多く、下降するのは黒人のほうが多い。アメリカでは、人種階級の序列に公平性は存在しない。

所得が上位五分の一に入る高所得層の資産の中央値は、白人では約四四万四五〇〇ドルで、ラティニクスや黒人の高所得層のそれより約三〇万ドル多い。

黒人の中間所得者世帯は白人の中間所得者世帯よりも資産が少ない（これは、この層の黒人に比べて、この層の白人のほうが保有する住宅の資産価値が高いことによる）。

白人の貧困は黒人の貧困ほど悲惨ではない。黒人の貧困層は、同じように貧困にあえぐ世帯が多い地域に住む場合が多く、公的資源《リソース》や雇用機会の不足につながっている。社会学でいうところの、黒人貧困層にみられる「二重負担」の状態だ。

たとえば、シカゴ都市圏の黒人貧困層は、白人貧困層に比べて貧困率の高い地域に住む可能性が一〇倍高い。黒人の貧困は密集し、白人の貧困は散在している。そのため黒人の貧困層はほかの貧困者にかこまれているが、白人の貧困層は貧困層以外の人々と交流できる。

こうした不公平をすべて資本主義のせいにするのは、すべてをレイシズムのせいにするのと同じくらい間違っている。

こうした不公平は資本主義をなくせば解消できると考えるのも、こうした不公平はレイシズムをなくせば解消できると考えるのと同じくらい間違っている。

かりに資本主義国家でレイシズムを撤廃すれば、貧困層の黒人と貧困層の白人のあいだの不公平、中間所得層のラティニクスと中間所得層のアジア人のあいだの不公平、富裕層の白人と富裕層の先住民のあいだの不公平はある程度は縮められるかもしれない。

一九六〇年代と一九七〇年代のアンチレイシズムポリシーは、こうした不公平をある程度は解消することに成功した。だがアンチレイシズムポリシーだけでは、アジア系の富裕層とアジア系の貧困層のあいだの不公平、白人の富裕層と「ホワイト・トラッシュ」のあいだの不公平、すなわち人種階級のあいだの不公平をなくすことはできない。

ここ数十年、各階級内の人種による貧富の差は縮小傾向にあった。だが、各人種内の貧富の差は拡大した。こういった不公平を正当化する「階級レイシズム」も広まってきた。

最上のアンチレイシズムポリシーがあっても、反資本主義ポリシーなしには「階級レイシズム」をなくせない。同様に、最上の反資本主義でも、アンチレイシズムがなければ階級レイシズムをなくせない。

その好例が、一九五九年に革命家によって資本主義が撤廃された社会主義キューバで、アフリカ系キューバ人が直面しつづけているレイシズムだ。このことは、歴史学者のデヴィン・スペンス・ベンソンの著作に詳しく記されている。

キューバの革命家たちは、アフリカ系キューバ人に対して、「黒人としてではなく、市民として」、レイシズムを克服した理想的な〝ポスト・レイシャル〟の国としてのキューバへの同化を求めた。それは白人キューバ人の社会規範とレイシズム思想に基づいた考え方であり、一九六一年に、三年間のレイシズム撲滅キャンペーンが突然終了したあとに出てきたものだった。

社会主義や共産主義が、自動的にアンチレイシズムになるわけではない。レイシストの白人労働者を疎外しないために、分離主義的あるいは〝ポスト・レイシャル〟なプログラムをおしすすめてきた社会主義者や共産主義者もいる。

たとえば、一九〇一年のアメリカ社会党（ＳＰＡ）の創立総会では、代議員たちが〝反リンチ請願書〟の採択を拒否している。ある社会主義、共産主義の組織では、同化主義者の指導者が、有色人種のメンバーに人種的アイデンティティをかかげることや、アンチレイシズムの運動に参加することをやめるようにうながし、こうした行動はみずからの人種集団の利益を代弁する「アイデンティティ政治」だと批判した。

こうした社会主義者や共産主義者のなかには、自分たちのイデオロギーの道標となっている書物に、人種に関する記述があることをよく知らなかった人がいたのかもしれない。

カール・マルクスは、「アメリカ大陸での金銀の発見、鉱山での原住民の排除と奴隷化と埋葬、東インド〔ここではインド、インドシナ、東インド諸島などの地域を指す〕への征服と略奪の開始、アフリカが黒い肌を求めた商業狩猟の戦場と化したこと、これらは資本主義的生産の時代の黒人の命を軽んじるバラ色の夜明けを告げるものであった」〔『資本論』英語版第一巻〕と書いている。マルクスは、〝レイシズムと資本主義の双子〟の誕生を認識していたのだ。

一九二〇年代、W・E・B・デュボイスはカール・マルクスの著作をむさぼるように読みはじめた。世界恐慌による貧困問題は白人社会よりも黒人社会で深刻化し、ニューディール政策での黒人労働者に対する政府の旧態依然としたレイシズムを目の当たりにしたデュボイスは、アンチレイシズム的な反資本主義を構想するようになった。

しかしそんなデュボイスに対して、伝統的黒人大学であるハワード大学の経済学者エイブラム・ハリスは、反資本主義とアンチレイシズムを結びつける構想を受けつけず、考えなおすよう求めた。ハリスは、肌の色の境界線《カラーライン》をかたくなに無視する〝ポスト・レイシャル〟なマルクス主義に染まっていた学者で、いわば〝カラーブラインドネス〟を標榜《ひょうぼう》するレイシストと同じような存在だ。

だがそのときすでにデュボイスの頭は、結合した双子、すなわち現在の学者たちが「人種資本主義」と呼ぶものでいっぱいだった。

黒人労働者の「もっとも日常的で過酷な苦しみは、資本家からではなく、周りの白人労働者から生じている」とデュボイスは述べている。「白人労働者は（略）黒人から選挙権を奪い、教育や労働組合への加入を拒否し、まともな家や住宅地から追放し、公然とカラーリズムの侮辱を浴びせている」

さらに、アメリカには白人の「労働者階級貴族が存在する」とデュボイスは主張した。「階級は水平にではなく、縦に切り分けられた。それは人種による階級の完全な分離であり、経済的な階層にナイフを入れるものだった」。この〝縦切りのナイフ〟こそが、何世紀にもわたって研ぎすまされてきたレイシズムだった。「これは論争の余地のない明白な事実だ。だがこの人種と階級の問題はマルクスのロシア共産主義では無視されていたものであり、アメリカでも議論されることはないだろう」

だが、デュボイスはこれを論じた。彼は主張した――

アンチレイシズム的反資本主義は、水平的な階級の裂け目と垂直的な人種の裂け目、そしてなによりも、その二つが交差する部分を、人種と経済を平等化するポリシーによって封じこめることができる、と。

一九四八年、デュボイスは「才能ある一〇分の一」の黒人エリートが重要だというそれまでの考えを公式に放棄し、「指導的な一〇〇分の一」という考えを訴えはじめた。すなわち、黒人の地位向上には一〇〇人に一人のリーダー的存在が必要だと主張したのだ。

このデュボイスの呼びかけに応じるようにして生まれたアンチレイシズム的反資本主義のリーダーたちは、一九五〇年代の〝赤狩り〟によって潜伏生活を強いられたり刑務所に追いやられたりしたが、一九六〇年代にはふたたび勢力をとりもどした。

アンチレイシズム的反資本主義は、二一世紀に入っても、「グレート・リセッション〔リーマン・

ショックやサブプライムローン問題に端を発する金融危機」」の余波として生じた「ウォール街を占領せよ」運動、「ブラック・ライブズ・マター」運動、民主社会主義運動などとして結実し、盛りあがりを見せた。

プリンストン大学の研究者キアンガ＝ヤマアタ・テイラーの言葉を借りれば、そこには「レイシズムと資本主義のあいだには切っても切れない関係がある」という認識があった。

そしてアンチレイシストの反資本主義者たちはいま、選挙で選ばれ、反資本主義の活動を広げ、資本主義の虚構をあばこうとしている。

ぼくは、社会主義者や共産主義者とは別のものとして「反資本主義者」という言葉を使っている。それは公私ともに資本主義に疑問をもち、嫌悪してはいるが、みずからを社会主義者や共産主義者だとは見なしていない人たちもふくめるためだ。

さらに、ぼくが「反資本主義者」という言葉を使うのは、資本主義を擁護する保守派が、政敵であるリベラル派や社会主義者は資本主義に反対していると主張しているからでもある。

これらの保守派は、あらゆる人にセーフティネットを提供するための努力は「反資本主義」だと言う。

独占をふせぐための努力も「反資本主義」だと言う。

労働組合を強くして搾取的な経営者の力を弱めるための努力も、労働者の雇用を標準化する計画や、大企業から消費者、労働者、環境を保護するための規制も、「反資本主義」だと言う。

富裕層に中流階級より高い税率を課して偏った富を再分配し、ベーシックインカムを保証する法律も「反資本主義」だと言う。

貧困をなくすための闘いも、教育や医療、公共事業、マスコミ、収監者の生活必需品などからも利益を上げようとする動きをふせぐキャンペーンも「反資本主義」だと言う。

保守派はこのように言うことで、自分たちの支持する資本主義を次のように定義している――。

資本主義とは、搾取によって人々を経済的破滅に追いこむ自由であり、組合を叩きつぶす自由である。

資本主義とは、保護されていない消費者や労働者、環境を食いものにする自由であり、気候変動より四半期の利益を重視する自由である。

資本主義とは、中小企業を圧迫して大企業を優遇する自由であり、正当な競争を免《まぬか》れる自由、税金を払わない自由である。

資本主義とは、中流階級と下層階級に重い税負担を課す自由であり、あらゆるモノや人を商品化する自由である。

資本主義とは、貧しい人々を貧しいまま、中間所得者を中所得者のままにし、金持ちをさらに豊かにする自由のことである。

なによりも資本主義の歴史――世界大戦、階級化、奴隷取引、奴隷化、植民地化、賃金の抑制、土地と労働力と資源と権利の剥奪――が、この保守派による資本主義の定義の正しさを裏づけている。

だが、民主党のエリザベス・ウォーレン上院議員のように、「骨の髄《ずい》まで資本主義者」を自称するリベラル派による資本主義の定義は違う。ウォーレンは、資本主義の意味を尋ねられてこう答えた。

「わたしは市場と、それが機能したときに生まれる利益の価値を信じている。わたしは、しっかりとしたルールのある市場がもたらす競争を好む。（略）資本主義で問題が起こるのは、ルールが適用されていないとき、市場が公平な競争の場になっていないとき、あらゆる富が一部に集中しているときだ」。そういうときは欺瞞と窃盗につながるのだという。

「窃盗は、資本主義ではない」とウォーレンは言う。彼女はこうした状況をふせぐための規制と改革を提案しているが、保守派の反対派からは「反資本主義」だと見なされている。保守派からすれば、こうした規制がおこなわれているほかの国は、資本主義国とは呼べないと言うのだ。

この窃盗を終わらせるためのルールを確立し、施行し、望ましくは白人のミドルクラスだけでなく、すべての人種階級のために競争の場を公平にしようとするウォーレンの努力は称賛されるべきだ。だが、かりにウォーレンが成功したとしても、その新しい経済システムはアメリカ史上、まったく新しい形で運営されることになるだろう。

これから実現する新しい経済システムが資本主義ではないか、とって代わられた古いシステムが資本主義ではなかったかのどちらかになる。両方とも資本主義だということはありえない。

ウォーレンらが資本主義を「市場」と「市場ルール」、「競争」と「勝利がもたらす利益」といった要素で定義するとき、そこからは「窃盗」や「レイシズム」「性差別」「帝国主義」といった要素が切りはなされている。

そんなものが資本主義だと思っているから、彼らはいつまでも〝骨の髄まで資本主義者〟でいられるのだ。

しかし、歴史はそんな資本主義の定義を認めていない。

市場、市場ルール、競争、勝利がもたらす利益は、近代に入って資本主義が台頭するずっと前からあった。資本主義はそこでさらに、世界規模の窃盗や、人種的に不平等な競争の場、前例のない規模で一握りの者が吸いあげる富を可能にしたのだ。

人種資本主義の黎明期以来、いったいいつ市場が平等な競争の場だったというのか？ いつ労働者が資本家と対等に競争できたというのか？ いつ黒人が白人と対等に競争でき、いつアフリカ諸国がヨーロッパ諸国と対等に競争できたというのか？ 市場ルールが裕福な白人国家に一方的に利益をもたらさなかった時期はあっただろうか？ 人種資本主義にそんな理想的な時期はなかった。

人類は、資本主義とレイシズムが結合した双子の生きた歴史に基づいて、資本主義とレイシズムを正直に再定義しなければならない。


二〇〇八年に金融危機が起きたとき、地球上の総人口の上位一パーセントの富裕層が保有する世界の富は、全体の四二・五パーセントだった。それがいまは、五〇パーセントになっている。

いっぽう、世界の生産年齢人口の七〇パーセントを占める三五億人の最貧困層が所有しているのは、世界の富のたった二・七パーセントにすぎない。

これらの貧しい人々のほとんどが住んでいるのは、西洋の近代的な富を生みだす源とされ、何世紀にもわたって奴隷貿易や植民地化、資源奪取の対象になってきた非白人国だ。

富の搾取は、グローバル・サウスと呼ばれる地域の主要な天然資源を所有および支配する外国企業を介して今日も続いている。「経済制裁」という名の〝脅《おど》し〟でこれらの国々の資源を強引に搾取しているのだ。こうした搾取は、外国企業と癒着している〝選挙で選ばれた〟国内の政治家によって容認されている。

人種資本主義は、地下資源の面ではきわめて豊かなのに、地上の人々はきわめて貧しいという、コンゴ民主共和国のような国の状況をつくりだしてしまう。

資本主義を愛するのなら、レイシズムも愛することになる。レイシズムを愛するのなら、資本主義をも愛することになる。資本主義とレイシズムの双子は一体となって世界を破壊する。

〝資本主義とは、自由市場、競争、自由貿易、需要と供給、生産手段の私有化などを体現したものにすぎない〟という考えは、底が浅く、歴史に反している。〝だれかにレイシストというレッテルを貼ることがレイシズムだ〟という白人至上主義者の考えと似たようなものだ。

資本主義の一般的な定義は、一般的なレイシズムの定義と同様、歴史的にも物質的にも現実には存在しない。資本主義は本質的にレイシズム的であり、レイシズムは本質的に資本主義的だ。不自然な原因によってともに生まれたこの双子は、いつか不自然な原因によってともに死ぬことになるだろう。

でなければ、人種資本主義は、盗みと強欲な不平等の新たな段階に突入することになるだろう――とくに改革を求める活動家が、双子が一体であることを見抜けず、それぞれと個別に闘おうとするならば。

父と母からは心配されていた。でもぼくは、この黒人居住区に引っ越してきて、生きていることを実感できた。黒人について研究し、黒人の地位を向上させるためには、黒人の近くで生活しなければならないと感じていた。しかも、ただの黒人ではなく、貧しい黒人たちの近くに。

あの頃、ぼくは貧しい黒人こそが、自分たちを真に代表する本物の黒人だと考えていた。ぼくは、都市の貧困を考えることを入口にして、この〝本物の黒人たち〟が住む犯罪と貧しさにまみれた場所に入っていこうとしていた。

ぼくは、都市部の貧困や詐欺、犯罪、セックス、ギャンブルこそが〝本物の黒人の世界〟だと見ていたのだ。

だが、長らくエボニー誌の編集長をつとめたレロン・ベネット・ジュニアにすれば、そういう見方は、一九六〇年代後半から一九七〇年代初頭にかけてつくられた黒人向けの映画ジャンル、「ブラックスプロイテーション〔black（黒人）とexploitation（搾取）を合体させた造語〕」の映画を思いおこさせるものだった。

その時代のブラックパワー運動は、白人が定めた同化主義的な基準を打ちくだき、創造的な黒人たちを「ブラック・スタンダード」と呼ばれる新しい黒人の美学の構築へと駆りたてた。出演者は黒人で、都市が舞台だ。黒人のヒーローとヒロインが活躍し、ポン引きやギャング、売春婦、強姦魔が登場するブラックスプロイテーション映画は、まさにそんな時代を反映したものだった。

父と母はそれぞれ『黒いジャガー』（一九七一年）と『スーパーフライ』（一九七二年）を公開当時に観ていた。けれども、一九七一年の『スウィート・スウィートバック』は、自分たちが信じるキリスト教の神学（解放的なものではあったにしても）と相容れないという理由で観ていない。

この『スウィート・スウィートバック』は、売春宿育ちの黒人男性が主人公だ。主人公はロス市警の白人警官の残忍な行為を目撃し、警官たちを打ちのめして逃走する。貧困地域を逃げまわり、警察と攻防をくりひろげ、セックスの能力を駆使して女たちの手を借り、メキシコに逃亡して自由を手に入れる。

「この映画は黒人の美学のためにつくった」と同作品の主演・脚本・監督を担当したメルヴィン・ヴァン・ピーブルズは言う。「白人の批評家はそれに慣れていない。この映画はいっさいの妥協なく黒人の人生を描いている」

ぼくもまた、黒人の生活を〝妥協することなく〟体験したかった。二〇〇五年にノース・フィラデルフィアに移り住んだとき、ぼくは黒人であることについての相反する二つの思いをかかえていた。レロン・ベネット・ジュニアがエボニー誌上の『スウィート・スウィートバック』の映画評で使った言葉を借りれば、それは「黒人であることは美しい《ブラック・イズ・ビューティフル》」と、「黒人であることは不幸《ブラック・イズ・ミザリー》」という二つの思いだった。

ベネットはこの映画でのヴァン・ピーブルズの作風を強く批判していた。

「黒人の貧困を礼賛し、虚像の貧困を知恵と魂の孵化器だと見なし、愚かにも黒人の美学を空きっ腹のくせに尻の大きな売春婦たちと同一視し、(略)涙や苦悩を美化するのは、黒人を安っぽい人間としてもてあそんでいるのと同じだ」

ぼくはこの地区のアパートを選んだ自分を〝とてもリアル〟で、〝とてもブラック〟だと思っていた。けれども実際には、ぼくは貧しい黒人を安っぽい人間としてもてあそぶレイシストだった。

黒人貧困層の劣等感が生みだす危険性にレイシズム的な恐怖を感じて黒人居住区から離れようとする人々がいるなかで、ぼくは黒人貧困層の危険性や本物らしさと接するときに感じるレイシズム的な優越感を味わいたくて、貧しい黒人たちに近づいていた。

低所得者層の居住区におおぜいの裕福な白人が移り住むことでその地区の開発を推進する、「ジェントリフィケーション」と呼ばれる開発手法がある。ぼくがおこなおうとしたのは、これを逆転させたような、いわば〝黒人化のジェントリフィケーション〟だった。つまり、苦労知らずの黒人である自分が、本物の黒人として開発されることを期待して、のこのこと貧しい黒人居住区に移り住んだのだ。

アンチレイシストであろうとする者は、貧しい黒人もエリートの黒人も、黒人を代表するものではないと考える。でも当時のぼくは、文化は下から上へと伝わると信じていた。つまり、物質主義や個人主義、同化主義に毒された黒人エリートが文明化されるためには、「底辺」を体験しなければならないと思っていた。当時のぼくは貧しい黒人は「底辺」であると同時に「黒人性《ブラックネス》」の基盤であるとも考えていた。

甘やかされたミドルクラスの黒人男性である自分が、この地区に住むことで、黒人としての本物らしさを少しは分けてもらえるのではないかと期待したのだ。底辺出身の黒人がつくったラップ・ミュージックを聴くだけでは、リアルな黒人にはなれないと思っていた。

そのときのぼくの考えときたら、一九五七年に出版されたE・フランクリン・フレイザーの『ブラック・ブルジョワジー *Black Bourgeoisie*』の内容そっくりそのままだった。

フレイザーは白人エリートを規範とし、黒人エリートを劣った存在だと見なした——黒人エリートは、あっさりと人種的な裏切りをし、これ見よがしに金を使い、政治的に腐敗し、搾取的で、不条理にも自分たちを抑圧する白人を手本にしようとする、と。

この黒人エリートについての逆転した階級レイシズムはまたたくまにある種の〝信仰〟として広まり、黒人の大半は病的だというすでにあった〝信仰〟と組み合わさるようになった。

一九六三年にベストセラーとなったダニエル・パトリック・モイニハンとの共著『人種のるつぼを越えて：多民族社会アメリカ』のなかで、社会学者のネイサン・グレイザーは、ほかの人種のミドルクラスとは異なり、「黒人のミドルクラスは、（略）黒人の社会問題の解決にほとんど貢献していない」と論じている。またグレイザーは、なんの裏づけも示さず、黒人ブルジョワジーはほかの人種のブルジョワジーより社会的責任の面でも劣っていると位置づけた。

もちろん、このようなレイシズム的な考えは間違いだ。

その一〇年前、公民権、経済的正義、人種隔離撤廃を求めて壮大な闘争をはじめたのは、マーティン・ルーサー・キング・ジュニアと黒人ブルジョワジーであるエリートの若者世代だったのだから。

ぼくの世代の黒人エリートの若者たちも、自分たち自身の闘争に突入していた――ぼくたちは黒人研究《ブラックスタディーズ》に、そして黒人空間《ブラックスペース》に突入していった。

第13章 区別される空間、区別されない空間 SPACE

空間レイシズム 人種化された空間（人種ごとに分かれている空間＝人種空間）のあいだに公的資源の不公平をまねき、ある人種空間を排除するレイシズムポリシーが集まったもの。人種空間についてのレイシズム的な考えによって実体化される

空間アンチレイシズム 統合され保護された人種空間のあいだに公平をもたらす、さまざまなアンチレイシズムポリシーが集まったもの。人種空間についてのアンチレイシズム的な考えによって実体化される

ぼくたちはアフリカン・アメリカン研究の仲間が集まる場《スペース》を「黒人空間《ブラックスペース》」と呼んでいた――この空間を支配していたのは、生身の黒人であり、黒人の思想、文化、歴史だったからだ。もちろん、テンプル大学のほかの空間のほとんどは、白人や白人の思想、文化、歴史によって支配されていたが、そこには白いラベルは貼られていなかった。その空間の白さは、カラーブラインドネスというベールでおおいかくされていた。

テンプル大学の黒人空間でもっともよく知られた人物は、間違いなく教授のモレフィ・ケテ・アサンテだろう。アサンテは一九七〇年に黒人研究ジャーナル *Journal of Black Studies* を創刊して以来、黒人と白人のあいだにかけられたカラーブラインドネスという暗黙のベールに穴をあけてきた。

アサンテは一九八〇年に発表した独創性に富んだ著作『アフリカ中心主義 *Afrocentricity*』のなかで、同化主義者を厳しく批判し、黒人たちにアフリカ中心の視点をもつことを求め、次のような主張を展開した。

世界を見る方法は一つではないはずだ。だが、あまりにも多くの黒人が、あたかもそれが唯一の「視点」であるかのようにヨーロッパの目を通して世の中を眺めている。じつのところ、ヨーロッパの文化は世界の文化を装い、ヨーロッパの宗教は世界の宗教を装い、ヨーロッパの歴史は世界の歴史であることを装っているだけだ。ヨーロッパを主題にしてみちびかれた理論も、普遍的であることを装っている。アサンテは、「ヨーロッパに固有のものを普遍的なものとする考えを拒絶することが、来たるべき知的闘争の第一段階である」と書いている。

一九八七年、アサンテはこの闘争を前進させるために、テンプル大学に全米初のアフリカン・アメリカン研究の博士課程を設立した。その二〇年後に、ぼくが進学することになる課程だ。

ぼくが進学した当時、アサンテとともにこの博士過程を率いていたのは、アマ・マザマ教授だった。西インド諸島のグアドループ出身で、パリのソルボンヌ大学で言語学の博士号を取得した彼女は、アメリカ以外の国でのほうが知名度は高かったかもしれない。でもそんなことは気にもせず、アメリカにとどまって自分の研究分野を講義することを楽しんでいた。マザマの研究分野は、アフリカ中心主義のパラダイムやアフリカの宗教、さらにはカリブの文化や言語、アフリカ系アメリカ人の家庭教育などと幅広かった。

マザマはアフリカの伝統を心の底から愛していた。だからこそ、アフリカ人がヨーロッパの伝統を崇拝しているのを心底きらっていた。マザマはそうした人々を、嫌悪感から「ニグロ」と呼んだ。

マザマの話しぶりは、その小柄な身体をおおうアフリカンドレスのように柔らかだった。彼女が、年末のアフリカ系アメリカ人の伝統的行事「クワンザ」の創始者マウラーナ・カレンガと公開討論をしているのを見たことがある。討論会でもマザマの口調は、ホームスクールの子供たちに話しかけているときのように優しかった。彼女は、言葉の力は口調ではなく、語られる言葉そのものにあると教えてくれた。

マザマは批判されてもいつも冷静に反論した。彼女は、周りの大切な人たちとイデオロギーに違いがあることを、むしろ歓迎していた。ぼくはマザマの考えにすべて共感していたわけではないが、アフリカの人々への深い愛情と、研究者として理想に燃え、闘う気持ちをもっていることは同じだった。こんなに知的で自信に満ち、恐れを知らず、明晰な人には会ったことがなかった。

ぼくの修士論文の指導教官になることを依頼すると、こころよく引き受けてくれた。彼女の知性のおこぼれを、少しでも分けてもらいたいと思った。

最初に受講したマザマの講座では、アサンテの主張である〝客観性とは、集団的な主観性にすぎない〟ことについて教わった。彼女は、「客観的であることは不可能だ」と結論づけた。

なんてシンプルな考えだろう。それを知って、ぼくの世界観ががらりと変わった。よく考えると、ぼくは客観性が大切だとされるはずのジャーナリストや学者をめざしていたが、たしかに主観的な判断をしていた。だがもし客観的であることが不可能だとしたら、ぼくにはそれに代わるものが必要だった。ぼくは中学生のように手をあげた。

「なにかしら」

「客観的になれないのなら、なにをめざして努力すればいいのですか？」

マザマは言葉を探しながら、ぼくをじっと見つめていた。そしていつもの柔らかい口調でこう答えた。

「本当のことを言えばいい。わたしたちが努力すべきなのはそれよ。真実を話すの」

アフリカン・アメリカン研究の研究室は、テンプル大学に堂々とそびえるグラッドフェルター・ホールという名のビルの八階にあった。ビルはツインタワーで、向かいには、アンダーソン・ホールという名のビルが超然とそびえていた。

中所得者層の白人の教職員と学生でほとんど埋めつくされたこの二つの高層ビルは、低所得者層の黒人があふれるノース・フィラデルフィア地区を見おろしていた。中所得者層の白人と、低所得者層の黒人という二つの世界が出会わないように、低賃金で働く警備員が、グラッドフェルター・ホールやほかのキャンパスの建物の入口で大学の身分証明書の提示を求めた。

レイシストの白人たちは、キャンパス内をゲットーの人間が歩きまわることに危険を感じていた。ノース・フィラデルフィアの黒人空間《ブラックスペース》にかこまれた状態で、自分たちの白人空間《ホワイトスペース》を守るためだ。それなのに、ぼくたち黒人学生がテンプル大学の白人空間にかこまれた黒人空間を守ろうとしている理由は理解できないようだった。

そしてレイシストの白人たちは、ノース・フィラデルフィアのぼくが住む地区と同じく、黒人研究のことも「ゲットー」と呼んだ。そしてこれらのゲットーを、ぼくたち黒人自身がつくりあげたものだと見なした。

心理学者のケネス・クラークは、みずからが一九六〇年代前半に住み、その後研究対象としたハーレムや、ぼくがその四〇年後に住み、研究対象としたノース・フィラデルフィアの「ダーク・ゲットー」の特徴を、「這いよってくる害虫」と表現した。そこには、人種化された空間すべてにさまざまな形で存在する「少年の非行」や「蔓延する暴力」といった特徴がある、と。

だが黒人居住区は危険だという決めつけはきわめて危険なレイシズムの考えであり、大きな誤解をまねくものだ。

たとえば、黒人居住区は、財布を盗まれるかもしれない犯罪だらけの場所として避けられ、汚名を着せられている。だが人々が移り住みたがる裕福な白人居住区にも、ラジオパーソナリティのトム・ハートマンが「悪徳銀行家《バンクスター》」と呼ぶような、人々の老後の蓄えを奪おうとしているホワイトカラーの犯罪者がひそんでいる。アメリカ人は「グレート・リセッション」の時期に数兆ドルもの資産を失ったが、それはおもに驚異的な規模の金融犯罪によって引きおこされたものだ。

ＦＢＩ（米連邦捜査局）の推定によれば、こうしたホワイトカラー犯罪による被害額の合計は年間三〇〇〇億から六〇〇〇億ドル。いっぽう、一九九五年に凶悪犯罪がピークを迎えていた時期でも、強盗と窃盗の被害額の合計は四〇億ドルだと報告されている。

アメリカのレイシストは、黒人居住区全体に対して、殺人や致命的な暴力が蔓延する場所という汚名を着せるが、乱射事件を起こす割合が不均衡に多い白人男性と白人居住区を結びつけようとはしない。また、白人が多く住む郊外に人を運ぶ高速道路で日常的にくりひろげられている交通事故という暴力にも目を向けない。コカインが爆発的に流行していた一九八六年ですら、殺人よりもアルコールがらみの交通事故による死亡者のほうが三三八〇人も多かった。

とはいえ、白人空間と黒人空間のどちらが暴力的かという問いの立て方は間違っている——それは空間についてのヒエラルキーをつくってしまうことになるからだ。

重要なのは、「空間レイシズム」の鎖を解き放つことだ。

空間レイシズムとは、エリートの白人空間を〃脱人種化〃し、正常化し、優遇するいっぽうで、黒人空間だけを人種化し、特殊化し、冷遇するものだ。そのような空間レイシズムの鎖をはずし、あらゆる空間を、豊かか貧しいか、非黒人か黒人かといった偏見の目で見ることなく、また、〃資本主義《キャピタリズム》とレイシズムの双子〃が生みだす影響にだまされずに、良いか悪いか、暴力的か非暴力的かを中立的に判断できるようになることが重要なのだ。

レイシズムの権力《パワー》は、集団を人種化するのと同じように空間も人種化する。ゲットー。インナーシティ。第三世界。空間は、特定の人種集団がそこを支配していることや、多数派を構成していることが知られている場合に人種化される。

たとえば黒人空間とは、〃黒人が公的に運営している空間か、黒人が多数派を占める空間〃のことだ。空間レイシズムポリシーは、公的な資金や公共サービスといった「公的資源《リソース》」を白人空間には過剰に供給し、非白人空間にはわずかしか供給しない。そのようにして、空間レイシズムは、空間に人種的なヒエラルキーをつくる。白人空間を天国のように、非白人空間を地獄のように見なすことで、公的資源の配分の不公平を正当化する。

ドナルド・トランプは二〇一六年の大統領選の討論会でこう語った。「インナーシティでアフリカ系アメリカ人やヒスパニックが地獄のような状況で暮らしているのは問題だ。これらのエリアはとても危険だからだ」

また、大統領に就任した二〇一八年には、黒人やラティニクスの移民を議題にした大統領執務室での会議でこう問いかけた。

「なぜこんなにたくさんの人間がクソみたいな国からやってくるのか？」

グラッドフェルター・ホールの八階でエレベーターを降りると、「フィッシュボウル（金魚鉢）」と呼ばれているガラス張りの教室が真っ先に目に飛びこんでくる。この教室にはたいてい、ひとくせある黒人の学生《フィッシュ》たちが輪になって座っていた。その多くは黒人の多い大学やカレッジからフィラデルフィアにやってきた学生で、みんないまだに母校の誇りにひたっていた。

ある日の授業前、ミシシッピ州のジャクソン州立大学から来た学生が、同校のマーチングバンド「ソニック・ブーム」をこの国で最高のマーチングバンドだと自慢げに言いきった。どうだと言わんばかりにこっちを見てくるので、ぼくはただ大げさに笑いとばすことで、自分の言いたいことを一言も言わずに伝えてやった。

そういう具合にぼくたちはみな、母校のバンドや学術的業績、ホームカミング〔毎年恒例の卒業生との交流会〕、伝統、卒業生を誇りに思っていた。

テネシー州のフィスク大学出身のアリもそうだった。

「うちの学校の学部を出た人間は、ほかの歴史的黒人大学（ＨＢＣＵ）より博士号の取得者が多いんだ」。ある日、アリはそう誇らしげに言った。ぼくたちはみな、フィスク大学は輝かしい歴史があることをもちろん知っていた。でも最近ではフィスクのような小規模の私立の歴史的黒人大学は、学生や収入、寄付金が大幅に減り、評価も下がっているのも知っていた。

「なあ、いまは一九〇六年じゃなくて二〇〇六年だぜ」だれかがぼやいた。「フィスクで博士号をとったやつらを全員集めても、このフィッシュボウルに楽におさまるね」

またほかだれかが大きな声で言った。「いまフィスクに学生は何人いる？　二〇〇人か？」

ジョークはさておき、ぼくはアリの母校に対するプライドや、それぞれの出身校である歴史的黒人大学に対するクラスメートたちのプライドを、それがときにどんなに突飛な内容であってもリスペクトしていた。

逆に、歴史的黒人大学をきらうクラスメートはリスペクトできなかった。ところがだれよりも母校を憎んでいたのは、よりによってぼくと同じフロリダ農工大学（ＦＡＭＵ）出身のナシェイだった。この大学院にはＦＡＭＵの卒業生はぼくとナシェイしかいなかった。

ナシェイは、ぼくがＦＡＭＵの黒人がいかに優秀かという例を口にするたびに、それにけちをつけた。テンプル大学の学生がキャンパスの外にひそむ危険に文句をつけるのと同じように、ＦＡＭＵのキャンパスにひそむ無能さに文句をつけていた。

ある日、フィッシュボウルで授業を待っていたとき、ぼくはがまんの限界に達した。

「なんでいつもＦＡＭＵのことを悪く言うんだよ」

「あなたには関係ないでしょ」

ぼくは食いさがり、ナシェイは抵抗したが、ついに口を開いた。

「ＦＡＭＵはわたしの成績証明書を台無しにしたのよ！」

「え？」ぼくは戸惑いながら尋ねた。

「成績証明書を送ってと頼んだら、ありえない内容のものを送ってきた。あんな仕事のできない人たちに成績証明書を扱わせるなんて」

ナシェイはそこで話を終えた。そのあとの授業中も、彼女の言葉が頭から離れなかった。なぜナシェイは、ＦＡＭＵの事務員の一人がとんでもないミスを犯したからといって、大学全体――ぼくの母校――を非難するのだろう？　でもよく考えれば、ぼくは同じような言葉を自分でも吐いたことがあるし、周りの人がそう言っているのを何度も耳にしてきた。歴史的黒人大学の事務局を財源不足だと非難するのを聞いたこともある。また歴史的白人大学（ＨＷＣＵ）に属する黒人の学生や教員が、歴史的黒人大学（ＨＢＣＵ）には絶対に行きたくない、あんな運営費の不十分なゲットーみたいな大学なんて嫌だと言っているのを聞いたこともある。歴史的黒人大学の教職員が、暗いゲットーから抜けだして歴史的白人大学に移りたいと話しているのも聞いたこともある。

ぼくの叔父もいつだったか、歴史的黒人大学は「現実の世界」を反映していないと言っていた。同じようなことをダートマス大学出身の、アフリカ系アメリカ人の女優アイシャ・タイラーも発言していた。

これは〝黒人の学生は、白人が多数派を占める大学に通うことで、白人が多数派を占める国での生き方を学んだほうが良い〟という考えだ。

しかし現実には、多くの割合の、おそらくはほとんどの黒人アメリカ人は、黒人が多数派を占める地域に住み、黒人が多数派を占める就職先で働き、黒人が多数派を占める団体や組織をつくり、黒人が多数派を占める空間で人づきあいをし、黒人が多数派を占める教会に通い、黒人が多数派を占める学校に子供を通わせる。

黒人空間は現実を反映していないという主張は、黒人が少数派であることを前提とした白人の世界観から生まれている。〝現実のアメリカは白い世界だ〟と頭から決めつけているのだ。けれども、アンチレイシストであろうとする者は、唯一絶対の「現実世界」などというものは存在せず、いくつもの現実世界があり、いくつもの世界観があると考える。

もちろん、ぼくは経済学者のトーマス・ソウェルが一九七四年に書いたように、「黒人大学のなかではトップクラスでも、一流大学の質には遠くおよばない」と言う人がいるのも知っている。たとえばコラムニストのジェイソン・ライリーは二〇一〇年九月二八日のウォールストリート・ジャーナル紙に、「ソウェルの主張はいまでも正しい」と書いている。えり抜きの歴史的黒人大学でさえ、「テキサス大学オースティン校のような州立大学にも後《おく》れをとっている。スタンフォードやエールのような名門大学とは比較にもならない」と。

ライリーは、〝黒人空間を裕福な白人空間と比較する〟という不公平な常套手段を用いて空間レイシズムの立場を守り、黒人空間をおびやかそうとした。

たしかに二〇一六年の寄付金の額を比べても、もっとも裕福な歴史的黒人大学であるワシントンDCのハワード大学でも、テキサス大学オースティン校の五分の一、スタンフォード大学やエール大学の三六分の一しかない。人種間の富の格差は寄付の格差も生みだすのだ。

公立の歴史的黒人大学の場合、格差は、州政府からの予算配分にも現れる。各校のこれまでの実績に基づいて大学への予算配分を決めている州があるが、これは現時点の格差をさらに拡大させるレイシズムポリシーである。予算の多くが歴史的白人大学に充当されてしまうからだ。

空間の本質を決めるのは、〝資本主義とレイシズムの双子〟から生みだされたさまざまな資源《リソース》だ。人は資源で空間をつくる。

人種階級を超えて空間を比較するのは、重量階級の違う格闘家を闘わせるようなものだ。それは格闘技の世界では不公平なことと考えられている。すなわち〝黒人貧困層の居住区〟が比較されるべきは〝白人貧困層の居住区〟であり、〝白人富裕層の居住区〟ではない。〝黒人の中小企業〟が比較されるべきは〝白人の中小企業〟であり、〝白人の大企業〟ではない。

実際、同じような予算規模の大学を比較すると、歴史的白人大学よりも歴史的黒人大学のほうが黒人の卒業率が高い。また平均的に、歴史的黒人大学を卒業した黒人は、歴史的白人大学を卒業した黒人よりも、経済的、社会的、身体的に良い条件にある可能性が高い。

ぼくはナシェイに、自分の内なる空間レイシズムを考えさせられた。でも、彼女の話には続きがあった。

ナシェイが白人大学の学部生だったとき、彼女は学資援助担当者に数千ドルを横領されていたのだ。それでも彼女は、その大学を高く評価していた。成績証明書の不備一つで黒人大学をこきおろしていたのに、なんという欺瞞《ぎまん》だろう。でもそのとき、彼女への怒りは、自分にそのまま跳ね返ってきた。

ぼくはそれまで、白人空間《ホワイトスペース》で過《あやま》ちが起きたときにはいつも、空間全体ではなく個人の問題だととらえがちだった。いっぽう、黒人の教会や集会といった黒人空間《ブラックスペース》で過ちが起きたときにはいつも、それを一般化し、個人ではなく空間全体の問題だと見なしてきた。黒人の企業から嫌なことをされたとき、その企業ではなく黒人企業全体に文句を言ったことも幾度となくあった。

銀行は、黒人の起業家よりも白人の起業家に二倍の確率で融資をする。白人に優位なこの状況を、アンチレイシストは以前から「氷だって白人のは黒人のより冷たい」と冗談にしてきたが、一般の顧客はまさにそのような根拠のない思い込みから、黒人企業を「ゲットー」のように避けている。

そのときのぼくはもちろんこのことを知っていた。それでも心のなかの対立する人種意識によって、ある若手黒人作家が二〇一七年に黒人向けウェブサイト「ブラヴィティ（Blavity）」に書いたのと同じような考えをもつようになっていた。そのサイトにはこう書かれていた。

「わたしは頭では、黒人が資本や教育、物理的空間への平等なアクセスを拒否されてきたことを知っている。だがそのような扱いをされたことが、黒人の店のサービスの質が悪いことへの言い訳になるだろうか？」

だが、良い商品を提供するときと同じで、良いサービスを提供するにも、それなりの投資が必要なのではないだろうか。ぼくたちは黒人空間の上空をレイシズムの雨雲がおおっていることはわかっている。それでもやはり、その雨雲から雨が降ってきたときにショックを受けてしまう。

ぼくは〝ブラック・イズ・ビューティフル〟という言葉を信じていた。でも、黒人空間についてはそう思っていなかったのか。ぼくのすべては黒人空間でつくられたと言っても過言ではなかったのに。黒人居住区。黒人教会。黒人大学。黒人研究。ぼくは自分をはぐくんだ世界をおとしめようとしていたのだ。

空間レイシズムの歴史は長い。

それは第三代大統領トーマス・ジェファーソンが文明化と解放によって「黒人問題」の解決を試みたことからはじまる、アメリカ史の一部と言ってもいい。

ジェファーソンは一八一一年の書簡で、国内の黒人たちをアフリカに送還して「文明の種を母国にもちかえらせる」ことを提案した。しかし当の黒人たちは祖先の故郷であるアフリカ大陸を「無知と野蛮」から救うことに関心はなかった。一八一七年、解放されたフィラデルフィアの黒人たちは「野蛮なアフリカ」には行きたくない、と決意をかためた。

いっぽう、奴隷所有者たちは奴隷から解放された黒人の野蛮さをなげいていた。南部の経済誌ドゥ・ボウズ・レビューのある記者は、一八五九年から一八六〇年にかけて寄稿した記事で、「道徳的で、幸せで、勤勉な解放された黒人の共同体」を世界各地に探し求めたが、「この地球上にそのような共同体は存在しないという結論にいたった」と述べている。

南北戦争の終盤の一八六五年一月一二日、ウィリアム・T・シャーマン将軍とエドウィン・M・スタントン陸軍長官は、ジョージア州サバンナで黒人指導者二〇人と会談した。黒人側の代表をつとめた牧師のギャリソン・フレイザーが「自分たちが自由になるには土地が必要だ」と伝えると、スタントンは「白人に混じって生きていくのか、黒人だけの共同体をつくって住むのか」と尋ねた。「自分たちだけで生きたい」フレイザーは答えた。「南部にはまだわれわれに対する偏見があり、それを克服するには何年もかかる」

四日後、シャーマン将軍は特別野戦命令第一五号を発布して南軍の地主たちから土地を没収し、自軍を撤退させた。それにより、黒人たちには軍のラバと、サウスカロライナ州とジョージア州の沿岸平野にある「四〇エーカーほどの土地」があたえられた。シャーマンは「唯一かつ独占的な管理権は、自由になった人々にゆだねられる」と命令した。

当時、新聞編集者としてもっとも影響力のあったホレス・グリーリーは、ニューヨーク・トリビューン紙の一八六五年一月三〇日の紙面で、シャーマン将軍の命令は黒人から「奴隷のときに奪われていた高度な文明を、白人の教師や隣人から伝授してもらう機会を逃してしまう」と考え、解放された南部の黒人も「北部の同胞のように白人文明との接触によって助けられるはずだ」と述べた。

だが黒人たちはグリーリーの示した〝白人と非白人を同じ空間に置く〟という「統合主義」の戦略を拒絶した。

一八六五年六月の段階では、約四万人の黒人が四〇万エーカーの土地に定住していた。だが、リンカーンの後継となったアンドリュー・ジョンソンの新政権の後押しを受けた南軍の地主たちが、その土地はもともと「自分たちのもの」だと主張し、奪還しはじめた。

白人と非白人を同じ空間に置くという統合主義の戦略は、そうすれば有色人種《ピープル・オブ・カラー》の野蛮さも白人のレイシズムも解消するだろうという虫の良い望みだった。白人の近くに置くことで黒人を癒やそうとしていたのだ。白人による迫害が、なおも続いていたというのに。

だが暴力的な奴隷制度をさんざん耐えしのんできたフレイザーら黒人にとっては、白人と同じ空間に置かれるのはもうたくさんだった。彼らは白人との分立ではなく、白人のレイシズムとの分立《セパレーション》を望んだ。分立はかならずしも分離《セグレゲーション》と同じではない。レイシストから分立したいというアンチレイシストの欲求は、〝劣った〟黒人とは同じ空間にいたくないという分離主義者の欲求とは違う。

統合主義者の目には、自発的に集まった黒人たちが自分たちをレイシズムから切りはなすためにつくったいわば〝連帯の空間〟が見えず、黒人たちは白人が憎くてその空間をつくったのだと考える。つまりその空間を、〝文化的な連帯やレイシズムに反対する連帯の空間〟ではなく、〝白人と黒人を隔離するための空間〟だと見ている。統合主義者はこの空間を、黒人が黒人であるために必要な場所ではなく、黒人が白人から離れるために必要な場所だと考える。そしてこの、黒人が白人から離れようとする意思を、白人分離主義者が黒人と離れようとする意思と同一視する。つまり、黒人が文字どおり生きのびるための空間を、白人至上主義を温存するための空間と同じものと見なすのだ。

〝分離《セグレゲーション》〟と〝分立《セパレーション》〟を同じものだと見なす統合主義者は、ジム・クロウ法の「分離すれど平等」と同じ考えにしたがっている。

分離主義者は、一八八五年のアトランタ紙の編集長ヘンリー・W・グラディの言葉を借りれば「それぞれの人種には平等な施設を提供するが、分離はする」というみずからのポリシーを投影することで、分離と分立の境界線を曖昧にした。

一八九六年の「プレッシー対ファーガソン裁判」について最高裁で下された判決によって、この人種間をへだてる暗黙のベールの存在は正当化されるようになった。「分離すれど平等」という考えが、公的資源《リソース》を白人空間に偏って配分する分離ポリシーを見えにくいものにした。

たとえば一九三〇年、分離主義の考えが強かったアラバマ州では、白人の学生一人あたりの教育予算は三七ドル。これに対し、黒人の学生の場合はわずか七ドルしかなかった。ジョージア州でも三二ドル対七ドル、サウスカロライナ州でも五三ドル対五ドルと、白人の学生のほうに黒人の学生よりも潤沢な予算が使われている。ちなみに、ぼくの母方の祖父母はこの時期ジョージア州に住んでいたが、黒人が通える高校はなかった。

市民権運動にとって、「分離すれど平等」の判決のうち、担保されていると思われた「平等」の部分も、じつは手ごわい敵であることがわかった――黒人の組織や施設が、白人と同等の公的資源《リソース》を得ることは実質的に不可能だった。

そこで全米黒人地位向上協会（NAACP）の「法的支援基金（LDF）」にかかわる弁護士たちは戦術を転換して「分離」を標的にし、統合主義者が用いていた「二つの人種を強制的に分離することは、有色人種は劣等だという烙印を押すことになる」という考えを復活させるようになった。この考えは一八九六年の「プレッシー対ファーガソン裁判」で判決を下したヘンリー・ビリングス・ブラウン判事が、「誤り」と呼んだものだった。

だが「プレッシー対ファーガソン裁判」の判決をくつがえすこととなった一九五四年の「ブラウン対教育委員会裁判」では、NAACPの弁護士サーグッド・マーシャルが、統合主義の最新の社会科学研究の結果を用いてこの考えの正しさを証明しようとした。

マーシャルはこの裁判のため、心理学者のケネス・クラークとメイミー・クラークの夫妻に、有名な「人形テスト」を再度おこなうよう依頼した。

黒人の子供たちに白人と黒人のどちらかの人形を選ばせるというこの人形テストでは、被験者の黒人の子供たちのほとんどは、肌の色の違う人形のなかから好ましいものとして白人の人形を選んだ。クラーク夫妻はこれを、分離が子供たちの心理に悪影響をおよぼしていることの証明だと考えた。白人の社会科学者たちもこの悪影響は永続する可能性があると主張し、最高裁は満場一致でこれに同意した。

この「ブラウン対教育委員会裁判」の判決（ブラウン判決）で、アール・ウォーレン最高裁判事はこう述べた。

「人種のみを理由として同年代で同等の資格をもつ子供たちから分離されると、「有色人種の子供たちの」地域社会におけるみずからの地位に対する劣等感につながり、取り返しのつかない形で心に影響をおよぼすことになる」

ウォーレン判事は白人学校が白人の子供たちに有害な影響をあたえているとは見なさず、「公立学校での白人と有色人種の子供の分離は、有色人種の子供に有害な影響をあたえている」と述べ、それは有色人種の子供たちの「教育と精神的発達を遅らせる」と説明した。「われわれは公教育の現場においては、〝分離すれど平等〟の方針は機能しないと結論づけた。肌の色で教育施設を分けるのは本来不公平だ」

学校の不公平は実際のところ、〝人種分離〟のせいではなく、学校に供給される公的資源《リソース》の大幅な不公平のせいだった。「プレッシー対ファーガソン裁判」と「ブラウン対教育委員会裁判」で判決を下した最高裁判事たちは、ウォーレン判事の言葉を借りれば、「黒人と白人の学校は平等であるか、平等になりつつある」という分離主義者の言葉が嘘《うそ》だったことを認めたことになる。

しかしその最高裁は、約二〇年後の一九七三年、公立学校のあいだの公的資源の不公平が否定できないほどあからさまになっていたときに、「サンアントニオ独立学校区対ロドリゲス裁判」で、公立学校に不公平をもたらしている、その地域の財産税額を基準にした補助金の配分は、合衆国憲法の平等保護規定に違反しないという判決を下した。

＊＊＊

一九七三年の前述の判決により、一九五四年の「ブラウン判決」からみちびかれる唯一の解決策、〝教育の平等を実現するためバス通学によって黒人生徒を劣悪な黒人空間から価値ある白人空間に移動させること〟が実施されるようになった。

一九五五年のオーランド・センチネル紙には、この「ブラウン判決」に憤慨した作家のゾラ・ニール・ハーストンがこう書いている。

「適切な黒人学校があり、しっかりとした教師とカリキュラムもあるのだから、白人がいないこと以外はなにも変わらない」

また、マーティン・ルーサー・キング・ジュニアも公式の発言ではないがこの件に反対し、「わたしはバスに白人と黒人が乗車できるようにすることも、公共の宿泊施設を白人と黒人が使えるようにすることにも賛成する。（略）だが公立学校を統合するのは話が別だと考えている」と一九五九年にアラバマ州モンゴメリーで二人の黒人教師に語っている。「白人は黒人を劣った存在だと見ている。（略）そのように黒人を見下す者たちに、自由な裁量をあたえてわれわれの子供たちの世話や発達をまかせることはできない」

かつて「わたしには夢がある」と演説したキング牧師の、学校統合についての悪夢は現実になった。今日、公立学校の教室では生徒はほとんどが非白人なのに、教師の八〇パーセントが白人。概して白人の教師は、おそらく無意識ではあろうが非白人の生徒への期待値が低い。白人の教師が〝黒人の生徒が卒業できる〟と信じる割合は、黒人の教師がそう信じる割合よりも約四〇パーセントも低い。一人でも黒人教師がいる小学校では、低所得者層の黒人児童の中退する可能性が二九パーセント低くなり、最低所得者層の黒人男子にかぎれば、その可能性は三九パーセント低くなる。

キングが恐れた悪夢のようなこの状態は「ブラウン判決」がもたらしたものだった。

「ブラウン判決」では、公的資源をたんまり得ながら、非白人を完全に排除し、白人と白人文化に完全に支配された〝分離型の白人空間〟の正当性が弱まったのは妥当だった。

しかし同時に、公的資源をたんまり得ながら、少数の非白人がいるだけで、白人と白人文化にほぼ支配された〝統合型の白人空間〟の正当性は強まってしまった。

白人の多数派、白人の権力、白人の文化は、分離型と統合型の空間をどちらも支配しており、それらをますます白くしている。

しかし「分離すれど平等」の暗黙のベールは、こういった不均衡な統合型白人空間や、さらに言えば、公的資源が大幅に不足し、少数の非黒人がいるだけで、黒人と黒人文化にほぼ支配された〝統合型の黒人空間〟があることなどもおおいかくしてしまう。

裁判所は、分離型か統合型かにかかわらず、黒人空間は本質的に不公平で劣っているという判決を下したのだ。

「ブラウン判決」のあと、〝統合型の白人空間〟は、〝劣った存在である非白人が向上するための理想的な統合空間〟と考えられるようになった。

そして〝統合型の黒人空間〟は、事実上、〝劣った黒人が取り残された分離された空間〟になった。一九九五年、当時シカゴの若手弁護士だったバラク・オバマは、自伝のなかで、統合は「一方通行の道」になっていると指摘した。つまり統合の考えにおいては「少数派が支配的な文化に同化したのであり、その逆ではない。中立的、客観的でいられるのは白人文化だけであり、非人種的であることができるのも白人文化だけだ」と指摘している。

こうして（白人への）統合は、〝人種的進歩〟を意味するものとしてとらえられるようになっていった。

二〇一六年、カリフォルニア大学バークレー校のデイヴィッド・L・カープ教授は「統合教育の経験は黒人の子供たちの生活に大きな影響をおよぼした」とニューヨークタイムズ紙に寄稿し、ジェットコースターのように上下してきた統合型教育の歴史が、現在はふたたび低い位置にあるという視点から考察した。

カープの考察によれば、統合型の白人学校に通う南部の黒人生徒の割合は、一九五四年に〇パーセントだったものが一九六九年には二三パーセントに増加し、一九八九年には四四・五パーセントまでふえたが、二〇一一年には二三パーセントにもどっている。「学力差」も同じようなジェットコースター型の軌跡を描いている。統合型の白人学校に通う黒人生徒がふえると、白人と黒人の学力差は縮まり、減ると差は開いた。

「統合型の学校に通っていたアフリカ系アメリカ人の学生は、分離型の学校に取り残された生徒よりも学力が高かった」とカープは主張した。標準テストの結果は、白人の生徒および白人空間に通った黒人の生徒のほうがほかよりも頭が良いことを「証明」したとされた。ただしそれでも、統合型の白人学校に通う黒人の生徒の成績があがった理由は、生徒がテスト対策を受けられるようになったからではないかという疑問は残る。

統合主義者は、彼らが〝分離型学校〟と呼ぶものの台頭に異を唱えてきた。

「一九六〇年代と七〇年代に育った多くの白人と同様、わたしも人種関係を改善するための究極の目標は統合だと考えてきた」とマンハッタン・インスティテュートの研究員タマー・ジャコビーは一九九八年に書いている。「統合という言葉には一種の魔法がかかっていた」が、いまでは「このことについて話す人はほとんどいなくなった」。人々はもう、キング牧師の「実質的にアメリカが人種的に中立になる」という「カラーブラインドの夢」を追求していない、と。

だが、キングのことを〝カラーブラインドネス〟であるとか〝人種的に中立〟であるという、統合主義者による歪曲は、キングの主張の肝を消し去るものだ。

キングは、黒人と黒人空間を、白人の世界に完全に溶けこませようとしていたのではない。もしそうだとしたら、なぜ彼は一九六七年に誇らしげに、「黒人の労働者、黒人の建築家、黒人の弁護士、黒人の金融機関を全面的に使って」アトランタの低所得者向けアパートを建設したと報告したのか？　なぜ黒人に「黒人であることを恥じる」のをやめ、自分たちの空間に投資するようにうながしたのか？

黒人の居住区、教会、大学、組織にはぐくまれたキングは、公共施設を公平に利用する権利と、あらゆる〝人種化された空間〟に公的資源が平等に行きわたることを目標にして生きていた。それはキングの非暴力主義が黒人の身体を救うものであったのと同じように、黒人の文化を救うアンチレイシズム的な戦略だった。

レイシストのなかでも、分離主義者は、黒人の身体をリンチするので、結局は統合主義者よりも黒人の身体にとって有害になる。

対して統合主義者は、黒人の文化をリンチするので、結局は分離主義者よりも黒人性にとって有害になる。

では、統合主義戦略の〝ゴール〟とはなにか、考えてみよう。

それは、〝アメリカのすべての空間に、この国の全人口に占める割合どおりに各人種の人々が存在するようになること〟だ。

つまりその空間では、黒人（一二・七パーセント）は八人に一人、ラティニクス（一七・八パーセント）は六人に一人、アジア人（四・八パーセント）は一九人に一人、アメリカ先住民（〇・九パーセント）は九九人に一人しか自分と同じ人種の人と会わない。白人（六一・三パーセント）は非白人に比べ、自分と同じ人種と多く会う。そのため白人は、〝統合型の白人空間〟を拡大するにとどまらず、非白人の施設や団体や居住区をジェントリフィケーションすることまで、すべてを得る有利な立場にある。

そこに〝白人以外の文化をはぐくむ子宮のような空間〟はもうない。あるのは、同化主義がつくりだした〝白人空間の子宮〟だけだ。歴史家ケネス・スタンプの一九五六年の言葉を借りれば、ぼくたちはみな、異なる「皮」をかぶった「ただの白人」なのだ。

これまでアメリカ人が目の当たりにしてきた、奴隷制度、ジム・クロウ法、大量収監、国境の壁などはつまり、分離主義戦略の〝ゴール〟だった。

では、アンチレイシズム戦略の〝ゴール〟とはどういうものだろうか。

それは、あらゆる公共施設が閉鎖的ではなく平等に開かれていることだ。そして文化の違いにかかわらずそれぞれに平等に公的資源が分配された、統合型の白人空間、統合型の中東系の空間、統合型の黒人空間、統合型のラティニクスの空間、統合型のアメリカ先住民の空間、統合型のアジア系の空間が、分離ではなく共存することだ。

そしてこれらの統合型の空間はすべて、特定の人種ではなく共通のアンチレイシズムパワーが優勢な、議会、教育委員会、新聞の編集委員会などの政治的、経済的、文化的なパワーをもつ市民空間とともにある。

これこそが多様性である。統合主義者の評価する多様性は、見せかけの表面的なものだ。

アンチレイシズムの戦略では、人種差別撤廃《デセグレゲーション》を〝統合と人種的な連帯〟として融合させる。空間における、人種差別撤廃とは、〝人種化された空間〟をつくっているあらゆる壁をとりはらうことだ。

アンチレイシストであるためには、文化的な違いや同じ人間であるという思いによって惹きつけられた人々の自発的な統合を支援することだ。この統合とは、人々を無理やり一カ所にいさせることではなく、公的資源を人々に公平に分配することだ。

アンチレイシストであるためには、公的資源の不公平を生みだすレイシズムポリシーに闘いを挑むことだ。人種的連帯とは、統合型の人種空間を公平に扱い、支援し、保護することだ。

アンチレイシストであるためには、人種間の違いを平等に扱い、違いを認め、はぐくむことだ。

黒人空間は黒人に「有害な影響をあたえる」と「ブラウン判決」のウォーレン判事は述べた。これは〝黒人空間は白人空間と対等にはなりえない〟という統合主義の主張だった。アンチレイシズムの戦略はそれを超えていく。

ぼくが黒人研究の空間に入ることも、周りからは〝有害〟だと思われていた。でも、実際はまったく逆だ。黒人研究の教授たちはそのことを確信させてくれた。そしてその空間で、さらに思いもよらない考えをもたらしてくれたのが、二人の黒人の大学院生だった。

第14章 ジェンダーと人種が交差する場所 GENDER

ジェンダーレイシズム 人種ジェンダー間に不公平をもたらす、さまざまなレイシズムポリシーが集まったもの。人種ジェンダーについてのレイシズム的な考えによって実体化される

ジェンダーアンチレイシズム 人種ジェンダー間に公平をもたらす、さまざまなアンチレイシズムポリシーが集まったもの。人種ジェンダー間についてのアンチレイシズム的な考えによって実体化される

だれもその知性を見すごさなかった。長身でがっしりした体格やきりっとしたメイクも目立っていたが、そうした外見よりも彼女の知性のきらめきが耳目を集めた。そう、カイラを見すごす者など一人もいなかった。

カイラはテンプル大学の大学院の上級生だ。カイラは最初から自分について何一つ隠そうとはしなかったし、どんな話題でも歯に衣《きぬ》着せずに語った。カイラはレズビアンでフェミニズムを支持していた。当時の〝黒人空間《ブラックスペース》〟では敵視されがちだった自身のレズビアン・フェミニズムをまったく

隠そうとしなかった。カイラの言葉や態度には、誤解をまねくような曖昧さがなかった。フェミニストの作家ジョーン・モーガンのベストセラーには目もくれず、オードリー・ロードなどの〝闘う〟詩人を崇拝していた。カイラはとにかく自分らしく生きていて、プロボクサーのレイラ・アリ〔モハメド・アリの娘でスーパーミドル級チャンピオン〕のパンチのように強力なその知性は、世界の人々が各人の目の前にある問題に対して抗議の声をあげることを望んでいた。

カイラはためらうことなく相手の本質を突いた。アフリカン・アメリカン研究の学生や教員の物真似は内輪で語り草になるほどうまく、おもしろかった。ぼくも真似されたかったが、彼女の目に自分がどんなふうに映っているかを知るのは怖くもあった。

カイラと、名コンビの相棒のような存在だったヤバが一緒にいると、自然と注目が集まった。全身から発しているようなヤバの迫力ある笑い声が、しょっちゅう教室内に響きわたっていた。二人の打々発止《ちょうちょうはっし》のジョークのネタにされる者は、ヴィーナスとセリーナのウィリアムズ姉妹のラリーで行き来するテニスボールさながらに、めった打ちにあった。

ぼくは二人がくりひろげる会話に真面目な聴講生のように耳をかたむけた。二人のジョークに大口をあけて笑い、鋭い洞察力に驚嘆するあまり、あいた口をふさぐ暇がなかった。そう、二人といると、ぼくの口はいつもあきっぱなしだった。

カイラとヤバはアフリカン・アメリカン研究専攻の大学院生たちにとってのロイヤルファミリーだった。だれもが二人を恐れ、尊敬していた。彼女たちに論戦を挑む者も多かった。ぼくも二人を恐れ、尊敬していたが、論争を交わす勇気はもてなかった。

アフリカン・アメリカン研究の学生たちのあいだには、互いに黒人らしさ《ブラックネス》を誇示する〝わたしはあなたより黒い〟という空気が流れていた。なかでもヤバのブラックネスはとくにきわだっていた。それは彼女が誇り高いガーナ系だったからでも、出身地ニューオーリンズの下町的な雰囲気のためでもなかった。アフリカの民族衣装とアフリカン・アメリカンのスタイルをミックスしたようなファッションのためでも、よくレゲエなどの西インド諸島のリズムに合わせてゆったり踊っていたからでもなかった。

ヤバが学生のなかでひときわ目立っていたのは、その博学さゆえだった。まるで黒人についての百科事典のようだったのだ。ぼくが新しく踏みいれた世界で、ヤバはもっとも民族的にアンチレイシズム的な人間だった。

ヤバは、最新のアメリカン・ブラックカルチャーに詳しく、アフリカの政治についても精通していた。黒人フェミニズムの第三の台頭について論じるのと同じ熱さで、ビヨンセのミュージックシーンへの台頭について語った。ナイジェリアにおけるヨルバ人とイボ人の紛争について説明するのと同じ詳しさで、ハイチのクレオール語の成り立ちを説明した。彼女の近くにいると、いつも自分の無知を痛感させられた。

テンプル大学に入学したときのぼくは、レイシストで、性差別主義者の同性愛嫌悪だった。カイラとヤバからすれば、とても友人にしたくなるような人間ではない。でも彼女たちは、ぼく自身にすら見えていない可能性をぼくのなかに見ていた。

ぼくのジェンダーやセクシュアリティに対する考え方は、両親の影響を受けている。父と母は、ぼくを同性愛嫌悪にならないようには育てなかった。二人がゲイやレズビアンについて話すことはめったになく、あったとしても当たりさわりのない話題として触れるだけだった。語られないから、存在しないも同じだった。統合主義者が〝統合型の白人空間〟の真の姿を消し去ったように、ぼくの育った家では同性愛者の存在は消し去られていた。

父は、男は強いものというジェンダー観をもっていたが、だからといって女を弱いものと考えていたわけではなかった。たぶんそれは、母がとても強い女性だったからだ。

ぼくが覚えているかぎり、母はいつも重い荷物を平気で運んでいた。身長一六〇センチ、体重五五キロという小柄な母が、重そうな買い物袋を軽々とかかえる姿に、一八〇センチの男三人はいつも驚かされていた。父は母より優しいところがあり、兄とぼくが怪我をすると優しく手当てをしてくれたが、母にはいつもがまんしろと言われた。バスケの試合で手首を骨折して泣きながら帰宅したときも、最後までプレーしなさいとコートに追い返されたくらいだ。

父は教会でよく、うちは妻が最高財務責任者（CFO）だ、と冗談めかしていた。家父長的な価値観をもつ周りの男たちは笑っていたが、父は嘘をついていたわけではない。実際、家計をとりしきっていたのは母だった。ただし父は男尊女卑的な考えをもちあわせていたので、妻に自分を立てることも求めた。同じ考えをもっていた母も、妻として夫にしたがっていた。母は父を一家の長と呼び、父はそう呼ばれることを受けいれた。

ぼくが家父長的な価値観をもつ黒人に育ったのは、両親からそうなるように厳しく育てられたからというよりも、親からも社会からも、黒人のフェミニストになるように厳しく育てられなかったからというべきだろう。ぼくが子供の頃は、黒人の少年に黒人のフェミニズムを教えるような時代ではなかった。ただ当時も、ジェンダーのあいだでの闘いは進行していた。それが顕著に表れていたのは、黒人の大衆文化においてだった。

ぼくが生まれたのは、黒人の作家アリス・ウォーカーの『カラー・パープル』が話題になった一九八二年だ。この小説は黒人フェミニズム文学の記念碑的な作品だが、当時、黒人の男性評論家からは、黒人男性の男らしさをやり玉にあげていると批判された。

ぼくが思春期を迎えた頃の一九九五年には、映画『ため息つかせて』がヒットした。アフリカ系アメリカ人の女性たちの生き方を描いたこの映画は、黒人の男たちからの虐待に苦しむ、多くの黒人女性たちの心の傷を癒やした。

当時のジェンダー問題は根が深く、それよりかなり前からはじまっていた。おそらく始まりは一九六五年の夏、メディアが政府の報告書「黒人世帯：全国的な行動が必要な事案 *The Negro Family: The Case for National Action*」に注目したときだ。この報告書は、リンドン・ジョンソン大統領の労働次官補だったダニエル・パトリック・モイニハンの名をとって、のちにモイニハン・レポートと呼ばれるようになる。

この報告書でモイニハンは、黒人世帯では女性が世帯主である割合が四分の一近くに達していると警告した。これは白人世帯の二倍もの割合だ。メディアは、黒人の家族は「崩壊している」と書きたてた。

モイニハンは「黒人社会は、女性が家長になる家母長制を余儀なくされ、（略）それが黒人男性を圧迫して（略）〝病理のもつれ〟を生みだしている」と主張し、人種差別および〝家長〟的な黒人女性によって疎外されてきた黒人男性を雇用し、力をあたえるための国家的な対策を求めた。モイニハンはこうも書いている。「黒人は〝彼らの場所〟にとどまらせておくべきだ、という白人の考えは、黒人男性を彼らの場所にとどまらせておくべきだ、という意味だと解釈できる。なぜなら女性はだれにとっても脅威ではなかったからだ」つまり、モイニハン・レポートによれば、黒人女性は脅威ではなかったのだ。

モイニハン・レポートの主張に対する当時の「反響」は、歴史学者のデボラ・グレイ・ホワイトが、「悲惨だった」と述べるほど芳《かんば》しくないものだった。

白人の社会科学者から黒人の夫まで、レイシストの家長たちはみな、自分たちの人種を高揚させるために黒人女性に服従を求めていた。「父親を一家の主《あるじ》とする強い家族単位を確立すること。それが今日の黒人女性の目標です」という呼びかけもエボニー誌に掲載され、広まっていた。

モイニハン・レポートから一〇年たっても、黒人の家長や白人の社会科学者は、黒人男性のほうが黒人女性よりも悪い状況に置かれていると相変わらず主張していた。

一九七六年、社会学者のチャールズ・ハーバート・ステンバーは、『性レイシズム：統合型社会への感情的障壁 *Sexual Racism: The Emotional Barrier to an Integrated Society*』のなかで、レイシズムの「大半はあきらかに」黒人男性に焦点を当ててきたと論じた。さらにステンバーは、レイシズムの核心は「人種的少数派への性的拒絶、すなわち異人種がともに暮らすことをふせごうとする多数派の一部の意識的な試み」だったとし、そのため、アメリカでは統合型の（白人）空間は実現されなかったのだと主張した。

つまり、ステンバーによれば、カギを握っていたのは、白人男性の黒人男性に対する性的な嫉妬だったというのだ。

多くの黒人男性にとって、モイニハン・レポートのあとに起こったブラックパワー運動は、黒人女性の支配をめぐる白人男性との争いという、やや俗っぽい闘いにすりかわってしまった。

ぼくの父方の祖母は早くに夫を亡くし、シングルマザーとして父と弟（ぼくの叔父）を育てたが、彼女はほかのシングルマザーとは違って、自分の息子たちを〝一家の主〟とは呼ばなかった。そんなふうに育てられた父でも、〝女性の支配権をめぐる争い〟に巻きこまれることがあった。

一九六九年のある日、父は教会で合唱に参加したあと、外の空気を吸いに通りに出た。すると自分のガールフレンドがブラックパンサーのメンバーに襲われそうになっていた。父は果敢に立ちむかった。また、一九七一年の夏の日、(母の前につきあっていた）ガールフレンドとハーレムにあるネーション・オブ・イスラムの寺院に出かけた。父に興味をもった教団の聖職者たちと一緒に食事をすることになった。食事中、ガールフレンドがしゃべると、聖職者は彼女を叩き、「女は男の前で発言してはならない」としかりつけた。父が椅子から立ちあがって抗議すると、力づくで寺院の外につまみだされた。

そのような経験をしてきたにもかかわらず、父も母も、若くして未婚の母親となる黒人女性の性を取り締まろうとする人種を超えた運動には、参加せずにはいられなかった。一九七〇年代から八〇年代にかけて、黒人の子供の出生数のうちシングル・ペアレントの家庭に生まれる割合が急増していることに、リベラル派か保守派かを問わず多くの人々が愕然とした。ぼくの父と母もそうだった。

シングル・ペアレント世帯についての報告が引きおこしたパニックは、黒人世帯についての根拠のない、または検証されていないいくつもの前提に基づくものだった。たとえば――

一人の良い親よりも二人の悪い親のほうが望ましい、
虐待をする黒人の父親でも子供にとっていないよりはまし、
両親が共働きをして収入源が二つあるのは子供にとって無条件に良い、
シングル・ペアレントは全員黒人の女性である、
不在の父親は刑務所にいるわけではないし、死んだわけでもない、
黒人の母親は児童手当てを受けとるために黒人の父親がいることを隠したりしていない――といった類いのものだ。

政治学者のチャールズ・マレーは一九九四年の中間選挙にまにあわせるべく、国内の黒人の出生数のうち、シングル・ペアレント家庭に生まれる割合が「現時点で六八パーセント」に達していることを報告した。マレーはその原因は「福祉制度」にあると批判した。

いっぽう、ぼくの両親をふくむリベラル派は、黒人の性的な無責任さを批判した。望まぬ妊娠をすることは、一九六〇年代の改革運動が黒人にもたらしたせっかくの人生のチャンスを粗末にする恥ずべき行動であり、貧困を深刻化させ、キリスト教が定める結婚前の禁欲という教えにもそむくものだ、と。

だが、こうした批判はさまざまな意味において間違っていた。黒人の子供の出生数のうちシングル・ペアレント世帯に生まれる割合がふえているのは、一人親の黒人の母親がたくさん子供を産むからではなく、二〇世紀を通じて既婚の黒人女性が子供を産む数が減ってきたからだった。

ぼくの母もそのことを身近に理解できたはずだった。ぼくの曾祖母にあたる母の父方の祖母は一九一〇年代から一九二〇年代にかけて一六人の子供を産んだ。ぼくの母の母親は一九四〇年代から

一九五〇年代にかけて六人の子供を産んだ。対してぼくの母は一九八〇年代の初めに二人の子供を産んだ。母には既婚の姉妹が三人いるが、そのうちの二人も同じく二人の子持ちだ。全員離婚はしていない。両親のいる家庭に生まれる子供の数は年々減っているが、シングル・ペアレント世帯の子供の数は変わっていない。だからシングル・ペアレント世帯の子供が全体に占める割合は当然、昔と比べて高くなる。

母と父、そしておおぜいのアメリカ人は、人種問題の現実とは乖離した考えのもとで、よってたかってシングルマザーを悪者扱いしようとした。彼女たちを擁護したのは、ドロシー・ロバーツやアンジェラ・デイヴィスのような黒人フェミニストだけだった。

そんな母もときに、フェミニスト的な主張をすることもあった。

一九七六年八月上旬の火曜日。父と母はその週の土曜日に挙式を控えていた。結婚式のリハーサルで、ウィルフレッド・クインビー牧師が、二人を前にキリスト教の結婚の誓いの言葉を唱えた。

「夫は妻を愛しなさい。夫は汝の妻を愛しなさい、そして妻は汝の夫にしたがいなさい」

「わたしは彼にしたがったりしません！」母が割りこんだ。

「なんだって？」クインビー牧師は驚いて父のほうを向いた。

「なんだって？」父も母を見て言った。

「わたしは子供のときは父親にしたがった。それ以外はどんな男にもしたがわない」と母は叫ぶような大声で言い、驚いて目を丸くしている父をにらみつけた。「あなたはわたしの父親じゃないし、わたしはもう子供じゃない！」

時計の針が時を刻んでいく。三人とも黙ったままだ。

そのとき父は女性に服従を誓わせる聖書の言葉を捨て、性差別と闘う姿勢を示したのだろうか？それともその場から立ち去り、服従してくれる別の女性を探したのだろうか？

父が選んだのはどちらでもなかった。それは、母との結婚生活を四〇年以上続けることを可能にした唯一の選択肢だった。父はあんぐりとあけていた口をゆっくりと閉じ、飛びだした目玉を引っこめ、母に公平な解決策を提案した。

「じゃあ、〝あなたはわたしと互いに仕えあってくれますか？〟はどう？」

母はうなずいた。キリスト教の服従の概念とフェミニズムの公平性を組み合わせた「互いに仕えあう」という言葉の響きが気に入ったのだ。父と母は自分たちで結婚の誓いの言葉を書いた。クインビー牧師は予定どおりに式を挙げてくれた。

このような母の抵抗は、それほど驚くようなことではなかったのかもしれない。母はしばらく前から、キリスト教の性差別について考えていたようだった。結婚後、母はクイーンズでもよおされたキリスト教の女性信者のための「意識改革会議」に参加するようになった。

その頃、研究者のキンバリー・スプリンガーが言うところの「ブラック・フェミニスト・ムーブメント」が、教会の性差別の壁に穴をあけ、ついにダムを決壊させた。

当時の黒人フェミニストたちは、〝黒人女性の活動家としての大きな役割は、夫に仕え、「黒人国家」のために黒人の子供をたくさん産むことだ〟という黒人の家父長的な考えを否定した。黒人フェミニストたちはまた、「黒人女性同盟」（一九七〇年設立）や「全米黒人フェミニスト組織」（一九七三年設立）といった団体の活動を通じて、さらにはブラックパワーや女性解放運動の団体の集会を活用して、〝黒人空間《ブラックスペース》〟内の性差別と闘い、〝女性空間〟内のレイシズムと闘った。彼女たちは、黒人女性を、さらには人類を解放するために、〝自分たちの空間〟を構築し、黒人フェミニストの意識を高めたのだ。

社会的に無視されてきた黒人のクィア〔ＬＧＢＴＱなどセクシュアルマイノリティのこと。侮蔑語だったがいまは当事者や社会学者に肯定的に使われる〕の活動家たちも、一九六九年にマンハッタンで警官に抵抗した「ストーンウォールの反乱」をきっかけに解放運動をはじめた。〝黒人空間〟内の同性愛嫌悪にも、〝クィア空間〟内のレイシズムにも勇敢に立ちむかい、〝自分たちの空間〟を形成していった。黒人フェミニストたちが自分たちの空間を形成していったのと同じように。

この時代のもっとも〝アンチレイシストなクィア空間〟は、この時代のもっとも〝アンチレイシストなフェミニスト空間〟でもあったかもしれない。

一九七四年の夏には、ボストンの黒人女性のグループが「全米黒人フェミニスト組織」から分離し、「コンバヒー・リバー・コレクティブ」という集団を結成した。この名称は、南北戦争のときハリエット・タブマンがアメリカ初の女性指揮官として率いた一八六三年の「コンバヒー川襲撃事件」にちなんで名づけられた。奴隷だったタブマンは、逃亡に成功したのち奴隷解放運動に参加し、多数の逃亡奴隷を北部へ逃がしたことでも知られている。

「コンバヒー・リバー・コレクティブ」のフェミニストたちは、ハリエット・タブマンがめざしたような純粋な自由を求める闘いを復活させた。そして一九七七年、バーバラ・スミス、デミタ・フレイザー、ベヴァリー・スミスによって起草された声明を発表した。

この「コンバヒー・リバー・コレクティブ声明」〔ブラック・フェミニスト声明とも呼ばれる〕は、クィアの解放、フェミニズム、アンチレイシズムの問題を具体的に一体化して提示したもので、その意味で画期的なものだった。コンバヒー・リバー・コレクティブの女性たちは、黒人女性をほかのいかなる集団とも優劣の基準で比較されることを望まず、「人間と認められ、平等な人間として扱われるだけでじゅうぶん」だと主張した。

「わたしたちの運動は、黒人女性は本来価値のある存在なのだという思いを共有するところからはじまった」と彼女たちは声明に書いた。「ほかの、表向きは進歩的な運動は、どれ一つとしてわたしたち黒人女性が味わっている抑圧を優先課題にしようとしてこなかった。(略)黒人女性を解放するために真摯に取り組みつづけているのは、黒人女性だけなのだ」

歴史をさかのぼれば、多くの黒人のフェミニストが黒人女性への抑圧に抗《あらが》おうと立ちあがってきた。

一八三〇年代初頭のボストンで、黒人女性として初めて男女の聴衆に向けて講演をおこない、アメリカ初のフェミニストとも呼ばれるマリア・スチュワートは、その勇気ある演説のなかで、黒人女性に特有の抑圧の問題を最優先に考えていた。

南北戦争前後のソジャーナー・トゥルースやフランシス・ハーパー、一九〇〇年代初頭のアイダ・B・ウェルズやアンナ・ジュリア・クーパーなどの奴隷解放運動家も、黒人女性の権利や抑圧を重要な問題としてとりあげていた。

フェミニストで活動家のフランシス・ビールもそうだ。ビールは、一九六八年に「アメリカの黒人女性は〝奴隷の奴隷〟と言われてもしかたがない」存在で、レイシズムと性差別の「二重の危険」

の犠牲者であると宣言し、抑圧の悲惨さを訴えた。

このビールの宣言は、ニッキ・ジョヴァンニやオードリー・ロード、そして当時ミシシッピ州にいた若く才能豊かなアリス・ウォーカーといった女性作家たちが寄稿した一九七〇年のアンソロジー『ザ・ブラック・ウーマン *The Black Woman*』にも掲載された。作家であり、当時ラトガース大学で文学も教えていたトニ・ケイド・バンバラがこのアンソロジーを編集し、「家母長制や邪悪なブラックビッチという見方」を正すこともふくめ、「この国の現代の黒人女性がかかえる問題」を的確に反映させた。


一九九一年は、黒人フェミニストの研究者たちにとって大きな転機になった。きっかけは黒人弁護士のアニタ・ヒルが同じく黒人のアメリカ最高裁判事候補クラレンス・トーマスをセクシュアル・ハラスメントで告発したことだった。

この告発を通して、これまでマリア・スチュワートからアンナ・ジュリア・クーパー、アンジェラ・デイヴィスにいたる黒人フェミニストたちが一世紀以上にわたって指摘してきた、黒人女性が直面する抑圧を表すための用語がつくられた。

告発されたトーマスがヒルに対し、「まるで新手《ハイテク》のリンチ」にあっているようだ、とあきれ返るような反論をし、黒人フェミニストたちはヒルを最前線で擁護した。

アフリカ系オランダ人の学者フィロメナ・エセドが取り組んでいたプロジェクトも、このような状況を定義する助けとなった。彼女は、自身の著書『日常的なレイシズムを理解する *Understanding Everyday Racism*』のなかで、アメリカとオランダの黒人女性に対して実施した綿密なインタビューに基づく考察を展開していた。著書のなかでエセドはこう問いかける。

「黒人女性が経験していることは、性差別主義の問題なのか、それともレイシズムの問題なのか？（略）この二つの概念はからみあい、ある条件のもとでは組み合わさってハイブリッドな現象となっている。だからこそ、〝ジェンダーレイシズム〟について語ることに価値がある」

同じ一九九一年、UCLAの先鋭的な人種問題の理論家キンバリー・ウィリアムズ・クレンショーは、この組み合わさった現象を「交差性《インターセクショナリティ》」と名づけ、その概念をさらに探求した。彼女は一九九〇年に開催された「第三回：有色人種女性と法に関する全国会議」で講演をおこない、それをもとにした論文をスタンフォード・ロー・レビュー誌に寄稿した。この論文「周縁のマッピング：交差性、アイデンティティの政治、有色人種の女性に対する暴力 *Mapping the Margins: Intersectionality, Identity Politics, and Violence Against Women of Color*」で、クレンショーはこう述べる。

「女性の経験を政治問題化しようとするフェミニストの努力と、有色人種の経験を政治問題化しようとするアンチレイシストの努力は、それぞれが取り組む問題や経験が別の場所で起きているかのような形で進められてきた。（略）レイシズムと性差別は現実の人々の生活のなかでは頻繁に交差しているにもかかわらず、フェミニストとアンチレイシストの運動のなかではほとんど交差していない」

つまりこういうことだ。

レイシストや性差別主義の権力者《パワー》は、〝人種ジェンダー〟、すなわち人種とジェンダーが〝交差〟する場所にいる集団を人種（またはジェンダー）で特定し、ほかの人種やジェンダー集団と線引きして区別する。女性はジェンダーであり、黒人は人種である。ぼくたちが黒人女性を見るとき、そこには人種とジェンダーが〝交差〟した〝人種ジェンダー〟の視点もかかわっている。

性差別主義のポリシーは「男女間の不公平」を生みだし、レイシズムポリシーは「人種的不公平」を生みだす。あるポリシーが〝人種およびジェンダー間の不公平〟を生みだすとき、それはジェンダー化されたレイシズム、すなわち「ジェンダーレイシズム」になる。

では、アンチレイシズムでは、この問題をどう考えるだろうか。

アンチレイシストであろうとする者は、〝人種のヒエラルキー〟だけでなく〝人種ジェンダーのヒエラルキー〟も拒否する。フェミニストであろうとする者は、〝性別のヒエラルキー〟だけでなく〝人種ジェンダーのヒエラルキー〟を拒否する。

つまり、真のアンチレイシストはフェミニストであり、真のフェミニストはアンチレイシストなのだ。アンチレイシスト（そしてフェミニスト）であろうとする者は、異なる人種ジェンダーを平等に扱い、「ジェンダーレイシズムポリシー」にひそむ〝人種ジェンダー間の不公平〟を根絶する。

ジェンダーレイシズムは、優生主義者の医師による黒人女性への不本意な不妊手術の増加（一九七〇年には二〇万件、一九八〇年には七〇〇万件）をまねいた。

また、大卒の黒人女性の収入が高卒の白人女性よりも少ないという現状も生みだした。

黒人女性が大卒の白人女性と同等の収入を得るには白人女性よりさらに上の学位が必要だ。資産の中央値も独身の白人女性が四万二〇〇〇ドルなのに対し、独身の黒人女性はわずか一〇〇ドル。アメリカ先住民の女性と黒人女性はほかのどの人種ジェンダー集団よりも貧困に苦しんでいる。平均収入についても白人男性とアジア系の男性がもっとも高いのに対し、黒人女性とラティニクスの女性がもっとも低い。黒人女性は白人女性に比べて妊娠が原因で死亡する可能性が三〜四倍高く、高学歴の黒人女性が流産する確率は中学卒業程度の教育を受けた白人女性よりも高い。黒人女性が収監される割合も白人女性の二倍だ。

ジェンダーレイシズムは、白人女性や有色人種の男性集団にも、本人たちがそれを自覚しているかどうかにかかわらず影響をあたえている。

白人女性が黒人フェミニズムや〝交差性〟の考え方に抵抗するのは、自分のためにならない。なぜなら、自分自身が経験している抑圧が見えにくくなるからだ。レイシズムと性差別主義が交差するとき、白人女性が抑圧されることもある。

たとえば「女性らしさ」を弱さだと見なす性差別主義と、白人女性を理想的な女性だとするレイシズムが交差すると、女性らしさの頂点は弱い白人女性であるという「ジェンダーレイシズム」が生みだされる。

二〇一六年の大統領選でヒラリー・クリントンという〝強い白人女性〟が、おおぜいの男女からきらわれることになったのも、このジェンダーレイシズムが原因だった部分もあるだろう。

また、ジェンダーレイシズムは、黒人女性を不道徳でふしだらな存在だと見なし、その対極に貞淑な白人女性を位置づける。これは白人女性のセクシュアリティを制約し、コントロールしようとする人種的な偏見だ（同じく、黒人女性のセクシュアリティも〝レイプする対象にもならない〟というたひどい表現で侮辱されてきた）。

白人女性を強姦した黒人男性をリンチしようとした白人男性は、黒人男性の性だけでなく、白人女性の性をも支配しようとしていたのだ。レイシストの白人の家父長たちは、奴隷時代を再現するかのように、白人女性が黒人男性と同棲することを禁じた。しかし同時にレイシストの白人（と黒人）男性は、黒人女性をレイプしていた。奴隷制はまだ続いている――そして、性的暴行を受けた人々の叫びが、人種のプライドという空虚な叫びにかき消されるかぎり続く。

また、ドナルド・トランプやブレット・カバノーのような虐待者の白人男性を擁護するとき白人全体を擁護しようとすることや、ビル・コスビーやR・ケリーのような虐待者の黒人男性を擁護するとき黒人全体を擁護しようとすることの裏には、ジェンダーレイシズムの考えがある。

男性が黒人フェミニズムや「交差性」の考え方に抵抗するのも、自分のためにならない。自分自身が経験している抑圧が、見えにくくなるからだ。レイシズムと性差別が「交差」すると、有色人種の男性を抑圧することもある。黒人男性が性差別的な考えをもつことは、自分自身を抑圧するような言葉のあやを強める結果にもなりうる。

たとえば、〝本物の男は強いものである〟という性差別主義的な概念を黒人男性がもっている場合、その概念と〝黒人男性は本物の男ではない〟というレイシズム的な概念が交差することで、〝男らしさの頂点である強い白人男性よりも黒人男性は弱く劣った存在である〟というジェンダーレイシズムの考えが生じる。

〝男性は本来的に女性よりか危険である〟という性差別的な考え（ゆえに、女性は本来的にだれかの保護が必要な弱い存在だと見なされる）と、〝黒人は白人よりも危険だ〟というレイシズム的な考えが交差することで、〝黒人男性は、白人男性よりも、黒人女性よりも、（無実な弱さの頂点に位置する）白人女性よりもはるかに危険な存在だ〟というジェンダーレイシズムの考えが生まれる。

そうなると、たとえば裁判で弁護するときは、〝無実の白人女性が流す涙〟が威力を発揮する。反対に、訴追するときは、相手が〝存在そのものが犯罪的な黒人の男性〟なら、有罪にするのは簡単だということになる。

こうしたジェンダーレイシズムの考えは、無実の黒人男性すべてを犯罪者に変え、白人女性の犯罪者すべてをケイシー・アンソニー（二〇一一年に三歳の自分の娘を殺害した罪で起訴され、あらゆる証拠がそろっていたが、フロリダの陪審員が無罪評決を下した白人女性）に変える。

こうして白人女性は殺人罪から逃れ、黒人男性は不当な有罪判決のために何年も刑務所で過ごす。黒人男性の収監者数は二〇〇〇年から二〇一五年のあいだに二四パーセント減少したが、それでも白人男性の約六倍、黒人女性の約二五倍、白人女性の約五〇倍も多い。上位一パーセントの富裕層の家庭で育った黒人男性と世帯年収三万六〇〇〇ドルの家庭で育った白人男性が収監される割合は同じである。

「現代のフェミニストやアンチレイシズムの言説は、〝有色人種の女性〟といった交差するアイデンティティを考慮することに失敗してきた」と、〝交差性〟を論じたキンバリー・クレンショーは一九九一年に書いている。

あらゆる人種集団は、ジェンダーやセクシュアリティ、階級、民族性、肌の色、国籍、文化などの違いによって差別化された、交差するアイデンティティの集合体だ。

初めて自分たちの〝交差的〟なアイデンティティに気づいたのは黒人の女性たちだった。初めて性差別主義とレイシズムという二つの偏見が交差することを理論化したのは、黒人のフェミニストたちだった。

現在ではこの交差性の理論によって、ラティニクスの貧困層から、黒人男性、白人女性、アメリカ先住民のレズビアン、アジア系のトランスジェンダーなど、あらゆる人たちが、みずからのアイデンティティが経験している交差的な抑圧を理解できるようになっている。

黒人女性のための理論は人類のための理論でもある。

黒人のフェミニストたちが〝黒人女性の自由について人々が真剣に考えるようになれば、人類全体の自由についても真剣に考えるようになる〟と最初から言いつづけてきたのも不思議ではない。

黒人のアイデンティティは、クレンショーの言うレイシズムとほかの偏見が〝交差〟する場所にさらされている。つまり、黒人の問題は、レイシズム、民族主義、カラーリズム、性差別、同性愛嫌悪、トランスジェンダー嫌悪《トランスフォビア》などとの交差点にあるのだ。

ぼくも、アンチレイシストであろうとする道のりで、まず自分のなかにある民族的なレイシズムに気づき、次に身体的なレイシズム、文化的なレイシズム、カラーによるレイシズム、階級的なレイシズムと、一つずつ気づいていき、大学院に入学すると、自分のなかのジェンダー的なレイシズムに気づいた。

そして、そのあと、自分のなかの〝クィアレイシズム〟に直面することになる。

第15章 あらゆるセクシュアリティとつながる SEXUALITY

クィアレイシズム 人種セクシュアリティ間に不公平をもたらす、さまざまなレイシズムポリシーが集まったもの。人種セクシュアリティについてのレイシズム的な考えによって実体化される

クィアアンチレイシズム 人種セクシュアリティ間に公平をもたらす、さまざまなアンチレイシズムポリシーが集まったもの。人種セクシュアリティについてのアンチレイシズム的な考えによって実体化される

レイシスト（および同性愛嫌悪《ホモフォビア》）の権力《パワー》は「人種セクシュアリティ」、すなわち人種とセクシュアリティが交差する場所にいる集団を、人種（またはセクシュアリティ）で特定し、ほかの集団と一線を引いて区別する。

たとえば〝ラティニクスの同性愛者〟と言うとき、ラティニクスという人種と同性愛者というセクシュアリティの二つが交差している。これが「人種セクシュアリティ」だ。〝白人の異性愛者〟と言うのもまた人種セクシュアリティである。

こういった人種セクシュアリティ間の不公平をまねくものが「クィアレイシズム」だ。そこには、同性愛者を意識的に異性愛者と区別し不公平に扱う同性愛嫌悪《ホモフォビア》のポリシーがある。さらに、人種集団を意識的に区別して不公平に扱うレイシズムポリシーがある。クィアレイシズムは、この二つが交差したものである。

クィアレイシズムがまねく不公平とは、たとえばこういうものだ。

カップルが育てている子供が貧困状態にある割合は、黒人男性の同性カップルの場合は三二パーセントなのに対し、白人男性の同性カップルでは一四パーセント、黒人の異性カップルの場合は一三パーセント、白人の異性カップルの場合は七パーセントしかない。女性の同性カップルによって育てられている場合も、この人種間の差はほぼ同じだ。黒人のセクシュアルマイノリティのカップルの子供たちは、黒人の異性カップルや白人のセクシュアルマイノリティカップルの子供たちよりも両親が貧しい場合が多く、貧困状態のなかで生活している可能性も高くなる。

同性愛嫌悪《ホモフォビア》はレイシズムと切りはなせない。この二つは昔から交差していた。「同性愛者《ホモセクシュアル》」という言葉を広めたことで知られるイギリス人の医師で心理学者のハヴロック・エリスは、同性愛に関する最初の医学論文となった一八九七年の著書『性の心理』のなかで「性の問題とそれをめぐる人種的な問題」について論じた。

エリスは、同性愛を先天的な生理的異常だと見なしていた。犯罪者のこともそう見なしていた。エリスは、犯罪学の父と呼ばれ、〝犯罪者は先天的なもので、後天的なものではない。有色人種は生まれつき犯罪者である〟と主張していたイタリアの医師チェーザレ・ロンブローゾを崇拝していた。一八九〇年には、ロンブローゾの著作の内容を一つにまとめた本を出版し、話題を集めてもいた。

エリスは、〝白人同性愛者を犯罪者扱いする風潮〟に対しては長年反論を続けた。またその頃のレイシストの学者の手法と同じく、解剖学、とくに女性の身体の比較解剖学を用いてセクシュアリティ間の生物学的な違いを論じてみせた。エリスはこう書いている。

「性器に関しては、性的に倒錯した男性よりも性的に倒錯した女性のほうが多くをはっきりと語っている」

当時、レイシストの医師たちは、「アーリア系アメリカ人女性の結合した陰核」を「高度に文明化されている」と見なし、「黒人女性の自由な形の陰核」を「高度に家畜化された動物」のものと見なして対比させていた。同性愛嫌悪の医師たちは、「性的に倒錯した」レズビアンには、「全員に異常に目立つ陰核が観察できるはずだ」と仮定していた、と当時のニューヨーク市の刑務所専任医師ペリー・M・リキテンスタインは書いている。

〝黒人は白人より性欲が強い〟と考えるレイシズム的な考えと、〝クィア（セクシュアルマイノリティ）は異性愛者より性欲が強い〟と考える同性愛嫌悪的な考えが交差することで、〝もっとも性欲が強いのは黒人のクィアである〟というクィアレイシズムの考えが生まれる。そして黒人女性のクィアには、〝異常に目立つ陰核〟という想像上の生物学的特徴があると考える。「有色人種の女性はとくにそうだ」と、リキテンスタインは書いている。

ウィケアはテンプル大学での親友だった。ぼくたちは二人とも褐色の肌をしていて、髪をドレッドにしていて、誇り高き歴史的黒人大学の出身だった。

ぼくは彼のようなゆったり落ちついたタイプの人間と馬が合い、ウィケアはぼくのような向こう見ずでおっちょこちょいな人間と馬が合った。性格は違ったが、どちらも好奇心が旺盛だった。とはいえ、ウィケアの好奇心の強さは並はずれていた。あらゆることを知りたがっていて、実際によく知っていた。知的好奇心をくすぐるようなアイデアをこよなく愛し、大笑いすることも愛していた。年はぼくより数歳上だった。

ぼくはカイラやヤバの知性に魅了され尊敬したのと同じように、ウィケアの知性にもたちまち魅了され、尊敬するようになった。

テンプル大学ではウィケアのほかにラエナという女子学生とも仲が良かった。ぼくたち三人はいつもつるんでいた。

ある日、珍しくウィケア抜きでラエナと一緒にランチを食べた。それはたしか二〇〇六年の、暖かな春の到来に心を弾ませていた頃だ。ぼくたちはキャンパス近くの屋外の店のテラス席で、それぞれ目の前のテーブルに食べ物を置いて座っていた。噂話や世間話を少ししたあとで、ラエナが突然、ぼくの顔を見ずにつぶやいた。

「ねえ、ウィケアがゲイだって知ってた?」

彼女の視線は、自分のランチを見つめたままだ。

「いや、それは知らなかったよ」ぼくの声はうわずっていた。

「ふーん、言われてないんだ。でも、別に大したことじゃないよね?」

「そうだな」ぼくは目をそらした。車がクラクションを鳴らし、人々が通りすぎていく。救急車が近づいてきた。ぼくのために?

ラエナのほうに目をやった。黙ったままもぐもぐとランチを食べている。なぜそんなことを言ったのだろう。ラエナの顔には、気づかうような優しい表情はうかがえない。ぼくは椅子に座ったまま姿勢を変えた。ラエナは満足そうとはいえないまでも、無表情だった。ウィケアとぼくの友情を壊そうとしていたのだろうか？

そのあとはもうあまり話すこともなかった。ラエナのミッションはすでに達成されていた。

言われてみれば、ウィケアが同性愛者だという話には思いあたる節《ふし》があった。女性とつきあっているという話を彼の口から聞いたことはなかったし、その手の話題をふると、いつもそっぽを向かれた。ぼくは、ウィケアはプライバシーを大切にする人間なのだろうと思っていた。女の子を見て、可愛いとかあまり可愛くないとか言うことはあった。でも、性的なことをほのめかしたりはしなかった。ぼくは、ウィケアは性に関しては保守的なほうなのだろうと思っていた。だが実際は、まったく保守的ではなかったのだ。

ぼくはそのとき、ゲイの黒人の男たちが、あちこちでコンドームもつけずに奔放なセックスをしている様子を思いうかべた。でも、ウィケアはセックスに夢中になっているようには見えなかったし、無謀なことをするタイプだとも思えなかった。

その頃のぼくは、そういう過剰な性欲や無謀さが、黒人のゲイの多くをＨＩＶに感染させる原因になっているのではないかと思っていた。でもそれは間違いだった。

コンドームなしのセックスをする率は、黒人のゲイの男性よりも、白人のゲイの男性のほうが高い。また、セックスの最中に、ＨＩＶ感染のリスクを高めるポッパーズとかクリスタル・メスと呼ばれるメタンフェタミンのような薬物を使用する率も、白人の男性のほうが高い。

ぼくは、FAMUの学生のとき、大学の「フェイシス（FACES）」というモデル集団に参加していたことがあるのだが、そのときメンバーにはゲイの黒人男性たちが何人もいた。そのゲイの（正確には、ぼくがゲイだと確信を抱いていた）男性たちの、身のこなしや気性、ぼくと慣れない手つきで拳と拳をつきあわせてあいさつするときの仕草などには、ぼくが思っていたような〝女性っぽさ〟があった。ぼくは彼らがゲイだと直感的に感じた。ぼくの〝ゲイダー〟――つまりゲイを見抜くレーダーが、彼らはゲイだと知らせていた。ぼくの友人たちにとっては、このモデル集団のすべてが〝ゲイっぽく〟見えたようだ。ぼくのモデル経験は、友人たちにオレンジ色のコンタクトレンズのことに加えたからかいのネタを提供しただけで終わった。とはいえぼくのオレンジ色の瞳も友人たちには当初〝ゲイっぽく〟見えていたらしい。

その頃のぼくはセクシュアリティについてまともに考えたこともなく、黒人のゲイの男性というのは、みな女性らしさを表現しているものだと思いこんでいた。ウィケアのように、本人は男性らしさを表現し、パートナーとしては女性らしさを表現するゲイを好むゲイがいるとは知らなかった。ぼくはジェンダーというものが〝本物の〟自分自身の表現であることを知らなかった。すなわち一般的な意味での女性らしさや男性らしさは生物学的に決定されるのではなく、男性でも女性らしさを、女性でも男性らしさを〝本物の〟自分として表現することがあると知らなかった（カイラやヤバのようなフェミニストからそれを教わった）。〝本物の〟とは、保守的な価値観が決めつけた男性性や女性性のとおりにはふるまわない、という意味だ。彼らは社会のジェンダーの慣習にはしたがわず、ありのままの自分を表現しているだけだ。

ぼくはこのことを、テンプル大学でのもう一人の親しい友人、モニカからも教わった。モニカはテキサス出身の体格のいい黒人のレズビアンだった。ウィケアとは女性についての話はできなかったが、モニカとならできた。ぼくとモニカは、どちらも同じように女性に惹かれていた。冗談を言いあったり、恋愛話をしたりするとき、モニカとの会話は、FAMUでの異性愛者の男友達との会話とほとんど変わらないように思えた。

ふりかえって考えてみた。

なぜウィケアは言ってくれなかったのだろう？　ぼくに自分のセクシュアリティを言うのは嫌だったのか？

ひょっとしたらウィケアは、ぼくの自覚なき同性愛嫌悪《ホモフォビア》を感じとっていたのかもしれない——たぶん、ぼくの何気ない表現のなかにそれを匂わせるものがあったのだろう。ウィケアは人の話をきちんと聞くし、一度耳にしたことは忘れない。

知りあってから何年かは、ウィケアはみずからの〝ゲイダー〟の性能の高さをぼくに誇らしげに示すかのように、同性愛やバイセクシュアルを隠している学生を見抜いてはぼくに知らせていた。同時に、ホモフォビアの人間も見抜いていた。ウィケアは、自分にとって必要な予防措置をとるすべにも長《た》けていた。

おそらくウィケアは自分自身を、そしてぼくたちのはじまったばかりの友情を、ぼくの同性愛嫌悪から守っていたのだろう。

ぼくは選択を迫られた。いまや自覚しはじめたホモフォビアのままでいるか、親友をとるか。いつまでも両方をかかえてはいられない。ぼくはウィケアとの長い友情の始まりを選んだ——それは生まれ育った環境で知らず知らずのうちにつちかわれたホモフォビアへの闘いのスタートであり、クィアアンチレイシストであろうとするための一生続く努力のスタートでもあった。

〝クィアアンチレイシズム〟とはどういうことか。

それは、すべての人種セクシュアリティを平等に扱い、人種セクシュアリティ間の不公平をなくそうと努力することだ。

ぼくたちは同性愛嫌悪《ホモフォビア》やトランスジェンダー嫌悪《トランスフォビア》であるかぎりアンチレイシストにはなれない。「BLM（ブラック・ライブズ・マター）運動」の共同創設者オパール・トメティがかつて言ったように、「すべての黒人の命が重要である《オール・ブラック・ライブズ・マター》ことを確認しつづけなければならない」。

すべての黒人の命、のなかには、あらゆる黒人の〝交差集団〟のなかでもっとも暴力を受け、もっとも抑圧されていると思われる、〝貧困層のトランスジェンダーの黒人女性〟の命もふくまれている。アメリカのトランスジェンダー女性の平均寿命は三五歳。必死になって自由に生きようとする彼女たちが直面する人種的暴力やトランスフォビアの激しさは想像を絶する。

ぼくがこれらの人々の自由を求める闘いについて学びはじめたのは、トランスジェンダーの活動家、ジャネット・モックの回想録を読んだのがきっかけだった。そして、そのような闘いに本当にきちんと向かいあったのは、ウィケアとの友情を選んだときだったと思う。

ぼくは、〝シスジェンダーの異性愛者の黒人男性〟だ。

「シスジェンダー」とは、〝自分の性自認が生まれつきの性別に一致している〟ことを意味する。〝性自認が生まれつきの性別に一致しない〟人々、つまりトランスジェンダーの逆の意味だ。

ぼくは〝シスジェンダーで異性愛者の黒人男性〟である。そのうえで、クィアアンチレイシストでありたいと思う。ぼくの立場を例として、クィアアンチレイシズムであろうとすることを説明してみよう――

クィアアンチレイシストであろうとする者は、自分がシスジェンダーであること、男性であること、異性愛者であること、そしてそれらの交差がもたらす特権を自覚する。

クィアアンチレイシストであろうとする者は、トランスジェンダーやインターセックス、女性、従来の性の固定観念に合致しない人、同性愛者、そしてその〝交差〟に寄りそい、耳をかたむけ、学び、これらの人々や平等化のためのアイデアやポリシーキャンペーンを推進し、平等な機会を得るための権力闘争に参加する。

クィアアンチレイシストであろうとする者は、トランスジェンダーの黒人女性を守るポリシーが、クィアの白人男性の政治的な力を守るポリシーと同じように、きわめて重要であるのを確認する。

クィアアンチレイシストであろうとする者は、共和党が優勢な州での「宗教的自由法」と「有権者ID法」がクィアの人々の権利を奪うものだと見なす。〔「宗教的自由法」は伝統的な宗教および価値観を尊重する法律で、差別を正当化する根拠をあたえかねないという批判がある。「有権者ID法」は、有権者登録時にマイノリティの多くに入手や提示が困難な本人証明の提示を求めることから、マイノリティ排除の法律と批判されている〕

クィアアンチレイシストであろうとする者は、不自然であり、異常であり、問題なのは、クィアの人やクィアの空間ではなく、同性愛嫌悪《ホモフォビア》、レイシズム、クィアレイシズムのほうであると見なす。

ヤバとカイラはいつも、グラッドフェルター・ホールの入口付近のテーブルをかこんで座っていた。博士課程仲間のダニエルやセクメトと一緒にいることもあった。グラッドフェルターのコンピューター室で作業をしたあとの彼女たちが、そこでタバコを吸ったり、昼休みや夕食時の休憩をとったりしているのをよく見かけた。彼女たちがアフリカン・アメリカン研究の博士号を取得する日も近づいていた。ぼくがテンプル大学ではじめたばかりの〝旅〟を、彼女たちは終えようとしていた。

カイラとヤバがそこに座っているときはいつでも――どこにいたとしても――その存在は間違いなくぼくにとって忘れがたく、胸がざわつく、刺激的なものだった。二人となら一緒に戦争にだって行けた。ぼくは、カイラとヤバから、黒人の女性や黒人のセクシュアルマイノリティの人々を強く擁護しなければ、本当の黒人の擁護者にはなれないことを学んだ。

カイラとヤバは学科のイベントでも影響力をもっていた。公式イベントのために講演者がまねかれるときは、二人もステージに姿を現した。大学院生がイベントで研究を発表するときも、キャンパス以外で黒人研究の会議があるときにも二人は顔を出した。

イベントや講演会や会議で、発言者が家父長的、同性愛嫌悪的、レイシズム的な考えを見せると、二人はそれがどんな相手でも見逃さず、獲物に襲いかかるピラニアみたいに反論した。ぼくはあぜんとし、畏敬の念を抱きながら二人の知的な攻撃を見ていた。

攻撃と言ったが、実際にはそれは防御だった。彼女たちは、〝黒人の女性性〟や〝黒人のセクシュアルマイノリティの人間性〟を守ろうとしていた。ただし相手が二人に敬意をもち、節度ある態度をとっているのであれば、彼女たちもそうした。

でもやはりぼくはそれを攻撃と呼ぶ。なぜなら、ぼく自身が攻撃されたと感じていたからだ。

二人はぼくのなかにある、黒人女性に対するジェンダーレイシズム、男女を問わない黒人のクィアに対するクィアレイシズム、黒人女性のクィアに対するジェンダーレイシズムとクィアレイシズムを攻撃してきた。

ぼくは、彼女たちの標的になりたくなかった。

だから、二人が公開討論会やふだんの会話のなかで触れた作家や研究者が書いたものを読みあさった。オードリー・ロード、E・パトリック・ジョンソン、ベル・フックス、ジョーン・モーガン、ドワイト・マクブライド、パトリシア・ヒル・コリンズ、キンバリー・クレンショー。人生のすべてがかかっているかのような気持ちで必死に読んだ。

ぼくの人生は、これらの作家や研究者の著作を理解できるかにかかっていた。自分のジェンダーレイシズムやクィアレイシズムを克服したかった。でもそのためには、これまで黒人の男性や黒人の異性愛者のためにしてきたことを、黒人の女性や黒人のクィアのために進んでしなければならない。すなわち、それらについて学ぶことだ。そして、これらの人々を自分のヒーローたちがそうしたように、擁護することだった。

その頃のぼくは、ヤバとカイラの影にびくついていた。

実際、エレベーターを降りて角を曲がったり、校舎に近づいたりしたときにヤバとカイラの姿が目に飛びこんでくると、ぼくはいつも逃げだしたくなった。うまくその場を通りすぎることができないと、ぼくに気づいた彼女たちが温かい笑顔であいさつをしてくれた。おどおどしながらあいさつを返した。ときどき、二人に呼びとめられて少し話をした。時間がたつにつれて、長い会話にも交ぜてもらうようになった。

だがそうなると、ぼくはますます緊張した。輝かしい知性や建設的な批判精神をもつ相手の前に無理をしてでも自分の身を置くことには大きな価値がある。でもそのときのぼくはそんなふうには考えられなかった。その知性や精神に萎縮してしまい、その場から逃げだしたかった。でも彼女たちはそれを許してくれなかった。いまではそのことにとても感謝している。

ヤバとカイラは、家父長的な考えをもち、同性愛嫌悪だったぼくのそれまでの既成概念をすべて打ちくだいた。

ぼくはずっと、〝セクシュアルマイノリティの人々は理性ではなく性衝動に突き動かされている〟と思っていた。〝普通ではない人たち〟だと思っていたし、〝フェミニストは男性を憎んでいて、女性至上主義をめざしている〟とも思いこんでいた。

だが、この黒人フェミニストの二人は、男性であるぼくを仲間として見ていた。彼女たちはもちろん自分の性を意識していたが、イデオロギー的でもあり、〝普通〟だった。二人は女が男を支配するといった話などせず、男女平等、セクシュアルマイノリティの平等と自由、そのための支えあい、協力、どのように世の中を変える力をもつかについて話していた。

そのジョークや攻撃の対象は相手のジェンダーやセクシュアリティを問わなかった。むしろ女性に対してはより辛辣だったくらいだ。ラエナのような偏見をもつ女性にも厳しかった。二人はウィケアやぼくよりずっと前に、ラエナの本質を見抜いていた。

〝家父長的な考えをもつ女性〟ほど、ヤバとカイラを闘いに駆りたてるものはないように見えた。

ぼくは後年、二〇一七年アラバマ州の上院議員補欠選挙のときに夫を擁護するケイラ・ムーアを見て、ヤバとカイラが言っていた〝家父長的な考えをもつ女性〟を思い出した。彼女の夫である上院議員候補のロイ・ムーアは、当時少女に対するわいせつ行為で告発されていた。ロイは〝アメリカが最後に偉大だったのはいつだったのか？〟と選挙遊説中に尋ねられ、〝それは家族が団結していた時代だったと思う。たとえ当時は奴隷制度があったとしても〟と語った。〝その頃のアメリカの家族は強く、国には方向性があった〟と。

近年、性的被害にあったことを「#MeToo」というハッシュタグをかかげて告発する女性たちを、ほかの多くの女性たちがおおやけに攻撃することが起きているが、これはそれよりもはるか前の話だ。大学院生だったぼくは、〝家父長的な女性〟という言葉をうまく理解できなかった。

それは矛盾していると思えた。たとえば〝同性愛嫌悪のホモセクシュアル〟と同じように。ぼくは、家父長的で性差別的なのは男性だけで、異性愛者だけが同性愛嫌悪になれると思っていた。

でも、ヤバとカイラの急進的なブラック・クィア・フェミニズムは、異性愛者と同性愛嫌悪、男性と性差別主義、女性とフェミニストを切りはなしていた——ぼくがのちに、白人とレイシストを切りはなし、黒人とアンチレイシストを切りはなすことになるように。

彼女たちにとっての問題は同性愛嫌悪であって異性愛者ではなく、家父長的な考えであって男性ではなかった。

ぼくは二人が相手のジェンダーアイデンティティにかかわらず同性愛嫌悪を敵と見なしていたことから、根本的な問題が、同性愛嫌悪的な考えやポリシー、パワーにあることを学んだ。二人が相手のジェンダーアイデンティティにかかわらず〝家父長的な考えをもつ人〟を敵と見なしていたことから、根本的な問題が家父長的な考えやポリシー、パワーにあることを学んだ。

ヤバとカイラが語る話には、〝異性愛者がクィアの愛が認められる世界を構築するために努力する話〟もあったし、〝クィアの人たちが同性愛嫌悪を擁護する話〟もあった。〝男性たちがフェミニズムの世界の構築に取り組んでいる話〟もあったし、〝女性たちが性差別主義を擁護しようとする話〟もあった。

彼女たちは、目の前にいるぼくに聞かせようとしてそんな話をしたのかもしれない。そのおかげで〝クィアの愛が異性愛者の愛と調和しているフェミニズムの世界〟がぼくの目の前に開けてきた。ぼくは最初、ヤバとカイラを恐れていたように、フェミニズムの世界も恐れていた。でも、学びを深めていくなかで、しだいに二人が新しい世界をつくろうとしているのを助けたいと思うようになっていった。

ぼくは、当時のアフリカン・アメリカン研究の大学院生たちの中心的存在が、家父長的な黒人男性の同性愛嫌悪《ホモフォビア》ではなく、クィアな黒人フェミニストだったことを未来永劫、感謝する。彼女たちはぼくにとって、黒人フェミニズム、クィアアンチレイシズム、アンチレイシストフェミニズムの初めてのロールモデルになった。二人に出会ったことで、自分の内なるホモフォビアや家父長的な考えと正面から向きあうことができた。

ぼくは当初、彼女たちの攻撃から必死に逃れようとしていた。でもその必死さは、いつのまにか黒人フェミニズムや〝クィア理論〟への好奇心に変わっていた。

そしてその好奇心は、ジェンダーアンチレイシストでありたい、クィアアンチレイシストでありたい、〝黒人を――すべての黒人を――失敗させないようにしたい〟という思いに変わっていった。

第16章 行動と失敗 FAILURE

活動家 権力《パワー》やポリシーの変革に成功したことがある人

テンプル大学の教室に学生たちが集まってきた。

学生たちは互いをハグし、笑顔でおしゃべりしている。「黒人学生連盟」の集会を定刻にはじめようと、教壇のところで落ちつきなく立ったり座ったりしていたぼくにとって、学生たちの話し声は耳障りだった。

二〇〇七年九月上旬のことだ。学生たちが笑い、雑談をしているこの日、ルイジアナ州では六人のティーンエイジャーの命があやうい状況に置かれていた。

ぼくたちは彼らを解放するキャンペーンを立案し、その場で発表し、実行組織を立ちあげようとしていた。

失敗するとは思っていなかった。

レイシズムが生きながらえている理由を知るには、アンチレイシズムが失敗してきた歴史を知らなければならない――なぜ、人々はこれまでずっとアンチレイシズムの社会をつくることに失敗してきたのだろう？

〝失敗の歴史〟を理解するには、失敗した対策や戦略を理解しなければならない。失敗した対策や戦略を理解するためには、失敗に終わった〝人種的イデオロギー〟を理解しなければならない。

たとえば、次のような考え方が失敗につながってきた――

人種を（権力《パワー》を構成するものではなく）社会を構成するものと見なしてしまう、

人種の歴史を（アンチレイシストとレイシストが対立し、前進と後退をくりかえすものではなく）、つねに前進するものだと見なしてしまう、

〝人種問題〟は（私利私欲ではなく）無知と憎しみに根ざしていると見なしてしまう。

また次のような言葉では、レイシズムパワーやレイシズムポリシーを見つけだしてとりのぞいていくことはできない――

「わたしはレイシストではない」

「人種中立的」

「ポスト・レイシャル」

「カラーブラインド」

「人類というただ一つの人種」

「人種について話すのはレイシストだけ」

「黒人はレイシストにはなれない」

「白人は悪」……。

複数の差別や不公平が重なる〝交差性〟を無視した戦略では、もっとも抑圧を受けている人種集団の助けにはならない。

ある特定の人種集団の文化的洗練度を高めようとするプログラムも失敗する——あらゆる人種集団は、もとより対等な文化レベルにあるからだ。

メンターによる指導や教育プログラムのような〝行動改善プログラム〟は、個人のことは助けられるかもしれないが、人種集団全体の助けにはならないだろう。

人種集団は、個人の行動のせいではなくポリシーに問題があるせいで困難をかかえているのだ。ポリシーを変えることなく症状だけを癒やそうとしても、社会は改善できない。

資本主義《キャピタリズム》とレイシズムの双子のそれぞれに個別に対処しようとすれば、〝経済的かつ人種的な不公平〟は是正できない。

統合主義によって非白人が白人に似たものに変容する〝ジェントリフィケーション〟に成功しても、それは非白人にしてみれば、みずからの文化の失敗でしかない。

ここにあげたような方法では、失敗するのは目に見えている——過去にもつねに失敗してきたからだ。だがなぜか、だれも懲《こ》りていないようだ。いまだに、レイシズムと闘おうとするとき、このような概念や戦略や対策を多くの人々が支持しつづけている。なぜならそれらは、もっとも支持されやすい人種的イデオロギーに根ざしているからだ。

このような失敗のくりかえしは犠牲を強《し》いる。人種の歴史がくりかえされるとき、かならずだれかに被害がおよぶ。過去の失敗を棺桶にきちんと葬《ほうむ》らずに、同じ対策、戦略、イデオロギーを何世代にもわたってくりかえせば、その被害は壊滅的に増大していくばかりだ。


初期の白人の奴隷制度廃止論者たちは、奴隷制度廃止に向けて定期的に全国規模の大会を開いていた。そこで出された対策は、解放された黒人に対する「親としての世話」を継続すること（一八〇五年大会の発言）であった。白人の奴隷制度廃止論者たちは、黒人が「良いおこないをするかどうかが、同胞であるほかの黒人が解放されるかどうかに影響する」（一八〇四年大会の発言）と述べ、そのような視線で黒人の行動を監視していたのだ。

こうした〝白い裁判官〟が、やがて黒人たちのなかにも同胞を裁く〝黒い裁判官〟を生むことになった。

「偏見をさらに減らし、まだ束縛のなかにいるおおぜいの同胞の状態を改善できるかどうかは、われわれの行動にかかっている」と、サミュエル・コーニッシュとジョン・ラスワームは、一八二七年三月一六日、彼らが創刊したアフリカ系アメリカ人初の新聞でもある週刊紙フリーダムズ・ジャーナルの創刊号に書いている。

それから一五〇年以上たった時代に生まれたぼくも、それとまったく同じ〝失敗するに決まっている戦略〟によって育てられた。黒人は何世代にもわたって〝黒人はもっと向上すべきだ〟という周囲の視線を浴びてきたのだ。

白人か黒人かにかかわらず〝裁判官たち〟は、黒人の背中に〝黒人という人種全体〟という重荷を負わせ、白人空間に押しこんだ。黒人に、白人のレイシストに悪い印象をあたえないようにつねに品位ある行動をしろと命じ、黒人の悪行には、黒人全体をおとしめ、レイシズムを強める恥ずべき行為だという判決を下した。

ぼく自身も、黒人として生きるうちに、〝白人と黒人の前で黒人全体の代表として完璧なおこないをしなければならない〟という重圧をずっと感じてきた。〝白い裁判官〟も〝黒い裁判官〟も、ぼくに不完全であることを決して許してくれなかった。

二〇一一年の秋のある日、外はもう涼しさが感じられた。サディカとつきあいはじめてまだ数カ月しかたっていなかったが、すでにぼくはこのジョージア出身のすばらしい女性と結婚したいと思うようになっていた。サディカはアトランタのスペルマン女子大学の卒業生。物腰がおっとりしていてなんとなく優雅なところ、洞察力と大らかなユーモアのセンス、黒人に対する大きな愛と、医師としての仕事に注ぐ情熱に、ぼくはすっかり魅了されていた。

サディカも、ミドルクラスの黒人家庭で育っていた。互いの両親の年齢もほぼ同じ。若い頃に黒人運動に身を投じた親から、その考え方を教えこまれてきたところも似ていた。彼女もまた、〝自分が成功のはしごを登ることが黒人全体を向上させる〟と親から言い聞かせられ、黒人全体を代表する気持ちで生きてきた。

ぼくたちはフィラデルフィアの旧市街のオールドシティ地区にあるアジア料理のレストラン「ブ

ッダカン」の窓際の席で食事をしていた。反対側の壁に目を向けると、テーブルと同じくらいの高さのステージの上に、大きな金色の仏像が鎮座していた。後ろの壁は、中心に向かって赤から黒へグラデーションになっていて、仏像はその前で目を閉じ、手を組み、やすらかな顔をしている。だれもこの仏像のことを気にしてはいない。サディカもそうだった。でも、茶色い髪をした太った中年の白人の男は違った。ひどく酔っぱらった様子でステージに登り、仏像をなではじめたのだ。仲間たちは近くのテーブルで声をあげて笑っている。ぼくは幼い頃から、黒人なら逮捕されるような悪さをしている酔った白人にはかかわるべきではないと学んでいた。白人がすれば〝無害なおふざけ〟ですむことも、黒人がすれば〝違法行為〟になる。

大きな笑い声を耳にしたサディカが、男のほうに目をやった。

「最低」彼女は静かに言った。「あの人、なにをしてるんだか」

彼女は皿に視線をもどして一口食べ、飲みこみながら顔をあげて言った。

「彼が黒人じゃないのがせめてもの救いね」

その言葉にぼくは驚いた。サディカの表情に自分を見た気がしたのだ。

「もし彼が黒人だったら？」ぼくはサディカに尋ね、同じことを自分自身にも問いかけた。

「恥ずかしくてたまらないでしょうね」彼女はぼくの気持ちと〝黒人はもっと向上しなければならない〟という圧力に閉じこめられているおおぜいの同胞の気持ちを代弁するかのように言った。

「黒人には、わたしたち全体が悪者にされるようなことはしてほしくないから」

「白人の前で？」

「もちろん。そんなことをすれば、白人はわたしたちをますます見下すようになるし、もっとレイシズム的になる」

当時のぼくたちはレイシズムを考えるとき、レイシズムの〝度合い〟とかレイシズム的であるかないかという、あやまったものさしで考えていた。

だがその夜、ぼくたちは一緒にこの問題について考えた。〝黒人はもっと向上しなければならない〟という圧力についても、そのとき初めて批判的な目を向けることができた。

いまではぼくたちが批判的な目を向ける対象はもっとふえた。

ぼくたちは、家父長的な白人の奴隷制度廃止論者が〝もっと向上しろ〟と黒人をあおることにも批判的な目を向けている。

〝黒人のあやまった行為が白人のレイシズム思想を助長している〟──つまり黒人のあやまった行為に対する白人のレイシズムは正当なものだ、という考えにも異を唱える。

みずからのレイシズムを否定するために白人全体をレイシズムの問題から免罪しようとする〝白い裁判官〟のことも批判している。

〝自分が向上することで黒人全体を向上させている〟と自己正当化し、問題の根幹にあるレイシズムポリシーを変えようとする責任から逃れている上昇志向の強い黒人にも批判の目を向ける。

〝もっと向上すべきだ〟という圧力に完全に応えることなどできないとも考えている──黒人も人間なのだから完璧ではない。

ぼくたちは、レイシストの白人が、おおやけの場で立派な行動をしている黒人を、〝どこにでもいる劣った黒人とは違う特別な存在〟として見ていることにも気づくようになった。

歴史が教えてくれることも忘れたりはしない──レイシズムポリシーに打ちのめされた黒人たち

に、〝裁判官〟はつねに向上することを命じてきた。いくら向上しても結局はレイシズムの恐怖とポリシーによって、また切りすてられるだけとわかっていながら。

サディカとぼくはレストランを出たあとも、自分たちに深く根づいていた〝黒人に向上を求めるイデオロギー〟について話を続けた――その考えを批判し、自分たち自身を批判し、そこから離れて、自由に向かって進むために。

それから何年もたったいまでも、ぼくたちの周りには〝裁判官たち〟がいるし、自分たちもまだその考えを完全には捨てきれていない。そういう現状でも、サディカは黒人の代表としてではなく、自分らしく行動する自由をつくりだしている。それは尊敬に値することだ。そしてぼくも、黒人として完璧にふるまわなければという束縛から解放されて、自分の不完全さを受けいれ、自由に行動できるようになってきたと感じている。

ぼくは黒人全体の代表ではなく、自分自身を代表しているだけだ。

もし〝裁判官たち〟がぼくの行動に基づいてその他おおぜいの黒人の評価を決めるのならば、問題はぼくではなく、黒人全体でもなく、彼ら自身にある。彼らがレイシズム思想をもつ責任は彼らにあり、ぼくにはない。ぼくにレイシズム思想があるとしたら、その責任はぼくにあり、彼らにはない。アンチレイシストであろうとすることは、ぼくがぼくであり、自分自身であり、不完全な自分であるのを認めることだ。

奴隷制度廃止論者のウィリアム・ロイド・ギャリソンは、黒人が自分は完全ではないと認めるのを許そうとはしなかった。

「きみたちは知識と道徳心を向上させることで、白人からの尊敬と信頼と庇護を得たのではないのか？」ギャリソンは一八三一年に週刊紙リベレーター（解放者）を創刊してまもない頃、紙面で黒人の群衆に問いかけた。

ギャリソンが黒人に向上を求めるのは、自身のイデオロギーに基づくものだった。ギャリソンは、奴隷制度への「国家的な贖罪という偉大な仕事を達成する」には、「道徳の力」や真実、理性を通して実現することが最善である、と考えていたのだ。ギャリソンは「道徳に基づいた説得」や、ぼくたちが「教育的な説得」と呼べるものを信じていた。それは、敬虔《けいけん》なバプテスト派の母親に育てられたという彼の生い立ちや、「新聞は〝指導〟のためにある」と信じていた新聞編集者としての経験、道徳的な反奴隷制度の活動家ベンジャミン・ランディに影響を受けたことに根ざしていた。

このように道徳や教育や向上をうながす考えは、南北戦争以前の「キング・コットン」と呼ばれる南部の綿花プランテーションの全盛時代、奴隷制度の急速な拡大をまったく食いとめられなかった。だが、戦略がイデオロギーに由来する場合には、成功するかどうかは重要ではないらしい。〝道徳的説得〟や〝教育的説得〟はおもに、白人を説得するためのものだった。それは恐怖を通して白人の道徳的良心に訴え、教育を通して白人の論理的な心に訴えようとするものだった。

しかし、レイシズム思想が人々の論理的な考えをさまたげているとしたら？

一般的な白人は説得できても、〝レイシズムのポリシーメーカー〟、すなわち〝レイシストの政策立案者たち〟を説得できないとしたら？

レイシズムポリシーメーカーが、みずからがつくるポリシーの有害な結果をよくわかっているとしたら？

マルコムXが指摘したように、レイシズムのポリシーメーカーが、道徳的良心はおろか、道徳も良心ももっていない人間だとしたら？

元ブラックパンサーのアサタ・シャクールが主張したように、抑圧者側の道徳的良心に訴えることで自由を得た集団など歴史上一つもないとしたら？

もしレイシズムポリシーメーカーを突きうごかしているのが経済的、政治的、文化的な私利私欲であり、憎悪に満ちた不道徳や、無知ではないとしたら？

共和党のエイブラハム・リンカーン大統領は一八六二年八月二〇日にこう書いている。

「奴隷を一人も解放せずに北軍を救えるのなら、わたしはそうするだろう。すべての奴隷を解放することで救えるなら、わたしはそうするだろう。（略）わたしが奴隷と有色人種についてしていることは、北軍を救うために役立つと信じているからだ」

一八六三年一月一日、リンカーンは「戦争に勝つために必要な手段」として、「奴隷解放宣言」に署名した。南北戦争に勝利したあと、（少数派のアンチレイシストの共和党員以外の）レイシストの共和党員は、投票によって「解放民局」を設置し、南部を再建し、公民権と投票権を拡大する法律を制定した。

この法律の狙いは、忠実な南部共和党員の基盤をつくり、南部に黒人たちをそのまま留めおくことだった。この法律の熱心な支持者であったイリノイ州上院議員ライマン・トランブルも、狙いは「黒人とはかかわりたくないと思っている」北部の白人から遠く離れた場所で南部の黒人を確保することだったと述べている。

トランブルが「白人の党」と呼んだ共和党は、レイシズムのテロリストたちから黒人を軍事的に守ることに「疲れて」きた。〔戦後の南部再建が終わったとされ、連合軍が北へ引きあげた〕一八七七年、共和党はテロリストたちに南部の権力の座を追われ、南部の黒人を置き去りにした。その後およそ一世紀にわたって、共和党はジム・クロウ法の「暴挙」に無関心な態度をとりつづける。

「われわれが共有する人間性によってではなく、利己主義がわれわれの行動を支配している」

ギャリソンは独立百周年となる一八七六年の独立記念日の演説でそうなげいた。

一九三四年六月二六日、デュボイスも「教育的説得」の有効性に批判的な意見を述べた。かつてギャリソンが彼以前の「道徳的説得」を批判していたのと同じように。

デュボイスは、「黒人の指導者たちはこれまでずっと、(略)白人のアメリカは黒人の苦しみが続いていることに気づいていないし、理解もしていないと考えてきた」と述べた。デュボイスはかつて、「究極の悪は愚かさである」と信じていた。

「そのため過去二〇年間、われわれは書物や定期刊行物、演説や嘆願などの効果的な手段を用いて、アメリカの人々に重要な事実を示すための努力をしてきた。今日では、アメリカ人がこの事実を知っていることに疑いの余地はない。しかしながら、彼らのほとんどは無関心で、行動をとろうとしない」

だがその一〇年後、経済学者のグンナー・ミュルダールは、この〝黒人は白人を説得するのではなく権力の獲得をめざすべきだ〟というデュボイスの呼びかけを無視した。ミュルダールは一九四四年の著書『アメリカのジレンマ：黒人問題と近代民主主義 *An American Dilemma: The Negro Problem and Modern Democracy*』のなかで、レイシズムの問題は白人アメリカ人の「驚くほどの無知」にあると忠告した。「筆者の意見では、間違いなく、アメリカの白人の大多数は、事実を正しく知ることができれば黒人により良い待遇をあたえようとする準備ができている」

一般的に受けいれられている歴史は、白人アメリカ人の大多数が、黒人の苦しみを知ったとき、人種差別撤廃に関する判決、公民権法（一九六四年）、投票権法（一九六五年）などの〝より良い待遇〟を黒人にあたえてきたことを示している。公民権運動の歴史を詳細にとらえたある研究書によれば、「グンナー・ミュルダールは驚くほど予言的であった」。

だが、すべてにおいて予言的だったわけではなかった。

一九四六年には、国務省の高官ディーン・アチソンが当時のトルーマン政権に「この国に少数民族に対する差別が存在していることは、植民地からの独立をおしすすめているアジア諸国やアフリカ、ラテンアメリカ諸国との関係に悪影響をおよぼす」と警告した。

歴史学者のメアリー・L・ダジィアックが記しているように、トルーマン政権は一九四〇年代後半から一九五〇年代前半にかけての人種差別撤廃訴訟の際に、アメリカ最高裁にこうした悪影響についていて何度も説明をおこなっていた。もちろん、アメリカでアフリカ人の外交官が体験していたレイシズム的な虐待についてては言うまでもない。

一九六三年、ディーン・ラスク国務長官は、公民権法を審議中の議会に「世界の諸国と競争するうえで、われわれに人種的、宗教的な差別があることは大きな障壁になる」と警告した。当時のハリス世論調査によれば、白人アメリカ人の七八パーセントがこの意見に賛同した。

すなわち、レイシズムの権力者《パワー》たちが公民権の立法化をはじめたのは、国際競争上不利にならないようにという私利私欲からだったのだ。

レイシズムパワーが利己的であることをやめたのは、アフリカ諸国やアジア諸国、ラテン諸国がアメリカの影響力がおよぶ範囲内に入ってきたときだった。それはまた、国内に根強く残る人種差別、いわば名前を変えたジム・クロウ法がアメリカの外交政策に悪影響をおよぼさなくなったときでもあった。さらにそれは、黒人が、権力側がめったに手放さないもの——すなわち〝権力〟——を要求し、獲得しはじめたときだった。

一九六七年、マーティン・ルーサー・キング・ジュニアはこう認めている。「われわれの国では間違いと混同があった。そのため過去の黒人アメリカ人は、権力ではなく、愛と道徳的な訴えによって自分たちの目標を追い求めようとしてきた」

だが八〇年代に生まれたぼくたちの世代は、「それは権力の問題だ。すなわち、変化を求める力と現状維持を求める力との対立である」というキング〔一九二九〜六八年〕の言葉を無視している。これは過去にキングの世代が、デュボイス〔一八六八〜一九六三年〕の成熟した警告を無視したのと同じである。デュボイスの世代もまた、それに先立つギャリソン〔一八〇五〜七九年〕の成熟した警告を無視している。

人種問題の核心にあるのはつねに権力《パワー》であり、不道徳や無知ではない。

「道徳的説得」も「教育的説得」も、〝まず変えるべきはレイシズムポリシーではなくレイシズム的な考えだ〟という仮定を疑うことなくすんなりと受けいれてしまっている。そして、それとは異なることを物語る本当の歴史を無視しているのだ。

たとえば、一九五〇年代から一九六〇年代にかけて学校教育についてのいくつかのレイシズム的なポリシーが変更され、その数十年後に、人種差別が撤廃された学校や近隣地域に対する白人の支持が急増した。

また、一九六七年に異人種間の結婚についてのポリシーが変更され、その数十年後に、異人種間の結婚に対する白人の支持が急増している。二〇一〇年のオバマケアの可決後にも、オバマケアへの白人の支持はそれ以前より急増している。

レイシズムのポリシーメーカーは、アンチレイシズム的な政策が実現されたら大変なことになるぞ、とアンチレイシズムポリシーへの〝恐れ〟をあおる——内心では、アンチレイシズムポリシーが実行されても、その恐怖が決して実現しないことを知っているにもかかわらず。

だが恐れたようなことが実際に起こらなければ、人々は警戒心をゆるめ、アンチレイシズムポリシーがもたらすメリットを享受するようになるだろう。そしてそのメリットが確実なものだとわかれば、アメリカ人は、かつては恐れていたアンチレイシズムポリシーを支持し、擁護するようになるだろう。

ポリシーを変えたあとに、精神的、道徳的な変化を実現させようとするほうが、人々が得る利益がふえ、感じる恐怖が小さくなっている状態での闘いになるため、アンチレイシズム勢力を成功にみちびきやすい。

いっぽう、ポリシーを変えるための前提として、先に精神的、道徳的な変化を実現させようとすると、無関心あるいは人々が感じる恐怖が増大した状態での闘いになるため、アンチレイシズム勢力が成功するのはとても難しい。

レイシズムの問題は〝説得〟によって解決されてきたわけではない。

知識は、権力をめぐる闘争に投入された場合にのみ、力になる。人々の心を変えようとするのは運動ではない。レイシズムを批判するのも、人々の心を変えようとするのも活動ではない。

活動家が生みだすのは〝権力《パワー》とポリシーの変化〟であり、〝心の変化〟ではない。権力者を交替させポリシーを変えたという実績がなければ、その人は活動家とはいえないのだ。

黒人学生連合の集会の開始を待っているあいだ、ぼくはすでに自分の心の変化をひりひりと感じていた。そのときぼくは活動家になりたかった。学問の世界から逃げだしたかった。「ジーナ6《シックス》」を解放したかった。

二〇〇六年九月一日、ジーナ高校で白人の生徒たちのたまり場となっている「ホワイトツリー」と呼ばれる木の下で、黒人の生徒がくつろいでいた。翌日、白人の生徒がその木の枝に首つり縄をぶらさげた。学校側はこの「悪ふざけ」をした白人生徒を停学処分にしただけだった。それはこのルイジアナ州のジーナという小さな町で黒人生徒へのレイシズム的な危害を抑えることにはまったく役立たなかった。

それからもこの件でのいさかいは続き、二〇〇六年一二月四日、黒人生徒が白人生徒を殴るという事件が起きる。その数日後、「ジーナ6」と呼ばれるようになる六人の黒人生徒が逮捕された。ジェシー・レイ・ベアード（一四歳）は少年として少年法の適用を受けて起訴され、ロバート・ベイリー・ジュニア（一七歳）、マイケル・ベル（一六歳）、カーウィン・ジョーンズ（一八歳）、ブライアント・パーヴィス（一七歳）、セオ・ショー（一七歳）は殺人未遂で起訴された。「有罪判決になった場合、法律で認められた最高刑を求刑する」と地方検事のリード・ウォルターズは約束した。それは最高一〇〇年の懲役を意味していた。

黒人学生連合の会議で、幹部として教壇の椅子に座っていたぼくの身に、来る九月二〇日のマイケル・ベルの量刑審問の結果が、ふりおろされる肉切り包丁のように近づいていた。裁判の陪審員は全員が白人だった。そしてすでにベルを第二級暴行罪という軽罪で有罪にして、一六歳の若者にこれからの二二年という時間を刑務所で過ごさせようとしていた。

教室内には、外の闇のような陰鬱な空気がただよっていた。

黒人学生連合の幹部たちは、自分たちの目標がジーナ6を解放することであるのを確認しあっていた。

でも、そのときのぼくたちに本当になにかをする覚悟はあったのだろうか？　ジーナ6の自由のために、自分たちの自由を危険にさらそうとしていたのだろうか？　自由を危険にさらす覚悟などなく、自分たちの気持ちをすっきりさせようとしていただけだったのではないか？

ぼくたちは文化的、行動的、教育的な充実を目的としたプログラムを考え、提供し、寄付することで、良い気分を味わおうとしている。こうしたプログラムが人種集団を助けていると感じている。実際には、助けて（または傷つけて）いるのは個人だけであり、人種集団を助けるためにはポリシーを変える以外の方法はないというのに。

ぼくたちは、まるで好きなミュージシャンがステージで演奏しているときのように興奮してデモに参加する。人種問題の解決のために、なにかをしているような気分になっている。

でも本当は、満足感を味わいたいから行動していただけだ。ぼくたちはお気に入りのレストランで食事をしたあとのように、満足して家に帰る。でもこの充足感は、ドラッグでハイになるのと同じくらい一時的なものだ。

不公平や不正の問題は根強く残っていて、ぼくたちに嫌な気分や罪悪感を味わわせる。ぼくたちは実際には世の中を変えるようなことはしていないのに、〝世の中を良くしているのだ〟と自分に言い聞かせながら、良い気分になるために行動しつづけている。

もしぼくたちが、良い気分を味わうためではなく、結果をみちびくための行動をしていたらどうなるだろう？

もしぼくたちが、みずからの罪悪感や苦悩を解消することではなく、公平さをみちびく結果を求めていたら？

もしぼくたちが、自分の感情だけでなく、社会をより良くするために権力者《パワー》の交替やポリシーを変えることに人や資金を集中させたら？

ぼくはもう待てなかった。黒人学生連合の会議に参加している仲間たちのおしゃべりと笑顔を断ちきるように、ジーナ6を解放するための「106キャンペーン」の説明をはじめた。

まずは第一段階。大西洋中部地域の一〇六のキャンパスに各校一人以上、合計一〇六人以上の学生を配置し、九月末までに地元で集会を開いて、ジーナ6の弁護費用のための資金調達をする。次は第二段階。二〇〇七年一〇月五日に一〇六のキャンパスの一〇六人の学生がそれぞれの自動車キャラバンを率いてワシントンDCに集結する。

その光景を頭に思いうかべながら話をした。

「ペンシルベニアやデラウェア、メリーランド、バージニア、ウェストバージニア、ノースカロライナを出発した学生たちを乗せた何十台もの車の列が、あらゆる方向から首都に向かって高速道路や幹線道路を進んでいくんだ」

ぼくは前を向いていたが、学生の仲間たちと視線は合わせていなかった。ぼくが見ていたのは、自分の言葉が描く美しい光景だった。

「何千台もの車が、窓に〝ジーナ6を自由に〟というプラカードをかかげながら走る。通りすぎるドライバーにクラクションを鳴らせば、連帯、あるいは反発のクラクションが返ってくる」

ぼくは言葉に酔いしれながら何度も問いかけた。

「その光景がみんなにも見えるだろう？」

たしかに同じ光景が見えていた学生もいたと思う。でも、醜い光景を浮かべていた学生もいた。

「自動車キャラバンは違法じゃないの？」ある女子学生が不安げに尋ねた。

「そんなことないさ！　自動車キャラバンはあちこちでおこなわれてる」ぼくは答えた。

ぼくは美しい光景と、醜い光景をどちらも思い描きながら話した。

「キャラバンがＤＣに到着したら、車をコンスティテューション・アベニューの真ん中に停め、司法省に向かって非公式なデモ行進をはじめる。数千台の車をこのアベニューと周辺の通りに停車させて、ブッシュ政権に六人の自由を要求するんだ。レッカー車が来たときのために、そのタイヤをパンクさせる用意もしておく。警察がレッカー車を守りはじめたら、ぼくたちはもっとたくさんの車をアベニューに停車させる。アベニューを封鎖されたら、車を別の通りに移動させる。ダウンタウンのすべての通りがバリケード封鎖されたらその場で待機し、バリケードが解除されるたびにまたダウンタウンに入りこむ。ブッシュ政権がルイジアナ州知事にかけあい、ジーナ市当局にジーナ6に対する告訴を取り下げさせるまで、この車の座り込み《シット・イン》を止めることを拒否する」

「それは違法だ。刑務所に放りこまれてしまうぞ」別の学生が恐怖の表情を浮かべて反論した。

ぼくはやめておけばいいのに、そのまま恐怖をあおるように話しつづけた。話せば話すほど恐怖が広がり、この106キャンペーンに参加する学生を減らしてしまうことになるかもしれないのに。

「そのとおりさ。刑務所行きになるだろうな!」ぼくは素の自分にもどったような口調で強く言い返した。「でもぼくは気にしない! ぼくたちはすでに刑務所にいるんだから。それがぼくたちがアメリカに住むということだ。そう、ここは刑務所なんだ」

ぼくはマルコムXの言葉を脈絡もなく使った。自分自身を急進的《ラディカル》だと思っているぼくの耳に、学生たちのショックと恐れの反応が過激《ラディカル》に聞こえたとき、だれが脈絡など気にするだろうか? そんなものにかまってなどいられなかった。

人々は悪意もなく、よくある恐怖の反応を示すものだし、間違った人種用語を使ったり間違った質問をしたりするものだ。そんな人々に辛辣《しんらつ》な言葉をぶつけるとき、ぼくはたしかに過激だった。

大地を焼きつくさんばかりのぼくの激しい言葉が黒人学生連合の集会や会合から参加者を遠ざけ、大地を焼きつくさんばかりのぼくの激しい文章が読者を遠ざけたとき、ぼくはたしかに過激だった。

でも実際には、ぼくの言葉が単に過激《ラディカル》に聞こえるだけなら、その言葉はまったく急進的《ラディカル》ではなかった。

言論の過激さは、それが聞く耳をもつ人たちの心をどれだけ急進的に変えられるか、どれだけアンチレイシズムの力を解き放つことができるかで測られるのだとしたら?

言論の保守性は、それがどれだけ強く人々に現状を維持させ、そのレイシズム思想や恐れによって人々の心を奴隷化し、不公平な社会を保ちつづけるかによって測られるのだとしたら？

あのときぼくは自分がだれよりも急進的《ラディカル》だと思っていた。でも実際にはだれよりも保守的だった。失敗だった。ぼくは黒人学生連合の仲間の恐怖に対処することに失敗した。

恐怖は人種と似ている――それは、蜃気楼のようなものだ。

「恐怖は現実のものじゃない。それは想像力の産物だ」ぼくが好きな映画『アフター・アース』のなかで、ウィル・スミス演じる主人公が息子に言う。「いいか、危険は現実にある。だけど、恐怖を感じるかどうかは自分が選ぶものなんだ」

だれもが奴隷解放運動家のハリエット・タブマンのような、恐れを知らないアンチレイシストになる必要はない。でも、アンチレイシストであるためには勇気が必要だ。勇気とは、昔から言いならわされているように、恐怖に直面しても正しいおこないができる強さのことだ。ぼくはアンチレイシストの考えからなにが正しいかについての洞察を得て、恐怖から強さを得る。

抵抗することで起こりうることを恐れる人は多いが、ぼくは抵抗しないことで起こりうることのほうを恐れ、臆病であることのほうを恐れる。臆病とは、恐怖に直面すると正しいおこないができなくなることだ。レイシズムパワーは何世代にもわたり、人々を臆病にさせておくために恐怖を利用してきた。

一九〇一年一〇月一六日にセオドア・ルーズベルト大統領が黒人の教育者ブッカー・T・ワシントンと夕食の席をともにした。それは、当時の上院議員ベン・〝ピッチフォーク〟・ティルマンのような分離主義者にとって、いわゆる肌の色の境界線《カラーライン》を越えるものだった。
「黒人《ニガー》を接待したルーズベルト大統領の行動は許しがたい。やつらに身の程を思い知らせるために、南部で一〇〇〇人の黒人《ニガー》を殺す必要があるだろう」。その言葉は冗談ではなかった。

一八七六年七月八日、若きティルマンは、権力に飢えた白人の暴徒に加わり、サウスカロライナ州の黒人町ハンブルグで黒人の権力を守ろうとした黒人民兵を少なくとも七人殺害した。

大統領選挙があったこの年、ティルマンが所属していた「赤シャツ団」は白人至上主義者がサウスカロライナの支配権を暴力によって奪うことに加担しつづけた。ティルマンはハンブルグの虐殺事件への関与を名誉のバッジとして身につけ、リンチした黒人たちを踏みつけるようにして政界に進出すると、一八九〇年にはサウスカロライナ州知事になり、一八九五年には上院議員に就任した。「われわれがハンブルグを訪れた目的は、テロを起こすことだった」とティルマンは一九〇九年に赤シャツ団のメンバーが再会した際に語っている。レイシズムの思想が人々を無知と憎しみに誘うように、レイシズムのテロは人々を恐怖におとしいれようとする。

ぼくは一人、校舎をあとにした。歩きながら考えつづけた。キャンパスの端にある地下鉄の駅の、ホームに降りる長いエスカレーターの上で、106キャンペーンに反対投票した黒人学生連合の幹部はレイシズムのことをなにもわかっていない、ジーナ6の収監を支持する白人と同じだと考えた。ノース・フィラデルフィアに向かう地下鉄のなかで、「究極の悪とは無知であり、究極の善とは教育である」と確信した。自宅にもどってソファに寝ころび、天井の鏡を見あげながら、人生を〝教育的説得〟に捧げることは、自分が選びうるほかのどんな人生よりも世の中に影響をあたえられるものになるに違いないと確信した。

ぼくは黒人学生連合の仲間を〝説得する〟ことに失敗したまさにその夜、〝教育的説得〟に人生を捧げるという光明を見いだし、その道を走りはじめた。

ぼくはみんなの心を変えることに失敗した（もちろん、ポリシーも変えられなかった）。けれども、自分の生きる道が見つかったという大きな手ごたえを感じて満足していたために、失敗の原因が自分にあることには考えがいたらなかった。失敗した原因は、仲間にあると思っていた。ぼくは、鏡に映る自分の〝失敗の原理〟を見ていなかった——変化を起こすことに失敗していながら、その原因はほかにあると考えてしまう自分を。

ぼくたちは、レイシズム思想をもつ人の閉ざされた心を開くことに失敗したとき、他人の閉じた心を無理やり開かせることに時間を費やした自分たちを責める代わりに、相手が心を閉ざしていることを非難する。

ぼくたちは、まだレイシズム思想をもってはいるが、心を開いた人を容赦なく攻撃してしまう。そして相手を変えることに失敗したとき、彼らに対する自分たちの性急でとげとげしい憎しみを責める代わりに、彼らの憎しみを非難する。

人々がぼくたちのこみいったアンチレイシズムの思想を受けいれるのに失敗したとき、うまく伝えられなかった自分たちの愚かさを責める代わりに、彼らの愚かさを非難する。

人々を変えたが、変わった人々をうまく支援できなかったとき、自分たちの導きが不足していることを責める代わりに、相手の歩み寄りが足りないと非難する。

支持した政治家がレイシズムポリシーを変えないとき、自分たちが間違った政治家を支持していたことを責める代わりに、レイシズムの手に負えなさを非難する。

抗議のための支持を得ることに失敗したとき、自分たちの独りよがりのプレゼンテーションを責める代わりに、相手の恐怖心のせいにする。

抗議が失敗したとき、自分たちの抗議の方法が不十分だったことを責める代わりに、レイシズム権力《パワー》を非難する。

ぼくたちのポリシーが人種的公平を生みだすことに失敗したとき、自分たちのポリシーに欠陥があったと考える代わりに、新たな機会を利用しなかった人々を非難する――。

このように〝失敗の原理〟は自分自身に批判の目を向けるためのカギを避けようとする。〝失敗の原理〟は失敗を生み、レイシズムを生む。

もしアンチレイシストがつねにみずからの考えを批判的に見ていたらどうなるだろう？　もしぼくたちが自分たちのイデオロギーや方法を批判的な目で見て、分析し、うまくいくまで何度も改善していったら？　ぼくたちはいつになったら、同じことを延々とくりかえし、違う結果を期待するという馬鹿げた行為を止めることができるのか？　自己批判は変化をもたらし、変化は柔軟性を生む。だからこそぼくたちは自分自身に批判的な目を向けていかなくてはいけない。

レイシズム権力《パワー》は、みずからに利益をもたらすポリシーを制定できる権力をなんとしてでも手にしようと柔軟に形を変える。アンチレイシズムパワーがそれに対抗するには、同じくらい柔軟でなければならない。

レイシズム権力は、必要なことのためには手段を選ばない。だが、彼らに挑戦する立場にあるぼくたちは、そこまで割りきれていない。マルコムXの影響を受けた者たちでさえそうだ。

ぼくたちは、みずからのイデオロギーが道徳的で純粋であることや、経済的な潔白さ、自分たちの戦略、資金調達、リーダー、組織のほうを優先してしまっている。〝困窮する人々のために公平さをもたらす〟という本来の目的を最大限に優先していない。

ぼくたちは〝自分たちは、困窮する人々のために清廉潔白であろうとしている〟と言う。だが、そう言うだけでは、彼らを困窮させつづけることになっていることを自覚できていない。

ぼくたちはレイシストの権力者が手にしている特権や彼らの無策を批判する。だがぼくたちが批判ばかりして有効な方策をとろうとしないことで、自分たちが特権的な立場にありながら無策であることを証明してしまっている。

そして結局は、快適な特権のなかでぬくぬくとなにもしないことを正当化する。柔軟性どころか、ぼくたちは〝人種的な変革を起こすことに失敗した戦略から抜けだせないイデオロギー〟に囚われている。

もしぼくたちが、方法論やリーダーや組織を評価するのに、ポリシーをどれだけ変えられたか、どれだけ公平性をもたらすことができたかを基準にしたらどうなるだろうか？　イデオロギーからではなく現実問題から発想して戦略とポリシーを生みだすとしたら？　アンチレイシストが、公平な利益をもたらすポリシーをつくるための力《パワー》への渇望のみを原動力としていたら？　そのとき、きっと状況は変わるだろう。

＊　＊　＊

黒人学生連合の幹部は、106キャンペーンの投票の際に別の計画を立てていた。それは、仲間に恐怖を感じさせない方法で抗議行動を起こすことだった。

二〇〇七年九月二〇日、ぼくたちはテンプル大学の前を通るノースブロード・ストリートを、大声をあげて行進し、最後にキャンパスに集まった。その日、何千人もの学生たちは、自分たちが抗議をしていると思っていた。でも実際にしていたことは、フィラデルフィアからルイジアナのジーナにいたるあちこちの場所でデモをしていただけだった。

ぼくたちは「デモ（示威行動）」と「プロテスト（抗議活動）」を、明確に区別することなく、同じような意味の言葉として使っている。「動員」と「組織化」もそうだ。でもそこには違いがある。

プロテストとは、レイシズム権力《パワー》にレイシズムポリシーの変更を求める長期的なキャンペーンのために人々を組織することだ。

デモは、問題を世間に知らしめるために人々を一時的に動員することだ。

デモは、行進や集会での演説やプラカードやポスター、嘆願書、SNSでの頻繁なハッシュタグ投稿などで、問題の存在を世の中に伝えていく。これは当然のことながら、相手を説得しようとする人たちが好む方法だ。なにかがほしいと泣きわめく子供が親をこまらせるように、デモは権力者をこまらせる。権力者は、デモによって生じる経済的、政治的、職業的な悪しき評判に耐えられない場合——国家レベルでは冷戦時代、国政や地方政治レベルでは選挙期間中、もっと日常的には破産まぎわの企業——を除けば、たいていはデモを無視する。

最善のデモは（最善の教育的な取り組みと同様）、人々が内なるアンチレイシズムの力を見つけるのを助ける。

内なるアンチレイシズム的な力とは、過去と現在の鏡のなかにみずからのレイシズムを見つけ、未来の鏡のなかにみずからのアンチレイシズムを見つけ、自分が属する人種集団をほかの人種集団と対等だと見なし、〝人種的な不公平〟がある世界を異常だと見なし、レイシズムの権力《パワー》やポリシーに抵抗し打ちかつための内なる力を確認することができる能力だ。

最善のデモとは（最善の教育的取り組みと同様）、人々にアンチレイシズムの力や人的資源、公的資源を活用し、参加者とその資金を組織や抗議活動、権力《パワー》獲得のためのキャンペーンに充《あ》てる方法を示すものだ。

ジーナ6のデモでも、その舞台裏で資金調達が進み、その結果、優秀な弁護団を雇うことができた。弁護団は黙々と働き、二〇〇九年六月二六日、被告たちの罪を単純な暴行罪に格下げし、被告たちが抗弁できるようにし、懲役刑が科されずにすむようにした。

内なるアンチレイシズムパワーを見いだし、経済的支援を得ることと等しく重要なのは、デモは抗議活動を続ける精神的サポートになるということだ。

かつてアラバマ州モンゴメリーの教会でおこなわれた夜の集会に集まった人々は、マーティン・ルーサー・キング・ジュニアの言葉に奮《ふる》いたち、市営バスの車内で人種差別にあいボイコットをはじめた勇敢な女性たちを支えると決意した。彼らは結局一九五六年を通してバスの大規模なボイコット運動を展開し、市営バスの経営はかたむいた。

最善の抗議活動とは、一歩踏みこんで、レイシズムポリシーを変えることが権力側にとってもメリットになるような状況をつくりだすことだ。

たとえば、デモ隊が店舗前での座り込み《シットイン》をすれば、客足が遠のくことをきらう企業を人種差別撤廃に向かわせることができる。賃上げすれば工場での生産を再開すると交渉する、学校で教師の昇給を条件に授業を再開する、議会で寄付者や選挙でのまとまった票を条件に特定の法律を可決させる、などの方法もある。

しかし、こうした状況をつくるのは簡単ではない。レイシズム権力《パワー》はこのような抗議手法を違法化する法律をつくっているからだ。組織化と抗議は、動員とデモよりもはるかに難しく、だからこそインパクトが大きい。権力を手にすることは、権力に抗議したり、権力の行きすぎに対してデモをしたりするよりはるかに難しい。

デモ行進だけでは、ジーナ6を解放できる見込みはほとんどなかった。

裁判官はデモの翌日、ジーナ6のうちの一人の保釈を拒否した。このニュースに衝撃を受け、活動から抜けた黒人学生連合の仲間もいた。

抗議行動を起こしているつもりで、つまりこれで権力やポリシーを変えられると信じてデモを計画したり参加したりすると、デモによってなにも変化が起こらないのを見たとき、どうしてもシニカルになってしまう。レイシズムという巨人ゴリアテが、決して倒すことのできないものだと思わずにいられなくなるのだ。

そんなとき、失敗の真の原因が自分たちの戦略や対策、イデオロギー、感情にあると考えるのは難しい。自分たちがすでに、成功のために必要なすべての道具を手にしていると考えるのも難しくなる。

第17章 成功へのステップ SUCCESS

壇上では、金融経済学の教授ボイス・ワトキンスが、〝病としてのレイシズム〟というテーマで講義をしている。ぼくは頭を悩ませた。二〇一〇年二月の「黒人歴史月間」の一一日目の夕方に耳にする話としては、根本的でも、普遍的でも、革命的でもない。質疑応答の時間になり、ぼくは後ろの席から手をあげた。隣ではカリダッドがそんなぼくを見て微笑んでいた。

彼女とは講義の最中、ずっと小声で話をしていた。このときのぼくは、珍しく自信をみなぎらせていた。その数日前、テンプル大学の卒業式でアサンテ教授から博士号をあたえられたばかりだった。学校がきらいだった一〇代の少年は、二〇一〇年に大学院を修了し、一生学問に身を捧げることを誓っていた。

ニューヨーク州北部の町オネオンタにあるニューヨーク州立大学（SUNY）オネオンタ校の講義にぼくをまねいたのは、おそらくこの学校で教えているカリダッドだった。オネオンタを町と呼ぶのは語弊があるかもしれない。周辺の田舎に住む白人たちにとって、オネオンタは都会だった。

オネオンタ校では周りは白人ばかりだった。それはまるで飛行機の窓から見える一面の雲だった。もちろん、親切で思いやりのある白人の同僚がいなかったわけではない。しかしオネオンタといえば、ぼくにとってはカリダッドの存在が大きい。ぼくは二〇〇八年に博士論文の研究員としてこの大学に行き、彼女のプエルトリカン・フェミニズムとアンチレイシズムに惹かれた。そして二〇〇九年に滞在したときには、さらにそれを深く学んだ。

ぼくがカリダッドと椅子を並べて座るくらい親しくなったのは、カリダッドの一八年連れそった夫ラルフが他界したことで空席となった黒人史の研究員のポストを、ぼくが埋めることになったからだった。二〇〇七年、転移性のがんがラルフの命を奪った。カリダッドは、黒人研究にいそしむぼくの姿にラルフを重ねていたのかもしれない。

ラルフはがんとの闘いに敗れたが、カリダッドはアフリカ系ラティニクスの女性として、平和を勝ちとるための自身の闘いを続けなくてはならなかった。もちろん彼女は戦士であり、アンチレイシストが成功するために不可欠な、不屈の精神と粘り強さをもっていた。

成功。その道のりは暗く、ぼくたちに恐れを抱かせる。ぼくたちがめざしているのは、アンチレイシズムのパワーとポリシーが優勢な世界だ。平等な集団のあいだに平等な機会と結果がある世界。社会問題の原因は人間ではなくポリシーにあると見なされる世界。人々が現状より良い状態になる世界だ。レイシズムが隅に追いやられる世界。いまのレイシズムに代わって、アンチレイシズムが人々の常識となっている世界だ。

失敗も成功もあらかじめ定められてはいない。ぼくたちの世代の物語は、自分たちがこれからなにをするかで決まる。ぼくたちには、レイシズムの権力《パワー》やポリシーとの過酷な闘いを耐えしのぶ意志があるか？　内なるアンチレイシズムの力を結集し、それを社会のなかのアンチレイシズムの力に変えていこうとする意志があるか？

カリダッドにはその意志があった。それはぼくの意志も強めてくれた。

内なるレイシズムやジェンダーレイシズム、クィアレイシズム、階級レイシズムに囚われ、苦しんで葛藤している学生たちがいる。カリダッドは、彼らにも、学び、変化する力があることを理解していた。彼女は、自分のアンチレイシズムの考えをそういう学生たちに強くぶつけて、思想的に彼らを問いつめたりはしなかった。

むしろ彼女の授業は、学生一人ひとりの人生に寄りそうように抱きしめ、自分を見つめなおすことをうながすものだった。

カリダッドは毎年、反アフリカ的な文化的状況に身を置き、それぞれ葛藤をかかえている黒人やラティニクスの学生たちをガーナに連れていった。学生たちは帰国する頃には、アフリカの祖先の文化に夢中になっていた。

いっぽう、ぼくも価値観の〝交差点〟で生きのびるために闘っていた。心の奥にかたくなに居すわる過去の衝動が、つねにぼくをレイシストたちの大農場《プランテーション》に連れもどそうとしていた。カリダッドはテンプル大学の博士課程を終えたばかりのぼくが、昔の考えに逆もどりしないように、カイラやヤバ、ウィケアと同じように救いの手をさしのべてくれた。

「レイシズムは病気というよりも、臓器に近いと思いませんか？」ぼくは講師に尋ねた。「つまり、レイシズムはアメリカが成り立つために必要なものではないでしょうか？　レイシズムのシステムはこの国が生きていくために欠かせないものなのでは？」

ワトキンス教授はぼくがまいたエサに食いつかず、反論もしなかった。残念だった。ぼくは彼を巻きこんで議論をしたかった。でも、ぼくの態度はとうてい知的だとは言えなかった。ぼくは、自分の気分が良くならない新しい考えには心を閉ざしていた。自分の価値感やアイデンティティに合うレイシズムの概念を探して、標的にしていただけだった。

レイシズムについての見方を変えるように求められたアンチレイシストは、人種についての見方を変えるように求められたレイシストと同じくらいうろたえる。アンチレイシストのレイシズムについての考え方は、レイシストの「わたしはレイシストではない」という考え方と同じくらい頑迷《がんめい》で教条的で、がんじがらめなものになりがちだ。

みずから心を閉ざし変化を望まないアンチレイシストが、どうやってレイシストに心を開くことを求められるというのだ。

ぼくは自分の偽善を無視していた――人が慣れ親しんだものを捨てるように強《し》いられたときに習慣的にそうしてしまうように。レイシズムについての自分の考えを捨て去ることは、ぼくにとって世界の見方と自分自身についての見方を捨て去るに等しかった。

あの頃のぼくは、闘わずにはいられなかった。だれかから新しい概念で〝攻撃〟されると、怒りとともに反論した――その相手がカイラやヤバのように、ぼくが恐れ、尊敬していた人でなければ。


ぼくのレイシズムについての視点は、大学院生になって初めて読んだ本に影響を受けている。それは、一九六七年にブラックパワーの活動家クワメ・ツレ〔改名後のストークリー・カーマイケル〕と政治学者のチャールズ・ハミルトンが著した『ブラックパワー：アメリカにおける解放の政治 *Black Power: The Politics of Liberation in America*』だ。

ヒラリー・クリントンとバーニー・サンダースは、二〇一六年の大統領選挙の遊説で「制度的レイシズム」について語っていた。活動家たちもデモでの演説でこの言葉を用いていた。彼らが自覚的だったかどうかはさだかではないが、ともかくこの「制度的レイシズム」という概念はその本のなかで提唱されたものだった。

「レイシズムには、明白なものと隠蔽されたものの両方がある」とツレとハミルトンは説明した。「それは密接に関連した二つの形態をとる。一つは、白人の個人が黒人の個人に対しておこなうもの。もう一つは、白人コミュニティ全体が黒人コミュニティ全体に対しておこなうものである。われわれはこれらを、個人的レイシズムと制度的レイシズムと呼ぶ。前者は個人による明白な行為であるが、（略）後者は明白ではなく、微細で、特定の個人による行為とは認識できない」。

ツレとハミルトンは、たとえば、白人の加害者が黒人の教会を爆破して黒人の少女四人を殺した事件において、「白人テロリストたち」は個人的レイシズムであり、「この事件が起きたのと同じアラバマ州バーミンガム市で、適切な食料や救護施設、医療施設がないために、毎年五〇〇人もの黒人の赤ん坊が死んでいること」は制度的レイシズムであるとし、その二つを区別している。

制度的レイシズムは、ぼくが最初にそれを読んだときに感じたように、人々を抑圧し、死にいたらせる憂鬱なシステムだ。レイシズムの思想が人の心のなかに暗黙裏に存在するように、制度的レイシズムのシステムの働きも見えないところで進行している。はじめはぼくもこのシステムのことがよくわからなかったし、正確な定義もできなかった。けれども、大気中に汚染物質がただようように、白人の利益のために黒人を害するこのシステムが存在しているのは察知していた。

だが、レイシズムという大気汚染が、白人たちにも害をあたえているとしたらどうだろう？　そして、富と権力という新鮮な空気を得ている一握りの黒人にとって、レイシズムがほかの黒人とは反対に作用しているとしたら？

制度的レイシズムという概念を「白人全体による黒人全体に対する行為」という枠組みでとらえれば、それは白人だけがレイシズムポリシーからメリットを得ている仕組みを説明するものになる（レイシズムによって、白人の貧困層は黒人の貧困層より、白人女性は黒人女性より、白人同性愛者は黒人同性愛者より多くのメリットを得る）。

しかし、この〝白人対黒人〟という構図は、〝すべての白人が等しくレイシズムのメリットを得ているわけではない〟という事実を考慮していない。

たとえば、白人の富裕層が白人の貧困層や白人の中所得層よりもレイシズムポリシーの恩恵を受けていること、あるいは〝すべての黒人が等しくレイシズムの被害を受けているわけではないこと〟や〝一部の黒人がレイシズムを逆手にとって富と権力を得ているという事実〟が考慮されていない。

でも、そのときのぼくは気にしていなかった。自分はすべてを理解していると思いこんでいたからだ。ぼくはレイシズムを〝無生物で、目に見えない、不死のシステムのようなもの〟と見なしていた。〝生きていて、認識できる、死にいたるがん細胞のようなものだ〟とは見ていなかった。

さらにぼくは、このシステムを〝合衆国憲法と同じくアメリカにとって不可欠なもの〟と考えていた。白人が黒人社会全体を犠牲にして白人社会全体が利益を得られるように、このシステムをひそかにあやつっているのではないかと思うことさえあった。

隠蔽された制度的レイシズムという考え方は、レイシズムに対してアメリカ人の目を開かせる半面、皮肉にもその目をおおってしまう。明白な個人へのレイシズムと隠蔽された制度的レイシズムを区別することで、どのポリシーが「人種的不公平」を引きおこしているのか、だれがそのポリシーを策定しているのかが特定できなくなり、おおいかくされてしまうのだ。

ポリシーやポリシーメーカーが隠されると、人々がそれを見つけだし、ほかのものに置きかえるのが難しくなる。ぼくたちは、「制度」という抽象的な悪に怒りをぶつけているうちに、レイシズムのポリシーメーカーやポリシーの存在を忘れてしまうのだ。

バーミンガムで毎年五〇〇人の黒人の赤ん坊が「適切な食料、救護施設、医療施設がないため」に死んでいる。その現実を引きおこした加害者は、一九六三年にバーミンガムの教会で黒人の少女四人を殺害した「白人テロリスト」の加害者と同じくらいはっきりしている。警察がこの爆撃犯を正確に特定できるように、ぼくたちは毎年五〇〇人もの黒人の赤ん坊が命を落とす原因となっているポリシーがどんなもので、だれがそのようなポリシーを実行したのかも正確に特定できるはずだ。

ぼくたちはレイシストの口から出てくるレイシズム的な虐待の言葉を理解する方法を学んだ。同じように、レイシズムポリシーから生じる人種的不公平を理解する方法も学ぶことができる。アンチレイシストとして、人種的不公平にひそむレイシズムポリシーを見つけだす目をしっかり見開いていれば、あらゆるレイシズムははっきりと正確にとらえられる。

けれどもぼくたちにはそれが見えていない。レイシズム思想と、〝制度的アンチレイシストとポスト・レイシャル主義者のひそかな結託〟によって、ぼくたちの目は閉じられてしまっているのだ。この結託は、制度的レイシズムは目に見えないものという考えを土台にしている。制度的アンチレイシストは「それは隠蔽されている」と言い、ポスト・レイシャル主義者は「そのようなシステムは存在していないに等しい」と言う。

無意識のうちにぼくたちの心に入りこむ先入観である「暗黙のバイアス」と、「ポスト・レイシャル主義者」のあいだにも、似たような結託が存在する。この二つは、レイシズム思想は現代人の心の奥深くに埋めこまれているという考えで結びついている。暗黙のバイアスは、「レイシズムは暗黙的で無意識のものだから」だと言い、ポスト・レイシャル主義者は「レイシズムはすでに死んでいるから」だと言う。

ツレとハミルトンは、〝明白なレイシズム〟と〝隠蔽されたレイシズム〟という概念が、レイシズムをおおいかくすためにイデオロギーを超えて使われるようになるとは予見できなかっただろう。もちろん二人は、個人的なものと制度的なものをはっきり区別することに焦点を当てていた。ツレとハミルトンは、穏健派やリベラル派、同化主義的者たちが、これまでずっとレイシズムを指摘するときに、KKK、ジム・クロウ法を支持する政治家、ティーパーティーの共和党員、Nワードの使用者、白人国家主義者の射殺犯、トランプ的な政治家などの個々の行為だけに限定していることに注目した。先の著書にはこう書かれている。

「まともな人たちは、自分自身は教会に爆弾をしかけたり、黒人の家族に石を投げたりしないのだから、だれかにとがめられることはない、と思っているだろう。だが彼らはじつのところは、制度的なレイシズムポリシーを永続させるような政治家や組織を支持しつづけている」

〝制度的なレイシズムポリシー〟という言葉は、〝制度的なレイシズム〟よりも具体的だ。また〝レイシズムポリシー〟という言葉は、〝制度的なレイシズムポリシー〟よりも具体的だ——なぜなら、〝制度的〟と〝ポリシー〟は意味が重複しているからだ（ポリシーは制度的なものだ）。だからシンプルに〝レイシズムポリシー〟と言えばいい。

それでもぼくは、「制度的レイシズム」「体系的レイシズム」「構造的レイシズム」「明白なレイシズム」や「隠蔽されたレイシズム」という言葉を使うことがある。それらはぼくにとってレイシズムについて最初に覚えた言葉のようなものだ。

だが、古い言葉では説明しようとしていることを正確に伝えられないと気づいたのなら、新しい言葉に目を向けるべきだ。たとえば、レイシズムに関する講義や書物、テレビの特番、ポッドキャストなどにほとんど目を向けず、レイシズムに反対する集会などにも参加しない人に、「制度的レイシズム」とはなにかを具体的に説明するのは簡単ではない。もちろん、レイシズムに興味をもたない人々といってもさまざまだ。たとえば、中東系の小企業のビジネスパーソン、黒人のサービス業従事者、白人の教師、ラティニクスの看護師、アジア系の工場労働者、アメリカ先住民の店員など社会を支えるあらゆる人々にしっかり伝わるようにするにはどうすればいいだろう。

ぼくはこうしたさまざまな人々のことを念頭において、「制度的レイシズム」ではなく「レイシズムポリシー」という言葉を使うようにしている。

社会や制度をつくるのはポリシーメーカーやポリシーであり、その逆ではない。アメリカがレイシズム国家なのは、アメリカのポリシーメーカーやポリシーが最初からレイシズム的だったからだ。ポリシーメーカーの首はすげかえられるし、レイシズムポリシーは変えられる。レイシズムポリシーの犠牲者たちのレイシズム的な心も変えられる。この考えに反対するのは、レイシズムのポリシーメーカーやレイシズムポリシー、レイシズム的な考え方を維持することに投資してきた人たちだけだ。

レイシズムはつねに致死的だったが、同時に治療可能なものでもあった。レイシズムはいつでも認識できるものであり、死すべきものだった。

少年のフード付きのグレーのパーカーに雨が落ちてきた。二〇一二年二月二六日。いつもどおりの日曜日の夜。ぼくはといえば、一九六〇年代後半の黒人の学生運動をテーマにした初めての著作が二週間後に出版されるのを待っていた。

その日、その少年、トレイボン・マーティンは、近くのセブンイレブンで買ったスイカジュースとスキットルズをおいしそうに味わっていた。トレイボンは一七歳で、その歩き方そのままに、気楽でリラックスしていた。レブロン・ジェームズのファンで、ヒップホップやアニメ『サウスパーク』が大好きで、いつか飛行機の操縦士になることを夢みていた。

一八〇センチを超える長身で細身のトレイボンは、雨のなかを「ザ・リトリート・アット・ツインレイクス」にある滞在中の家に歩いてもどるところだった。トレイボンの父親のトレイシーは、フロリダ州オーランド郊外のサンフォードにあるこのゲーテッド・コミュニティ〔入口にゲートをもうけて自由に出入りできないようにした住宅街〕に住む女性と交際していた。彼はここに息子のトレイボンを連れてきていた。〝兄さんと同じように大学に進学することをもう一度真剣に考えるべきだ〟という話をするためだった。トレイボンは、地元マイアミのインナーシティにある高校でマリファナの痕跡があるバッグをもっていたことで停学処分になったばかりだった。

郊外の白人の一〇代の少年たちはパーティーをし、酒を飲み、車を乗りまわし、タバコを吸い、麻薬に手を出し、暴力行為をしても、「男の子だからしょうがない」という世間の甘い声に守られがちだが、トレイボンのようなインナーシティの黒人少年たちは、いっさいの容赦なく厳しい警察の取り締まりを受けた。

トレイボンは水たまりを避けながらゆっくりと滞在していた父の交際相手の家をめざした。途中で自分のガールフレンドに電話をかけた。話しながらコミュニティのゲートをくぐり（あるいは近道をして）、砂色の二階建てのタウンハウスが密集するエリアに入っていった。大不況下に多くの地域で見られたように、ここでも差し押さえ物件が投資家に購入され、貸しだされていた。このコミュニティでは二〇一一年に強盗事件が七件も発生した。レイシストの住人たちは、事件と黒人のティーンエイジャーを結びつけ、すぐに自警団を組織した。

この自警団のリーダー、ジョージ・ジマーマンはぼくの一つ年下だ。父親は白人の退役軍人でベトナム帰還兵、母親はペルーからの移民。育ったのは、ぼくたち家族が移り住んだバージニア州マナサスからそう遠くない場所だ。高校卒業後にフロリダへ引っ越したのもぼくと同じ。暴行罪や家庭内暴力で告発されたことでジマーマンの警察官になるという将来の計画はついえたが、〝自分ではなく黒人こそが犯罪者だ〟という信念は少しも揺らがなかった。

その日、ジマーマンは私用で外出するためにピックアップトラックに乗りこんだ。ウエストバンドのホルスターには、ライセンス取得済みのスリムな九ミリ拳銃がおさまっていた。車を走らせていると、フードをかぶった黒人のティーンエイジャーが住宅地内を歩いているのに気づいた。すぐに警察《911》に通報した。黒人がここにいること自体が犯罪だ——。そしてこれをきっかけにして、レイシズムが生みだした歴史的な犯罪が引きおこされることになる。

ジマーマンは、どんな黒人でも対象になりえた者に銃口を向けた。オバマ大統領はのちに、「それはわたしの息子であったかもしれない」と語った。

そのとき、ぼくはまだ二冊目の自著のテーマをレイシズム思想の歴史にするつもりはなかった。ブラック・キャンパス・ムーブメントをテーマにした最初の本を書きあげたあと、次は〝一九六〇年代の黒人学生運動の始まり〟を研究テーマにしようと思っていた。だが研究を進めるうちに、黒人の学生たちが既存の学問分野はいずれもレイシズム的だと見なしていて、黒人研究を強く求めていることに気づいた。

既存のさまざまな学問分野を支配しているリベラルな学者たちは、自分たちの同化主義的な考えをレイシズム的だと認めようとしていなかった。彼らは自分たちがレイシストと呼んでいた分離主義者と同じように、〝わたしはレイシストではない〟という誤った自己認識をもっていた。

黒人の学生たちは、分離主義者も同化主義者もレイシストだと見なし、レイシズムを再定義しようとしていた。ぼくはその再定義を土台にして、レイシズムの長い歴史を書きたいと思うようになった。けれどもその仕事にかかる労力の大きさを想像しては、怖《お》じ気《け》づいていた。

トレイボン・マーティンは友人に電話をして、だれかに尾行されていると伝えると、歩くペースをあげた。

「最近、近所で何件か家宅侵入事件があった」ジマーマンは緊急番号《911》の電話に出た相手に伝えた。

「いま、ここにとても不審な男がいる。なにかたくらんでいるように見えるし、麻薬かなにかをやってるのかもしれない。（略）暗い色の、グレーがかったパーカーを着てる」ジマーマンは警官が到着するまでにどれくらいかかるかと尋ねた。「この手の輩《やから》はいつもすぐに逃げてしまうからな」

マーティンは走って逃げた。

ジマーマンは車からとびおり、腰に銃をたずさえたまま、携帯電話を手に追跡をはじめた。電話口の担当者は警官が来るのを待つよう呼びかけたが、ジマーマンは通話を切り、マーティンに追いついた。

午後七時を一〇数分ほど過ぎていた。そのあとなにが起こったのかを正確に知っているのは、唯一の生存者、ジマーマンだけだ。彼はおそらく犯罪者を逮捕するために戦ったのだろう。

マーティンはおそらく、本当の犯罪者と命がけで戦ったのだろう。

ジマーマンは引き金を引き、マーティンの人生を終わらせた。

その後、ジマーマンは正当防衛を主張し、陪審員は二〇一三年七月一三日にそれに同意した。

この事件に心を痛めたアリシア・ガーザは、「ブラック・ライブズ・マター（黒人の命は尊重されるべきです）」という言葉をSNSに書きこんだ。それはくりかえされる追悼の夜や、これまで積みあげられた黒人の棺の前に捧げた言葉だった。その言葉は、トレイボン・マーティン、マイケル・ブラウン、サンドラ・ブランド、コリン・ゲインズ……そしてすべての被害者の名を叫ぶ人々をつなぐものとなっていった。

いくつもの死、いくつもの告発、いくつもの否定、いくつものデモ、そしてまたくりかえされる死――そのすべては、ぼくにとっても二冊目の著書『はじめから烙印を押されて *Stamped from the Beginning*』の調査をするための日々のモチベーションになった。

二〇一二年の夏。ぼくは何年もかけて、歴史のなかからあらゆるレイシズムの考え方を見つけだし、分類する作業に取り組んでいた。

目の前にはレイシズムの思想が埋め立て地のゴミのように山積みになっていた。何万ページにわたる歴史の記録のなかで、黒人は生まれついての、あるいは後天的な獣や悪魔、動物、強姦魔、奴隷、犯罪者、未熟で子供っぽい者、捕食者、野蛮人、愚か者、売春婦、詐欺師、生活保護依存者だというレッテルを貼られ、ゴミ箱に捨てられていた。

黒い身体を毒だと見なす考えは、五〇〇年以上も前から存在していた。ぼくは毎日、毎週、毎月、毎年、三年間、一日に一二時間という恐ろしく長い時間をかけて、このゴミの山をかき分け、飲みこみ、毒を吸いこんだ。そこから拾いだすひとかけらを本のページに書き加えるために、ゴミのなかをひたすら歩きまわった。

皮肉にもこのゴミの山は、ぼくの身体ではなく、心のなかに溜まっていたものを洗い流してくれた。

ゴミを集めているうちに、ぼくは知らず知らずのうちにこれまでの人生で同じことをしていたのに気づいた。鏡のなかの自分と向きあったときに気づいたものもあった。

それでも、まだ残っているゴミもあった。「ニガーども」「白人は悪魔だ」「従順なアジア人」「テロリストの中東人」「危険な黒人居住区」「弱々しい原住民」「怒りっぽい黒人女性」「侵略的なラティニクス」「無責任な黒人の母親」「無気力な黒人の父親」といったゴミの袋や痕跡が、ぼくの心のなかに残っていた。

アメリカのレイシズムの歴史をあばいて批判するというぼくの当初のミッションは、自分のなかにもあるレイシズムの歴史をあばいて批判するというミッションに変わった。そしてそれは、〝アンチレイシストであろうとすること〟という生涯のミッションに変わった。

ぼくにとって、アンチレイシストであろうとするためのステップとは、次のようなものだ。

- 「わたしはレイシストではない」「わたしは黒人だからレイシストにはなれない」という否定の言葉を使わない。
- レイシスト（レイシズムポリシーを支持している人、レイシズム的な考えを表明している人）の定義を受けいれる。
- 自分がレイシズムポリシーを支持し、レイシズム的な考えを表明したことに気づいたら、それを告白する。
- 自分のなかにレイシズムを生じさせる源があることを自覚する（ぼくは人をレイシストにする

国で育った）。

・アンチレイシストの定義（アンチレイシズムポリシーを支持している人、アンチレイシズム的な考えを表明している人）を受けいれる。

・自分の空間でアンチレイシズムへの権力移行とアンチレイシズムポリシーを求めて奮闘する（ポリシーをつくる地位を得る。アンチレイシズムの組織や抗議活動に参加する。権力とポリシーを変えることをめざすアンチレイシズムのポリシーメーカー、組織、抗議活動に自分の時間を使うか、個人的に寄付をする）。

・レイシズムがほかの偏見と交わる交差点で、アンチレイシズムの立場をつらぬく（人種には生物学的、行動的な違いがあるという考えをなくす。民族、身体、文化、肌の色、階級、空間、性別、セクシュアリティなどの人種的な違いを平等に扱う）。

・アンチレイシズムの思想に基づいて思考する（人種的不公平の原因はレイシズムポリシーだと考える。集団の違いを平等に扱う。個人の問題行動をそれぞれの集団のせいにするという愚かなことはしない。人種的不公平が存在するのはある集団の人々に問題があるからだという誤解をまねく統計や理論にはだまされない）。

ぼくはこれまでの人生のほとんどでレイシズム思想にだまされつづけてきた。でもこれ以上馬鹿にされ、カモにされ、囚われつづけるのは拒否する。ぼくは、どの人種集団も悪くはないことに気づき、特定の人種集団に問題があると考えた、かつてのぼくのような個人にすべての問題があることにやっと気づいた。心が洗い流されていくのはとても気持ちが良かった。

でも、ぼくは自分の身体は洗い流せてはいなかった。ぼくは二〇一二年から二〇一五年のあいだ、有害な毒を内臓にためこんでいた。それについてだれかに話すこともほとんどなかった。笑いとばすようにしていた。

ぼくはまだ、自分の身体の痛みにきちんと向きあっていなかった。それは、何世紀にもわたってレイシズム思想によってていたぶられてきた黒い身体が感じてきたのと同じ痛みだった。スマートフォンには、毎週のように黒い身体を虐待する警察の事件が流れてくる。そんなときに、自分の身体を心配する気にはなれなかった。レイシストたちが死者を責め、死者の家族が涙を流し、怒りに震えているときに、自分の身体のことなど心配できなかった。

そして、サディカが苦しんでいるときに、自分の苦しみのことなど心配できなかった。

第18章 アンチレイシストであるためには SURVIVAL

新居となったロードアイランド州プロビデンスの家のリビングルームにはクリーム色の柔らかいソファを置いた。サディカもぼくもそこでくつろぐ時間はなかなかとれなかった。でも二〇一三年八月下旬も終わりに近づいたその日は、ピリピリした神経をしずめようと、ぼくたちはそのリビングにいた。

ぼくたちは数週間前に新婚夫婦としてこの家に引っ越してきたばかりだった。数カ月前に挙式し、そのときに二人で一緒に名字を「ケンディ」に変えた。ケニアのメルーの人々の言葉で〝愛されしもの〟という意味だ。結婚式はすばらしかった。式の写真は、アフリカン・アメリカンの女性向け雑誌エッセンスの「ブライダル・ブリス（結婚の至福）」欄にも掲載された。挙式をしたビーチには波が静かに打ちよせ、色を変えていく夕日は美しかった。ゴールドのドレスに赤いビーズとコヤスガイの装飾品を身につけたサディカはとても優雅で堂々としていた。すべてが崇高だった。

結婚式の写真を眺めるたびに、幸せな気持ちになった。けれども、その日、ぼくたちはどん底にいた。ソファに座って手をつなぎ、放射線科医からの超音波検査と生体検査の結果を知らせる電話を待っていた。一週間前、サディカからしこりのことを打ちあけられた。そのときの彼女は、この問題をあまり気にはしていなかった。たぶん乳がんと診断される女性の九三パーセントが四〇歳以上であるという事実を知っていたからだろう。彼女はまだ三四歳だった。でも、その日のうちに医者に診てもらうようにというぼくの求めに応じてくれた。電話が鳴った。ぼくたちはギクリとしてホラー映画を観ているときのように飛びあがった。スピーカーフォンから聞こえる医師の声が、サディカが浸潤性乳がんだと告げた。

数分後、一緒に二階にあがった。サディカには他界した姉がいた。自分の口からは、生き残ったほうの娘までがんにかかったことを母親に伝えられないというサディカに代わり、ぼくが電話をかけた。サディカの母親は泣いた。サディカも寝室で泣いていた。ぼくはふだん使わない客用寝室に立ちつくし、心のなかで泣いた。

サディカの泣き声はじきにやんだが、彼女をとりかこみ、息苦しくさせる強い不安はぬぐえなかった。この先がんとの闘いが待ち受けていた。しこりをとりのぞく手術。再発防止のための化学療法。再発を発見し、対処するための綿密な定期検査。

手術までには時間的猶予があった。ぼくたちは化学療法で卵巣がダメージを受ける場合に備えて、卵子を採取して凍結することにした。しかしその過程で卵巣が危険なほど刺激され、体液が腹部に溜まり、血栓ができてしまった。ぼくたちは一週間病院で寝泊まりし、サディカの回復を待った。まだ彼女ががんと闘う前だというのに。

血栓のせいで手術が危険になったため、先に化学療法をすることになった。ぼくは三カ月間、サディカの苦闘を間近で見ることになった。食べることが好きなのに、味覚が鈍くなり味がよくわからなくなった。体のだるさに悩まされながらも運動を続けた。一二年もかけて医者になったばかりなのに、患者を診る前に、自分が患者になってしまった。まるでフルマラソンを走るために懸命にトレーニングしてきたのに、本番直前に病気になってそのままレースにのぞむようなものだった。それでも彼女は走りつづけた。化学療法を受け、三度の手術に挑み、さらにもう一年、毒性の弱い化学療法を受けた。そしてサディカは闘いに勝った。

ぼくはサディカのがんと、自分が研究しているレイシズムのことを分けて考えることができなかった。この二つは、二〇一三年末と二〇一四年から二〇一五年にかけてのぼくの人生に大きな影響をおよぼした。

サディカがステージ2の乳がんを生きのびた数カ月後、今度はぼくの母がステージ1の乳がんと診断された。母は二〇一五年に放射線治療と乳腺摘出手術を耐えて生きのびた。この時期、ぼくは必死になってサディカの世話をした。母の世話をする父のことも支えた。そして、彼らが眠ったり、友人と過ごしたり、一人の時間を望んでいるときに、彼女たちのがんの苦しみを支えることからしばし離れて、大量にかき集めたレイシズムの資料の山に取り組んだ。

研究を進めていくと、しだいにレイシズムの思想を生みだす源が見えてきた。だが当初、ぼくはそれを認めるのに苦労した。その源は、ぼくがそのときもっていたレイシズムの概念や、人種に関するイデオロギー、人種的アイデンティティには当てはまらなかったからだ。

それまでぼくは、教育によってレイシズムをなくすことをめざして大学で教える身となり、無知がレイシズム思想の源であり、レイシズム思想がレイシズムポリシーの源だと考え、人々の心を変えることをなによりの解決策と見なし、教育者であるぼく自身のことも重要な解決策の一つだと考えていた。

けれども、化学療法でいったん身体を痛めつけ、ふたたびそれを立てなおそうとするサディカの姿勢に励まされ、ぼくもそのあきらかになったレイシズム思想の源を受けいれるようになった――たとえそれが、それまでの自分の考えをくつがえすものだとしても。そう、実際、ぼくの研究はずっと同じ答えを指し示しつづけていたのだ。ぼくがたどりついた答えとは、レイシズム思想を生みだす源は〝無知や憎しみ〟ではなく〝私利私欲〟である、ということだった。

つまりぼくの考察ではこういうことだ。レイシズム思想の歴史とは、まず、権力をもつポリシーメーカーが〝私利私欲〟からレイシズムポリシーを構築する。次に、構築したそのポリシーの不公平さを擁護し正当化するためにレイシズム思想を生みだす。そして人々がレイシズム思想を広くもつようになると、無知と憎しみがかきたてられる。すなわち、私利私欲がすべてのスタートなのだ。

さらに突然、無知と憎しみに対処することでレイシズムがなくなるのを期待するのは、がん患者の症状だけに対処することで腫瘍がなくなるのを期待するのと同じことだという考えがわきおこった。憎しみや無知をなくせば、一時的には気分が良くなるかもしれない。だが根本的な原因が残っているかぎり、腫瘍は成長し、症状が再発し、不公平ががん細胞のように広がり、生命がおびやかされることになる。

つまり「教育的説得」や「道徳的説得」は、失敗が約束された戦略であるだけではなく、じつは〝自死的な戦略〟なのだ。

ぼくは二冊目の著書『はじめから烙印を押されて』に、〝人々の心を変えるのではなく、ポリシーを変えることに力を注ぐべきだ〟というメッセージをこめた。二〇一六年にこの本が刊行されると、ぼくは新しい職場であるフロリダ大学を拠点に、このメッセージを届けるために各地をまわった。行く先々で、一般的に考えられているのとは反対に、まずレイシズムポリシーが先にあって、それがレイシズム思想につながるのだという話をした。レイシズムをなくしたいのなら、まずレイシズムポリシーをなくさなければならないとも話した。いろいろな場所でくりかえし話した――読者や聴衆が勘づいていた、ぼくの新たな偽善に自分では気づかないまま。

そのうちすぐに、「では、あなたはポリシーを変えるためになにをしているのか?」と人々から公的な場でも私的な場でも尋ねられるようになった。

ぼくは自問自答するようになった。ポリシーを変えるために、自分はなにをしているのだろう?もし自分がポリシーを変えるための努力をしていないのなら、人に同じことをすべきだという権利はない。またしても、ぼくはそれまで大切にしてきた考えと向きあい、それを捨てなければならなかった。

ただし、アンチレイシズムをテーマにした研究と教育を捨て去る必要はなかった。捨てるべきは、研究と教育へのそれまでのアプローチのほうだった。ぼくは、人々の心を変えるための研究と教育を捨て、ポリシーを変えるための研究と教育をはじめなければならなかった。前者のアプローチが生みだすのは学者だが、後者のアプローチはだれもが手にすることのできる知識を生みだす。

二〇一七年の夏、ぼくは「アンチレイシズム・リサーチ・アンド・ポリシーセンター」の設立と運営を目的にして、首都ワシントンDCのアメリカン大学に移った。レイシズムとアンチレイシズムの歴史の研究を通じて、レイシズムポリシーをアンチレイシズムのポリシーに置きかえるうえで重要な役割を果たしているのは、学者や政策専門家、ジャーナリスト、主張を広める提唱者ということがはっきりとしてきた。

ぼくがそのセンターで実現しようと思い描いていたのは、居住型のフェローシップ・プログラムを構築し、学者、政策専門家、ジャーナリスト、提唱者からなるドリームチームをワシントンに呼びよせ、アメリカでもっとも政治意識の高いおおぜいの学生たちに講義をする、というものだった。チームは、重要だが解決困難とされてきた「人種的不公平」の問題に重点的に取り組む。人種的不公平の原因となっているレイシズムポリシーを研究して、それらがアンチレイシズムポリシーとなるような革新的な是正策をつくり、研究成果とポリシーの是正策を世間に広め、全国各地のアンチレイシズムの勢力と協力してキャンペーンを展開し、〝ポリシー〟の是正案を実施、検証して、全国的、国際的に展開していく。

これらのチームの研究方針は次のようなものだ。これは、だれもが自分自身の空間で人種的不公平をなくすためにできることとして考えたステップでもある。

・「人種的不公平」の原因は〝人ではなくポリシーにある〟ことを認める。
・抑圧や偏見が交差し、顕在化しているあらゆる場所で「人種的不公平」を特定する。
・「人種的不公平」を引きおこすレイシズムポリシーを調査し、実態をあきらかにする。
・「人種的不公平」をなくすためのアンチレイシズムポリシーを考案し、探究する。
・アンチレイシズムポリシーを実施する力をもっている個人や集団をあきらかにする。
・あきらかにした〝レイシズムポリシー〟や、それらを〝アンチレイシズムポリシーにするための是正案〟についての普及活動や啓発活動をおこなう。
・共感のあるアンチレイシズムのポリシーメーカーと協力し、アンチレイシズムポリシーを実施する。
・共感のないレイシズムのポリシーメーカーを権力の座から追いおとすためにアンチレイシズムの力を展開し、アンチレイシズムポリシーを実施する。
・アンチレイシズムポリシーが「人種的不公平」を減らし、解消することを確認するため、注意深く見守る。
・ポリシーが失敗しても人のせいにはしない。最初からやりなおし、新たな効果的なアンチレイシズムポリシーを、成果が出るまで模索しつづける。
・新たなレイシズムポリシーが実施されないように、監視の目を光らせる。

同じ年の九月の夜、ぼくはアメリカン大学の仲間たちの前でこの「アンチレイシズム・センター」のビジョンを発表した。その夜、レイシストのテロリストもそのビジョンをあきらかにした。

それはビジョンの発表を終えて、夜の講義をしていたときに起きた。授業のあとでわかったことだが、工事用の作業服を着た正体不明の中年の太った白人男性が学内に侵入し、南軍旗を数カ所に貼っていたのだ。どの旗にも綿畑での奴隷労働を想起させるように、綿花がつけてあった。ぼくのいた教室のそばにある掲示板にも貼られていた。このタイミングは偶然とは思えなかった。それでもぼくは恐怖心を無視し、二〇一七年の年末までの数カ月、センター設立に向けて邁進した。

じつは、その時期、ほかにも無視していたことがあった。ぼくは気がつくとかなり痩せていた。でも、その現実から目をそむけて仕事をしていた。便意をもよおしてトイレに駆けこむが、なにも出ない。そしてまた数分後にもよおす。そんなことが続いて気が滅入ったが、自分には取り組むべきもっと重要な問題があると感じていた。その頃、シャーロッツビルの極右集会など、白人のナショナリストが跋扈《ばっこ》し、人々をおびえさせていた。同じ勢力が、西欧世界全体でも、ネオナチや極右団体の高まりとして広がっていた。

感謝祭のあいだ、休息しても体力は回復せず、ほとんど寝たきりだった。週末には嘔吐がはじまった。それがおさまっても、少し前からはじまっていた下血は止まらなかった。状況は悪化するいっぽうだった。クリスマス頃にはさらに具合が悪くなった。サディカにうながされ、検査を受けることにした。

検査を担当したナースプラクティショナー〔診療看護師。医師と看護師のあいだに位置づけられている〕

もサディカも、ぼくが深刻な病気にかかっているとは思っていなかった。ぼくはまだ三五歳だった。最悪のシナリオである大腸がんに一番なりやすい年齢の、半分でしかない。大腸がんになりやすいような生活習慣もなかった。運動もしていたし、酒もめったに飲まず、喫煙歴もなく、サディカのがんの再発をふせぐために食生活を変えて菜食主義者になっていた。二〇一八年一月一〇日に、予防的な大腸内視鏡検査を受けることになった。

その日の朝早く、ぼくは麻酔のせいでぐったりしていた。大腸をきれいにする処置には一晩かかった。狭くてさみしい診察室でサディカが着替えを手伝ってくれた。窓もなく、色彩も乏しく、殺風景で装飾品もない。壁にかかっているのは消化管のイラストだけ。大腸内視鏡検査を担当した黒人の医師が、神妙な面持ちで部屋に入ってきた。

「異常なものが見つかったわ」彼女は椅子に座って言った。「S状結腸に気になるかたまりがある。大きくてもろく、出血している」

ぼくは混乱して医師を見た。なにを言っているのかわからなかった。サディカには、その意味がはっきりとわかっていたのだろう。深刻な表情で彼女を見つめていた。

医師はそのかたまりの先にスコープが届かないと言っていた。それは大腸をふさぎそうなくらい大きかった。「がんの可能性が高い」と彼女は言った。

ぼくの混乱がショックに変わるのを見て、医師は黙った。

放心状態になったぼくの代わりに、サディカが医師と話をした。医師はその日のうちに血液検査をして、翌日にはスキャンをしてがんかどうか確認するように、と言った。ぼくはなにを考えればいいのか、なにを感じればいいのかわからなかった。ショックだということ以外なにも考えられず、なにも感じなかった。

数分後、たぶん採血をされている最中に、テンプル大学時代の指導教官、マザマ教授にサディカのがんの話をしたときのことを思い出した。ぼくはあのとき、マザマに「なぜ彼女ががんになるんだ?」となげいた。

「なぜ彼女ががんにならないと思った?」マザマは答えた。

なぜぼくは、自分ががんにならないと思った?

ぼくはサディカと母、父ががんと闘ってきた姿を思いうかべた。

なぜぼくは、自分ががんにならないと思った?

彼女たちは生きのびた。

なぜぼくは、自分が死ぬべき人間ではないと思ったんだ?

＊＊＊

ワシントンのダウンタウンにある病院を出て、朝食をとるために母の待つ「バスボーイ&ポエッツ」の店内に入り、テーブル席に腰かけた。母は三〇分も待っていた。なぜそんなに時間がかかったのかと尋ねられたが、なにも言えず、顔もあげられなかった。サディカが母にぼくの大腸にかたまりが見つかったことを話した。がんかもしれない、と。

「わかった。もしそうならみんなで闘いましょう」母は言った。

ぼくは涙をこらえながら顔をあげた。

「みんなで闘えばいい」母はふたたび言った。本気なのがわかった。

「ええ、みんなで闘いましょう」サディカも言って、ぼくの目を見た。

そう、ぼくたちは闘う。二人の勇気を借りるようにして、ぼくはそう自分に言い聞かせた。

その夜、サディカとぼくは、このがんが早期に見つかったのかもしれないという前向きな考えをもとうとした。たぶんステージ1か2だ。3かもしれないが、まさかステージ4ではないだろう。ステージ4の大腸がんと診断されると、約八八パーセントが、五年以内に死亡する。

翌日、結果があきらかになった。転移性の大腸がんだった。ステージ4。ぼくは、このがんに勝てないかもしれない——。


ぼくたちの世界もまた転移性のがんに悩まされている。しかもそれはステージ4だ。

レイシズムは、国家という身体のあらゆる部分に広がり、あらゆる偏見と交差し、その被害者を非難することであらゆる不公平を正当化している。レイシズムはまた、見当違いの憎悪を増大させ、銃乱射事件や軍拡競争、国家を二極化させる政治家の煽動に拍車をかけている。そして民主主義の大切な器官を機能停止させ、核戦争への恐怖と気候変動で人間社会の存続をおびやかしているのだ。

アメリカでは、この〝転移性のがん〟が、この国が誕生する前や南北戦争時と同じようにアメリカ人の身体をむしばみ、その命をおびやかしている。

それなのに、多くの人は自分たちの身体、すなわち自分たちの国の〝不公平〟に目を向けようとしない。目を向けたとしても、この国の人種的不公平、隣人の人種的不公平、その職業上の人種的不公平、その組織の人種的不公平を目にしながら、そのポリシーがレイシズム的であることを平然と否定する。

人々は、「人種的不公平」がレイシズムポリシーの目的であることを平然と否定する。人種的不公平を正当化するためにレイシズム思想を用いるとき、ポリシーがレイシズム的であることも平然と否定する。

レイシズムというがん細胞が広がり、自分たちの命や、自分たちが大切にしている人々や空間や場所の存続をおびやかしているにもかかわらず、レイシズムを平然と否定する。

このような一般的な〝否定〟の考え方は――〝説得的戦略〟と同じく――〝自殺行為〟だ。


診断の前後、ぼくはずっとこの〝否定〟について考えていた。

まだレイシズムとがんを切りはなすことができなかった。診察や検査、処置の合間に、待合室で、レイシズムの鼓動は〝否定〟であり、アンチレイシズムの鼓動は〝告白〟であると主張するエッセイを書いた。それは診断結果が出てから三日後の二〇一八年一月一四日の日曜日にニューヨークタイムズ紙に掲載された。

だがレイシズムの〝否定〟について書いたからといって、ぼくのがんの深刻さは否定できなかった。死ぬ可能性が高いことも〝告白〟できなかった。

サディカががんと診断されて以来、ぼくはこの病気を通してレイシズムを理解するようになっていた。そしてその日その待合室で、ぼくはレイシズムについての新しい概念を通して自分のがんの意味を理解しはじめた。がんとの闘いに勝つ自分の能力を否定することは、アンチレイシズムをめざす闘いに勝つ自分たちの能力を否定することと同じだった。だれにとっても、否定することのほうが、過《あやま》ちを認め、告白することよりもはるかに楽だ。だが、ぼくは否定したくなかった。

ぼくはこう考えることにした。

ぼくはがんになった。しかも、一番深刻なステージだ。ぼくががんに殺される可能性は高い。でもぼくは、どんな確率にも負けずにがんを克服することができる。

ぼくの社会にはレイシズムがある。しかも、一番深刻なステージだ。社会がレイシズムに殺される可能性は高い。でも社会は、どんな確率にも負けずにレイシズムを克服することができる。

ぼくは闘いの準備をした。過去をふりかえり、闘いがどんなふうに自分を傷つけうるかを考えた。

そして、もし生きのびたときに自分に喜びをもたらしてくれるすべてのものについて考えた。

ぼくと同様にがんを生きのびたパートナーと一緒に残りの人生を手をとりあって生きていくこと。もうすぐ二歳になる娘がすばらしい大人に成長するのを見ること。ぼくに良い影響をあたえてくれる家族や友人やメンター、そしてこれから出会うであろう人たちの愛を通して自分を成長させていくこと。ぼくの著書『はじめから烙印を押されて』を好意的に受けとってくれた読者とともに行動を起こしていくこと。「アンチレイシズム・センター」をアンチレイシズムポリシーの知的拠点にすること。愛するニューヨーク・ニックスがついにNBAで優勝するのをこの目で見とどけること。W・E・B・デュボイスが書いたのと同じくらいの膨大な量の記事をアトランティック誌に寄稿すること。この本を完成させ、世界の人々に届けること……。

ぼくは、自分が生きているうちにアンチレイシズムが進歩し、自分の孫たちが生きているうちにアンチレイシズムの社会が実現し、ひ孫たちが、もうレイシズムの時代にもどることはない世界で生きるのを心に描いた。

レイシズムが生みだしたあらゆる偏狭さの犠牲者たちは、これまでずっと、人間らしく生きてさまざまな人間の違いを受けいれ、人類全体で同じ人間性を共有するための手段や機会を得ることができなかった。だが、これからの未来を生きる人たちは、過去の世代とは違う。


ぼくの治療計画は戦闘計画のようなものだった。まず半年間の化学療法。腫瘍が小さくなれば、手術をするチャンスが生まれ、手術がうまくいけば残りの腫瘍を摘出するチャンスが生まれ、再発しなければ死を免《まぬか》れるチャンスが生まれる。望みは薄い。でもチャンスはある。

二〇一八年一月下旬から、三週ごとの月曜日に化学療法の注射がはじまった。二週間クールで化学療法薬も服用しはじめた。火曜日には、少年時代、近所に住んでいたあの恐ろしいスマーフやその取り巻きたちに襲いかかられたような気分になった。ベッドから起きあがるのもやっとだった。この本を書くことも難しかった。飲み食いもほとんどできない。それでもぼくは必死になってベッドから這《は》いだし、書き、水分補給をした。身体と心を動かさず、じゅうぶんなタンパク質と水分と思考をあたえなかったときには、体調が整わず、症状が悪化していくのを感じていたからだ。

普通の生活を維持するためには、冬の厳しい寒さのなかで外に出て、ジムに行き、会議や講演会をこなし、ほかの用事をしなければならなかった。化学療法の影響で寒さに過敏になった。ぼくにとっては摂氏〇度がマイナス二〇度の寒さに感じた。冷たい空気を吸いこむと肺が痛くなり、冷たい飲み物を飲むと喉が痛くなり、冷たいものに触れると指が痛くなった。

慢性的な不快感に苦しんでふりまわされたり、医師に化学療法を緩和するように頼んだりするのではなく、ぼくはできるだけ自分を快適にするための方法を探した。痛みは通常、治癒では避けて通れない。ぼくたちは痛みをともなわずにレイシズムのアメリカを治癒したいと考える。けれども、痛みを通らなければ進歩はないのだ。

二〇一八年の夏の終わりになると、腫瘍は手術ができるほどに小さくなった。外科医がぼくの体内に残っていた腫瘍を摘出し、切り口を縫合した。病理学の専門家が組織検査をしたが、がん細胞は見つからなかった。半年間の化学療法によって、がんはすべて消失していたのだ。医師たちは、がんだと診断されたときのぼくと同じようにショックを受けていた。ぼくは、ステージ4の大腸がんを生きのびる一二パーセントの側に立てるかもしれない。

ぼくたちは転移性のレイシズムを生きのびることができる。同じたとえのくりかえしになってしまうが、ぼくはこの二つをどうしても分けて考えることができない。

もし人類がこの二つを結びつけたらどうなるだろう？ 人種間の不毛な戦争をやめてレイシズムというがんとの闘いを開始すれば、一年間にこの病気で命を落とす人の数を大幅に減らせる。富裕層のために削減する税金や、人々を収監し、爆撃し、紛争地に危険な軍を配備する何兆円もの予算をレイシズムというがんの治療と研究にまわせば、医師は予防と治療のより良い選択肢がもてるようになるはずだ。

レイシズムに、がんの治療と同じように立ちむかったらどうなるだろう？ 歴史的に見て、レイシズムとの闘いに有効だったステップは、がんとの闘いに有効だったステップと似たところがある。

がんの治療は、ぼくに生きるチャンスをあたえた。ぼくだけではない、あなたやあなたの愛する人たちをふくむ無数のがん闘病者やサバイバーに生きるチャンスをあたえた。無念にもがんを生きのびることができなかった知り合いや友人、崇拝する人をふくむ無数の人たちにも、あと数日、数カ月、数年の命のチャンスをあたえた。人類ががんを治療するステップを、人種問題と結びつけたらどうなるだろう？

国家という身体をぼくたちの身体にたとえて考えてみよう。

まず、アンチレイシズムポリシーという化学療法や免疫療法で〝人種的不公平という腫瘍〟を小さくし、検出できないがん細胞をやっつける。最後は外科医のように、残っている〝レイシズムポリシーという腫瘍〟を切除する。

そして、〝人種的不公平というがん細胞〟が体内に残らないように気をつけ、公平という健康な細胞だけになるようにする。

さらに、再発をふせぐために、健康的な食べ物（思考）をとり、定期的に運動（アンチレイシズム的な考え方）をする。過去に〝人種的不公平という腫瘍〟が見つかった場所に再発がないか注視する。再発したら早めに発見し、治療する。

だがこのような治療をはじめる前に、信じることが必要だ。

すべてが失われたわけではないことを、自分やだれかのために、この社会のために信じよう。アンチレイシストであるためには、いまこのときからできる努力があることを信じよう。アンチレイシストであることで、いまこのときから社会を変革できる可能性があることを信じよう。

レイシズムパワーは決して不滅のものではない。レイシズムポリシーは破壊できないものではない。人種的不公平は不可避なものではない。レイシズム思想は、人間の心に自然に発生したものではない。むしろ人為的なものだ。

人種とレイシズムは、現代の世界の権力を形づくっている。しかし、一五世紀に人種とレイシズムという概念が人為的につくられる前のおよそ二〇万年のあいだ、人間は肌の色がそれぞれに違うことを目にしていたが、人種という括《くく》りで集団を分けてはいなかった。肌の色で人間の善し悪しを評価していなかったし、人種的不公平を正当化するために人種を格づけてもいなかった。レイシズム権力《パワー》とレイシズムポリシーを強化することもしていなかった。

レイシズムにはたかだか六〇〇年の歴史しかない。レイシズムというがんは、ぼくたちが早期に発見したがんなのだ。

それでも、人類がこれまでに発見したなかで、レイシズムほど急速に蔓延し、致命的になりうるがんもない。レイシズムというがん細胞が分裂、増殖していない場所を見つけるのは難しい。歴史をふりかえっても現在の世界を見ても、いつの日かアンチレイシストが勝利し、その旗がひるがえる公平な世界を思い描くのは容易なことではない。

ぼくに希望をあたえてくれるのは、単純な真理だ。いったん希望を失えば負けが約束されてしまう。だが勝率など無視してアンチレイシストの世界をつくろうと闘えば、いつの日か人類に生きのびるチャンスが生まれる。

温かな共感のなかで生きるチャンス、永遠に自由になるチャンスが生まれるのだ。

謝辞

この本は、絶え間ない質問から生まれた。講演での質疑応答、プライベートな会話、メールや電話、SNSでのやりとりを通じて、「どうすればアンチレイシストでいられるのか?」という問いを何度もくりかえし尋ねられたことが、ぼくがこの本を書くきっかけになった。まずはぼくにこの質問をしてくれた人々（なかには名前を知らない人もいる）に感謝し、お礼を言いたい。

著作権代理人であり友人でもあるアエシャ・パンデは、二〇一六年にこの本のアイデアを伝えたときに背中を押してくれた。完成までのプロセスを通してあたえてくれた大きな信頼とサポートに永遠の感謝を。

編集者クリス・ジャクソンが授けてくれた編集の知恵と建設的なビジョンにも感謝を。この本の柱の一つは、ぼくの子供時代から最近までの個人的な物語である。もう一つの柱は、アンチレイシズムを理解するのに役立つさまざまな視点である。二つの柱が、アンチレイシズムの理想へと向かうはしごの左右の支柱になるようにしたつもりだ。この構成で書くのは、ひとすじ縄ではいかなかったが、クリスの粘り強さと優れた知見が大いに役立った。そしてランダムハウス傘下のワン・ワールドのチームのみんな、とくにニコルに、心からありがとうと伝えたい。ランダムハウスの制作、販売、マーケティング、宣伝のすばらしい担当者、とくにぼくの仲間のイーグルとマリアに感謝を。この本を読者に届けるためにあなたたちがしてくれたことに対しては、どれだけ感謝してもしきれない。

この本に登場する人たちの記憶がなければ、この本はつくれなかった。なんでもよく記憶している父、そしてもちろん母、サディカ、カイラ、ヤバ、クラレンス、同じく完璧な記憶力をもつウィケアに感謝する。また、レイシズムとアンチレイシズムに関する途方もない量の研究結果や報告書がなければ、この本はつくれなかった。レイシズムとアンチレイシズムの研究者、理論家、ジャーナリストに感謝する。

ぼくが健康でなければ、この本はつくれなかった。ぼくのがんとの闘いを支えてくれたすべての医療従事者に感謝を。

これまでの人生を通して、おおぜいの人たちが意識的に、あるいは無意識的に、善意や悪意をもってぼくに内省をうながす鏡を突きつけてきた。ぼくはこの本にも多く登場しているこれらの人たちに感謝しなければならない。ぼくの研究者としての歩みを助けてくれたすべての人たちに感謝を。ジャクソン博士、アサンテ博士、マザマ博士をはじめとする恩師や、大学の同僚、指導教官、とくにアメリカン大学の同僚たちからは、信じられないほどのサポートをもらった。全員の名前はあげられないが、シルヴィア、メアリー、テレサ、コートニー、ファンタ、シェリル、ナンシー、カミーユ、ピーター、クリスティン、ジム、ジェフ、ヴィッキー、エリック、マックス、エリック、エドウィーナ、テレサ、レベッカ、リリー、リサ、カイル、デリック、キース、クリスティー、ケリー、レイチェル、エリザベス、アラン、ジョナサン、ゴーサム、ダン、そして歴史学部と国際サービス学部に所属するすべての人に感謝を。アンチレイシズム・リサーチ・アンド・ポリシーセンターの友人や同僚、とくにクリスティン、クリストファー、レイチェル、アマンダ、ジョーダンナ、ジェシカ、デレク、ギャレット、マリニ、カレムにも特別な感謝を。

友人や親戚、とくに兄のアキルと義弟のマチャリアに感謝する。あなたたちの愛がなければこの本は実現しなかった。あなたたちは自分がだれかをよく知っている。たくさんの愛と敬意を。

最後に、ぼくの信仰の対象とも言える、最愛の娘イマニに感謝したい。いつかきみは、自分がこの本にとってどれほど重要な意味をもつ存在であったかを知ることになるだろう。

そしてぼくの心の支えであり、パートナーであり、親友である最愛の妻サディカに感謝を。きみはぼくに多くのものをあたえてくれた。きみの存在は、ぼくとこの世に生きるすべての人たちにとって大きな意味がある。

訳者あとがき

本書は、二〇一九年にアメリカで刊行され、一三〇万部の大ベストセラーとなった『How to Be an Antiracist』の全訳である。気鋭の歴史学者が、アメリカ社会に蔓延《はびこ》るレイシズム（人種主義）の構造や本質をみずからの体験を織り交ぜながら解き明かし、制度としてのレイシズムを変え、「アンチレイシスト」としての態度をとりつづけることがその解決策だと訴える。

刊行の翌年五月、米国ミネアポリスの路上で黒人男性ジョージ・フロイドが白人警官に拘束されるときに膝で首を押さえつけられて窒息死する凄惨な事件が起き、「ブラック・ライブズ・マター（黒人の命は大事だ、ＢＬＭ）」運動が全米で大きな盛り上がりを見せた。

本書はこうした背景のなかで大きな注目を集め、米Amazon.comの売れ筋ランキングで総合一位を獲得。数カ月にわたりベスト一〇圏内を維持した。レビュー数は本稿の執筆時点（二〇二一年四月）で二万件以上（平均評価四・八）に達している。この驚異的なレビューの多さは、いかに英語版の読者が本書に感銘を受け、刺激され、自分なりの意見を書き込みたくなったかの表れだろう。

コロナ禍のアメリカでは、黒人だけでなくアジア系住民に対するヘイトクライム（憎悪犯罪）も激増し、大きな社会問題になっている。差別の問題を広く扱う本書の価値は、ますます大きい。

著者は、アフリカ系アメリカ人の長年の苦悩を描いた大作『はじめから烙印を押されて *Stamped from the Beginning*』で全米図書賞（二〇一六年、ノンフィクション部門）を受賞し、アンチレイシストになる方法を説く絵本『アンチレイシスト・ベビー』（渡辺由佳里訳、合同出版）でも知られるイブラム・X・ケンディ。

ケンディは本書で、一方的に差別の悲惨さを訴えているのではない。レイシズムが深く浸透した社会では、自身をふくむほとんどの人の心にレイシズム的な考え方が潜んでいることを指摘し、アフリカ系アメリカ人として本来被抑圧者であるはずの自分にも、過去にレイシスト的な言動があったと反省している。そして、レイシストの権力者たちがつくりだす「ポリシー（政策、制度、ルール）」を変えないかぎりレイシズムは解決できず、「わたしはレイシストではない」と発言する人は、一見消極的で無関心なだけの「非レイシスト」のように見えて、じつは仮面をかぶったレイシストなのだと厳しい目を向ける。そしてだからこそ、積極的に「アンチレイシスト」であろうとするべきだと呼びかける。

そのために著者は、「レイシズム」「ポリシー」「パワー」などレイシズムの基本用語の意味をはっきりと定義し、「生物学」「民族」「身体」「文化」「肌の色の濃淡」「階級（経済格差）」「空間（教育や生活の場）」「ジェンダー」「セクシュアリティ」など、レイシズムと交差するさまざまな概念にフォーカスを当てながら考察していく。

同時に本書では、歴史学者としての豊富な知識と確かな時代考証によって、レイシズムの歴史が語られる。その始まり、アメリカ社会に構造的に組み込まれていく過程、アフリカ系アメリカ人の長年の辛酸が、古今の文献を引用しながら徹底的に描写される。

そこに、著者自身の幼年期、少年期、青年期の体験を生き生きとした筆致で織り交ぜることで、人種問題がより身近に、かつリアルなものとして感じられる。ケンディはかつて人種について間違った考えをもっていたと正直に認め、ジェンダーやセクシュアリティの平等についても認識が乏しかったことなども赤裸々に語っている。

さらにケンディは、人種問題の解決策として、アンチレイシストであるためにどのような考えをもち、どのような態度をとるとよいのかも具体的に書いている。

つまり本書は、アメリカの過去、現在、未来のレイシズムを知るための優れたテキストであり、差別に苦しみながら自己を見つめ、アンチレイシストになっていった一人の黒人男性の記録でもあり、さまざまな差別といかに向き合うべきかについての指南書でもあると言えるだろう。

二〇二〇年米国大統領選挙では、「分断ではなく団結」を主張した民主党のバイデンが、共和党の現職トランプに勝利した。その背景には、民主党を支持する多くの有色人種がいた。今後も非白人の比率が増加すると見込まれるアメリカでは、大きな変革が起こりつつある。

差別をなくそうとするさまざまな努力や運動によって、いまようやく差別的な考え方や発言（ヘイトスピーチ）は、暴力や犯罪と同様に、看過《みす》ごしてはならないものとされるようになってきた。言いかえれば、「アンチレイシストであろうとすること」は、世界のどこにいても、子供でも大人でも、学校でも家庭でも職場でも、どんな組織や集まりでも、すべての人が学び、身につけなければならない態度となってきているのだ。

アメリカの人種問題の歴史を紐解き、そのシステムを理解することは、社会に根ざす差別の本質を知る土台となる。この本が、日本で日常的に直面するさまざまな差別——人種によるものだけでなく、民族、ジェンダー、セクシュアリティ、学歴や経済格差、年齢や病気や身体的特徴によるものなど——について深く考え、改善していくための指針となることを、心より願っている。

本文に出てきた文献のうち邦訳のあるものは次のとおりであるが、引用部分についてはすべて拙訳を用いた（掲載順。『種の起源』と『アンクル・トムの小屋』については邦訳が多数あるが最新のものをリストにした）。

ジェイムズ・ボールドウィン『次は火だ』黒川欣映、弘文堂、一九六八年
リチャード・ライト『アメリカの息子』橋本福夫訳、ハヤカワ文庫、一九七二年
ジェイムズ・コーン『イエスと黒人革命』大隅啓三訳、新教出版社、一九七一年
ジェイムズ・コーン『解放の神学：黒人神学の展開』梶原寿訳、新教出版社、一九七三年
W．E．B．デュボイス『黒人のたましい』木島始／鮫島重俊／黄寅訳、岩波文庫、一九九二年
アレックス・ヘイリー『ルーツ』安岡章太郎、松田銑訳、社会思想社、一九七七年
チャールズ・ダーウィン『種の起源』渡辺政隆訳、光文社古典新訳文庫、二〇〇九年

ニコラス・ウェイド『人類のやっかいな遺産：遺伝子、人種、進化の歴史』山形浩生、守岡桜訳、晶文社、二〇一六年
ヨハン・ヨアヒム・ヴィンケルマン『古代美術史』中山典夫訳、中央公論美術出版、二〇〇一年
ハリエット・ビーチャー・ストウ『アンクル・トムの小屋』小林憲二監訳、明石書店、二〇一七年
マルコムX『マルコムX自伝：完訳』浜本武雄訳、中公文庫、二〇〇二年
マルコムX、ジョージ・ブレイトマン編『マルコムX・スピークス』長田衛訳、第三書館、一九九三年
ロスロップ・スタッダード『有色人の勃興』長瀬鳳輔訳、政教社、一九二一年
ケネス・クラーク『アメリカ黒人の叫び：ダーク・ゲットー』今野敏彦訳、明石書店、一九九四年
ネイサン・グレイザー、ダニエル・パトリック・モイハン『人種のるつぼを越えて：多民族社会アメリカ』阿部齊、飯野正子訳、南雲堂、一九八六年
バラク・オバマ『マイ・ドリーム：バラク・オバマ自伝』白倉三紀子、木内裕也訳、ダイヤモンド社、二〇〇七年
アリス・ウォーカー『カラーパープル』柳沢由実子訳、集英社文庫、一九八六年
ハヴロック・エリス『性の心理』佐藤晴夫訳、未知谷、一九九六年

児島修

二〇二一年四月

アンチレイシストであるためには

2021年6月25日　初版第1刷発行

著者　イブラム・X・ケンディ

訳者　児島《こじま》　修《おさむ》

発行者　廣瀬和二

発行所　辰巳出版株式会社

〒160-0022東京都新宿区新宿2-15-14 辰巳ビル

電話03-5360-8956(編集部)

03-5360-8064(販売部)

http://www.tg-net.co.jp

印刷・製本所　中央精版印刷株式会社

ISBN978-4-7778-2773-2 C0098 Printed in Japan